教师口语

第 2 版

主编 郑尔君

中国科学技术大学出版社

内 容 简 介

教师口语是研究教师口语运用规律的一门应用学科,是师范类各专业培养学生教师职业技能的必修课。本书以语言学、教育学、言语交际学等学科为背景,着力训练师范生应该具备的普通话口语能力、一般口语交际技巧和职业口语运用能力等,主要包括普通话基础知识、一般口语交际的基础训练、教师职业口语训练、教育口语训练、教师交际口语训练等内容。

本书可作为高校师范类专业学生教材,也可供中小学在职教师、各类培训机构从业人员阅读、参考。

图书在版编目(CIP)数据

教师口语 / 郑尔君主编. -- 2版. -- 合肥 : 中国科学技术大学出版社,2025.1. -- ISBN 978-7-312-06020-5

Ⅰ. H193.2

中国国家版本馆 CIP 数据核字第 2024SD7506 号

教师口语
JIAOSHI KOUYU

出版	中国科学技术大学出版社
	安徽省合肥市金寨路96号,230026
	http://press.ustc.edu.cn
	https://zgkxjsdxcbs.tmall.com
印刷	安徽省瑞隆印务有限公司
发行	中国科学技术大学出版社
开本	787 mm×1092 mm 1/16
印张	15
字数	320 千
版次	2011年1月第1版 2025年1月第2版
印次	2025年1月第6次印刷
定价	40.00元

前　言

"师者，传道授业解惑也。"(《师说》)教育事业是神圣而伟大的，教师的一言一行都会深远地影响着学生。教师的语言修养，在极大程度上决定了学生在课堂上脑力劳动的效率。教师职业口语的规范性是开展教学和教育活动的前提，其科学性是保证教学和教育质量的根本，其生动性是提高教学和教育效果的保障。

教师口语是一门艺术，是研究教师口语运用规律的一门应用学科，也是师范类各专业培养学生教师职业技能的必修课。课程内容主要是培养师范生正确把握教师口语的特点、运用教学口语的技能、掌握教育口语的规律，以及在不同语境中的语言运用，从而使师范生成为应用规范的、文明的、优美的语言的典范。

随着教育理念不断发展变化、教育方式方法不断更新，教材中的理论知识也须跟上时代的步伐。本版教材的新变化主要体现在以下两个方面：首先是体现新时期课程改革对教师的新要求，在传统的教师口语训练中，让充实鲜活的教育教学实例"说话"，努力体现中小学各课程的教学实践；其次是强化课后实训，以理论内容为辅，加强实际训练，提高训练的针对性和有效性。最终达到两个目的：一是训练师范生口才，使其具备较高的口语交际能力，以满足不同场合的口语交际需要；二是培养师范生口语表达能力，为其将来从事教育教学工作打下良好的职业基础。

本版教材的主要特点如下：

1. 结合理论指导实践，融入新知识和新观点

本版教材在借鉴最新的理论研究成果的基础上，从理论指导到实践训练，融入了新的知识和观点，针对性和实践性得到有效提升，具备了一定的广度和深度。

2. 针对师范教育特点,补充了知识点和案例

针对师范教育的特点,突出教材的实践性。本版教材围绕课程培养目标,合理安排训练内容。本版教材的每一模块都设计了一定体量的训练内容;补充了一些贴近学生现实生活的新案例,以激发学生学习兴趣,提高学生参与训练的积极性。目前,统编教材中教学口语、教育口语训练案例都只围绕学生及其课程内容,而本版教材在普通话训练部分,结合师范类各专业特点,补充了与专业相关的情境对话案例,开展声母、韵母、语流音变等发音训练;在教师职业口语中设计劝导语训练,补充了针对难教难管学生的实训题目,在帮助师范生巩固理论知识、锻炼思维能力与判别能力的同时,有效地衔接职业资格考试。

3. 突出师范教育地位,合理安排各部分比例

本版教材包括普通话训练、一般口语交际训练、教师职业口语训练和教育口语等内容。通过合理选材、组织与设计,将各部分内容进行优化组合,充分发挥教材在提高学生素质方面的重要作用。

本版教材由郑尔君主编。绪论、第一章、第二章由郑尔君编写,第三章由朱玉梅编写,第四章由刘育根编写,第五章由陈火胜编写。

在本版教材编写过程中,参考了大量的相关著作和文献,在此谨对各位专家、学者表示最诚挚的谢意。限于作者水平,书中难免存在一些疏漏之处,敬请广大读者、专家批评指正。

编 者

2024 年 3 月 6 日

目 录

前言 ·· (i)

绪论 ·· (001)

第一章　普通话基础知识 ·· (016)
　第一节　普通话是教师的职业语言 ···································· (016)
　第二节　普通话语音训练 ·· (020)
　第三节　普通话发音用气技巧训练 ···································· (040)

第二章　一般口语交际的基础训练 ···································· (052)
　第一节　口语交际综述 ·· (052)
　第二节　态势语设计及其训练 ·· (073)
　第三节　思维模式及其训练 ·· (083)
　第四节　说话能力训练 ·· (097)

第三章　教师职业口语训练 ·· (105)
　第一节　教学口语特征及其应用 ······································ (105)
　第二节　导入语及其训练 ·· (108)
　第三节　讲授语及其训练 ·· (116)
　第四节　提问语及其训练 ·· (120)
　第五节　过渡语及其训练 ·· (128)
　第六节　应变语及其训练 ·· (132)
　第七节　结束语及其训练 ·· (137)
　第八节　教学技巧的综合运用 ·· (141)
　附录一　教师课堂用语50句 ·· (144)
　附录二　教学案例——《皇帝的新装》说课稿 ·························· (146)
　附录三　教学案例——《观潮》说课稿 ································ (148)

第四章　教育口语训练 ·· (151)
　第一节　教育口语概述 ·· (151)

第二节　启迪语、暗示语训练 ………………………………………… (157)
　　第三节　说服语、劝导语训练 ………………………………………… (165)
　　第四节　激励语、批评语训练 ………………………………………… (176)

第五章　教师交际口语训练 ……………………………………………… (188)
　　第一节　教师交际口语概述 …………………………………………… (188)
　　第二节　家庭访问的交际口语 ………………………………………… (196)
　　第三节　接触领导同事的交际口语 …………………………………… (201)
　　第四节　座谈调研的交际口语 ………………………………………… (209)
　　第五节　教育工作中的即兴演讲 ……………………………………… (213)

参考文献 ………………………………………………………………………… (234)

绪　　论

教师的使命是启迪人类智慧,传播人类文明;教师的职责是传道、授业、解惑,培养人才。语言是交流思想的工具,是知识信息的载体,它对教师职业尤为重要。语言是打开知识宝库的钥匙,是接通师生心灵的桥梁,是教师完成历史使命、履行神圣职责的重要条件和基本手段。因此,教师的语言修养决定着教学效果和教育质量,甚至影响教育事业的成败。

语言有口语和书面语两种形式。语言能力包括说的能力(口才)和写的能力(文才),两者不可偏废。就教师职业而言,这种说和写的能力教育影响着教学质量的提升和教育事业的发展。

现代诗人何其芳曾这样回忆他的两位哲学老师:"我们那位教康德和黑格尔的教授,在国外曾获得博士学位。他每次讲课,必定从头到尾把康德和黑格尔的著作静心再读一遍。然而他却无法把他的课教得让人可以听懂。在课堂上他总是翻着康德和黑格尔的书,东念一段,西念一段,然后半闭着眼睛,像和尚念经似地咕噜起来,要抵抗这种催眠术是很困难的。我们的另一位教中国哲学的教授,他的讲义倒是事先写好的。上课的时候,总是拿着稿子一句话念两遍,要大家静静坐着默写。上这样的课实在太闷了,所以我就有计划地缺课,准备缺到不至于被取消学籍为止。"

这两位教授都颇有学问,也不乏"师德",讲课很认真,但效果却很差。可见,教学的成败,并不仅仅取决于教师学问的多少,口语表达能力起着关键作用。

许多优秀的教师,他们的教学之所以能给学生留下终生难忘的美好印象,除了丰富的知识外,其纯熟、优美的口语也是一个重要原因。例如,上海特级教师于漪的许多学生说:"听于老师的课,简直是一种艺术享受。"魏书生老师的学生也说:"魏老师的每堂课都给我们打开一扇新的通向世界、通向未来的窗口。"

优秀的教师语言能够在教学过程中化深奥为浅显、化抽象为具体、化平淡为神奇,从而激发学生的学习兴趣,吸引学生的注意力,唤醒学生的求知欲。优秀的教师语言还可以使教师的德育工作显示出极大的艺术性,从而产生强大的吸引力和征服力,而不是只有枯燥的说教和耳提面命。

广义的教师语言包括四种类型:

(1) 以语音为信号的口语;

(2) 以文字为信号的书面语;

(3) 态势语(包括眼神、手势、身姿等);

(4) 其他辅助语(主要指教具,包括实物、图片、音像资料等)。

几种类型的教师语言相辅相成,常常交叉或综合运用。然而,口语是教师语言的主体。作为教师,在教育教学过程中,使用最多、最便捷有效的是口语,因此我们这里讲的教师语言主要是指教师的职业口语。教师是"吃开口饭的",要做一名合格的教师,不仅要精通书面语,更要熟练掌握和运用口语。深入研究、探讨和把握口语在教育教学过程中的地位、影响及其规律,是提高教师业务水平和教学质量的一条正确而又重要的途径。

一、教师口语的特点

同其他行业和职业所使用的语言相比,教师语言具有六项基本特征。

(一) 规范性

在学生看来,教师是知识和智慧的化身,其一言一行都是可以效仿的。因此教师语言必须具有规范性,以期产生语言的正面示范效应。教师语言的规范性主要包括两个方面的含义。

(1) 教师必须运用国家宪法规定的"全国通用的普通话"。推广普通话是国家一项重要的语言政策。学校是推广普通话的前沿阵地,每一位教师都应成为推广普通话的模范。普通话必须成为教师的职业语言。如果一位教师只会用方言土语教学,那么即使他妙语连珠,也不算规范化语言。同样,用普通话教学时,如果语汇、语法方面出了问题,那么也是不规范的。例如,一位教师指着黑板的某一地方说:"同学们,请看这个地掌儿(地方),要看清亮(清楚),不能囫囵马约(马马虎虎)。"他的读音合乎普通话语音要求,但使用了普通话里没有的语汇,因而就不是规范的教学语言。要用普通话教学,就要熟练掌握普通话在语音、词汇和语法等方面的知识和技能,要能讲流畅、准确的普通话。

(2) 教师的语言在遣词造句方面不要有错误,尽量避免用词不当、语句不通、半截话、复义语、颠三倒四等语病问题。例如,一位教师在批评女同学时用了"妇女同学们"一语,一下子激化了师生的矛盾,引起了强烈对抗。学生的模仿能力很强,他们不仅向教师学习文化知识,也向教师学习语言。教师语言规范,潜移默化之下,学生便能讲规范化语言;反之,教师语言不规范,则会产生消极的示范效应,使学生学了不规范的语言尚不自知。

当然,规范的语言要把表达的意思讲得清楚、明白。请看北京市黄维昭老师上叶圣陶《苏州园林》一课时的一段教学实录,黄老师在引导学生初读课文并谈了感受之后说:

下面我们来看这一幅画(出示画),画的是苏州留园。你们看美不美?清澈的湖水,美丽的花草树木,还有各式各样的小石头布满湖面。四周的景色确实美。叶老的文章也写得美。读着这样的文章我觉得也是一种美的享受。叶老曾经说过这样的话,说明文不一定要板着面孔说话,说明文未必不可以带一点风趣。这篇《苏州园林》也是说明文,同学们都喜欢这篇文章,原因之一,就是这篇文章的语言很美。

这段话,词语浅显通俗,句式活泼简洁,结构严谨周密,语义连贯畅达,是一段有示范意义的"口头形式的文学语言",或者说是富有正规性的口头语言。

教师在课堂上的讲话需要教师在课前做好充分的准备,用经过提炼的准确规范、语义连贯、逻辑严密的语言进行表达。只有语言规范才能谈到语言美,才有可能使语言的魅力上升到更高的层次。

(二) 科学性

教师所教的各门学科都是科学知识,而科学知识必须用科学、规范的语言进行表达。教师所讲的概念、原理、规则、结论等,都必须符合各门学科的科学性要求,做到准确、无误、完整、周密。不能向学生传播无用信息,更不能传播错误信息。

不同学科的教学,都有各自不同的知识领域和知识系统。讲授不同的学科,就要使用不同学科所规定的不同术语、概念。例如,不能用"橘子皮"代替中药学里的"陈皮",不能用"钱"代替经济学里的"货币"。马克思在《资本论》里,从"商品"到"货币",到"资本",再到"剩余价值",一环扣一环,步步深入,用一系列经济学术语揭示了资本主义社会经济发展的规律。教师只有准确使用科学的专业术语,才能使学生学到应有的科学知识。

一位小学教师讲解"天花板"一词,本来只需指着天花板,然后用科学的语言阐释一下即可,可这位教师故弄玄虚,滥用启发式教学。

师:你头上是什么?

生:头发。

师:头发上面呢?

生:是帽子。

师(有些急躁):帽子上面是什么?

生(恐惧,用手摸帽顶):是老鼠咬的窟窿。

(众生哄堂大笑)

这位教师之所以弄巧成拙,闹出笑话,就是因为他的语言表述和教学方法都不科学。

(三) 针对性

教师语言的特征之三是针对性。教师应针对不同的教育对象、教育内容和教育环境运用不同的教学语言,这也是常说的"因材施教"。只有因材施教,才能使教师的语言有的放矢,取得实效。

例如,一位教师对三位不愿登台讲话的学生采用了不同的动员和激励方式。对胆小、借口"没准备"不愿上台的女学生,教师说:

在没有准备的情况下登台,是一种自信;在没有准备的情况下,敢于面对听众,是一种伟大;在没有准备的情况下说得不理想,可以理解;在没有准备的情况下,说得很精彩,难能可贵。你愿意试一试吗?

对腼腆、扭捏、自认为"不善辞令"的男学生,教师说:

内秀的人不靠辞令取胜,靠的是他的真诚。我相信你有比优美的辞令更能打动大家的实际想法。

对性格倔强、冷冰冰抛出"我说不好"的男学生,教师说:

具有谦虚美德的人,往往对自己要求过高,但决不会让大家失望。请你说几句并不至善至美但辞恳意切的心里话。

结果三位学生都登台发了言,有的还讲得很不错。这位教师的成功之处就在于他能够因人而异,突出了语言的针对性。

教师在教育教学过程中,面对不同的学生,如自尊心强的和自尊心弱的、学习好的和学习差的、性格外向的和性格内向的、骄傲的和谦虚的等,都要注意有针对性地采取不同的语言方式,以求得到理想的效果。

教师的语言不仅要因人而异,还要因教材内容而异,因环境场合而异,因时间而异。

(四)鼓励性

鼓励性也是教师语言的一个明显特征。教师语言的主导对象是学生。学生处于成长期,由于未成年,更希望别人把他们当作大人看待。一般说来,他们的自尊心很强,也特别敏感。面对这样的谈话对象,教师必须爱护他们,注意保护他们的自尊心,时时鼓励他们积极上进。

教师语言最忌讳"冷""硬""辣"。传授知识时,要避免"笨""傻"之类的埋怨;启发诱导时,要避免"呆""木"之类的挖苦;指责骄傲时,要避免"真行""真了不起"之类的冷嘲;批评错误时,要避免"没治了""看透了"之类的断言。教师对学生必须以正面鼓励为主,任何时候都不能伤害学生,即使是批评也要充满激励性。

试比较两位教师与一位参赛准备不积极的学生的谈话。

甲:这次智力竞赛的准备时间很紧,你没有感到太劳累吗?不过,你气色还好,有几个同学都瘦了。你们都是立志要夺标的。你认为时间还来得及吗?

乙:你怎么回事!别人都玩命地准备参赛,人也累瘦了,都觉得时间不够。你却"面不改色心不跳"。你不想参赛了吗?

乙的语言又"硬"又"冷",刺激性很大,容易让学生产生逆反心理,破坏谈话时的和谐气氛。甲的语言采用了询问、商量的语气,显得和蔼亲切,让学生感觉受到了尊重,并明确提出"你们都是立志要夺标的",这与学生的自尊心、自信心相吻合,从而激发了这位同学维护集体荣誉的责任感。显然,甲的语言突显了教师语言的激励性特点。

教师应当把自尊、自爱、自我调整的权力留给学生,自己只起点拨、引导和激励的作用。教师的语言应该像"雪中炭""三春雨""六月风",多几分爱心,多几分耐心。

(五) 教育性

教师的职责是教书育人,培养德、智、体、美、劳充分发展的有理想、有道德、有文化、有纪律的社会主义建设人才("四有"人才),教师的全部活动都贯穿着明确的教育目的,教师语言作为教师借以完成现实职责的主要手段,自然也始终贯穿着教育性。教师在开口与学生讲话时,一刻也不能忘记自己是教师,担负着对学生进行言传身教的重任,要时时做到"心中有人""目中有人"。

教师语言的教育性特征首先要求教师语言本身要健康、文明、进步,杜绝粗俗、低级、反动的语言。有些教师为了逗乐,爱用些难登大雅之堂的土话俚语,或讲些庸俗的笑料,或说些粗鄙的口头禅,这是必须反对的。有些教师爱在学生面前大发牢骚,如一位教师公然在课堂上鼓励学生考试作弊,还说这是社会风气逼我们这样做的,谁老实谁吃亏。这是很不负责任的行为,违背了教育的原则。

教师语言的教育性特征还要求教师无论在教育语言、教学语言,还是在交际语言中都要注意对学生进行思想品德教育,即把"德育"渗透到所有语言实践中。

例如,有位教师被聘请到未成年犯管教所讲课,不料刚一进门就跌了一跤,少年们立即大笑、起哄。这位教师不慌不忙地登上讲台说:"人生谁能不跌跤,跌跤不要紧,哪里跌倒哪里爬起。今天我就来讲一讲'人生与社会'这一话题。"

这位教师把一个突发事件顺手嵌入教育过程中,迅速组织了精彩的教师语言,收到了良好的教育效果。

再如,一位小学教师在教学生"打"字时,有学生说:"是打人的打。"教师立即纠正说:"应该说是不打人的打,少先队员还能打人吗?"

还有教师借谈打球对学生进行积极进取精神的教育,效果也很好。这些都是符合教育原则的优秀的教师语言范例,值得学习和借鉴。

教师语言的教育性,广义上,包括文化知识教育、语言能力教育、德育、美育等许多方面;狭义上,一般指思想品德教育。

在学校教育中,教师的言语活动始终围绕着教育这个中心目的展开。韩愈所说的传道、授业、解惑,道出了教师职业口语的教育性特点。教师或根据一定的准则和规范,对学生进行传授、说服、疏导、劝阻、批评、表扬、鼓励,使学生明白做人的道理,养成良好的道德品质;或依托一定的教材,对内容进行分析、讲授、评述、诠释、生发、解答,使学生有效掌握各种科学文化知识,发展智能。其言语无不富有教育的内涵。教师口语的教育性,不只体现在课堂上,甚至不只体现在学校内,教师和教育对象接触、交流,其言语往往会渗透出教育的思想。这是由教师充当的社会角色本身特点所决定的。

请看一个例子:

一位教师带着一群一年级的学生走在繁华的大街上,她指着一幢高大的楼房问:

"盖起它需要什么?"

"需要砖、瓦、水泥。"孩子们争着回答。

"还有呢?"

"嗯……"小家伙们犯难了。

"还需要知识,要用许多知识。"

"也要用我们学的算术吗?"

"当然要用。离开它连楼房要建多高、多大都不知道,更不清楚要用多少砖瓦、水泥,怎么能建好楼房?"

这位教师看似在大街上与学生闲聊,可她的语言却蕴涵了丰富的教学内容,而孩子们也在不知不觉中接受了她的教育。

(六) 审美性

教师的语言还应当具有审美性,有比一般人的语言更高的美学价值。

古人说:"言之无文,行而不远。"语言应当是有文采的,教师的语言尤应如此。教师的语言美,应包括两个方面:一个是内容美,另一个是形式美。内容美要求教师的语言思想深刻,富有哲理,充实而又含蓄,常常具有令人豁然开朗的启迪性;形式美则要求教师在遣词造句和修辞上显示出艺术性,不能只满足于一般的规范化语言,要锦上添花,努力做到具有"音乐美、绘画美、建筑美"。许多拥有巨大艺术魅力的教师的语言范例,都是富有审美性的。因为它美,所以才动人。例如,特级教师于漪在讲《春》《海滨仲夏夜》《香山红叶》《济南的冬天》等一组写景散文时,设计了这样一段导语:

法国雕塑家罗丹说:"美是到处都有的,对于我们的眼睛,不是缺少美,而是缺少发现。"我们生活在大自然中,美几乎无处不在。当然,大自然的美不同于巧夺天工的工艺美,不同于绕梁三日的音乐美,也不同于充满青春活力的人体美。然而大自然的美又似乎融合了所有的美,尤其是我们伟大祖国的锦绣河山,真是美得令人陶醉。在不同的地点、不同的季节,展现出不同美的姿态。今天我们要学一组文情并茂、描写四季景色特征的散文,领略祖国大自然的美景。

这段导语通过精当的词句和引用、排比、对照、夸张等修辞手段,表达了富有哲理的美学思想和热爱祖国大好河山的美好情怀,渲染了一种美的氛围,正好与教材的风格吻合。可以说,这段话无论是内容还是形式都是美的。无怪乎她的学生说"听于老师的课是一种艺术享受了"。

审美性是对教师语言的高层次要求。每位教师都有义务追求这样的高层次,但不能故弄玄虚,故意卖弄。

二、教师语言的修养

教师语言的修养主要体现在四个方面。

（一）思想修养

语言是思想的直接体现，而思想决定语言。很难想象，一个根本不热爱教育工作的人，会教育学生热爱教育事业，能讲出热情洋溢的忠诚人民教育事业的话语来。也很难设想，一个没有民族责任感、时代紧迫感、思想境界平庸的人，会说出催人奋起、激人上进的精妙语言。

全国劳模、特级教师魏书生说："说千道万，思想转变。"要提高教学质量，首先要提高学生的思想，这是他教学成功的经验总结。言为心声，要提高教师的语言水平，应先提高教师的思想境界。没有好的思想，发言技巧越好，修辞水平越高，造成的恶劣影响就越大。很多教师不是缺乏语言技巧，而是缺乏一种好的思想、一颗爱学生的心。

因此，教师要提高自己的语言修养，先得提高自己的思想修养。教师要锤炼语言，应先锤炼思想；要想使语言闪光、引人入胜，先得使自己的思想迸发火花、光彩照人。

（二）心理素质修养

教师要掌握语言艺术，必须有较好的心理素质。

首先，教师自己要足够沉着镇静，宽容大度，处变不惊。如果一位教师临场讲话，内心便十分紧张；学生稍有冒犯，便暴跳如雷；面对突发事件，就手足无措，那么他就注定讲不出精彩的话语来。只有心理素质好的教师才能创造出语言奇迹，从而取得优异的教育教学成绩。

例如，一位语文教师到一个班上口语课，发现桌上有一张纸条：

李老师：

谁不会说话？口语课有什么可讲？有些话怎么讲也妙不起来。像"88—8"这阿拉伯数字，您能说出花来吗？

88—8班一学生

这位教师看过纸条，把由衷的微笑投向目不转睛的学生，然后用柔和而自信的语调说道：

很荣幸到咱们班来上口语课。88—8班是一个令人振奋的班名。

"88—8"，像叩击科学大门急切的敲门声；"88—8"，像攀登人生险峰坚定的脚步声；"88—8"，像扫荡邪恶势力的无情的枪炮声。

希望你们学好口语课，将来登上三尺讲台，传道、授业、解惑时，都能"88—8"，妙语连珠!

学生的纸条,是挑战,是考验,也是投石问路。面对这一切,如果教师惊慌失措,断不会想出绝妙言辞来扭转僵局。这位教师沉稳、自信,以友好的态度和准确、生动、优美的语言,赢得了学生热烈的掌声,很快消除了学生与教师的心理隔膜。每一位教师都应有这样的心理素养,但这样的心理素养需要经过长期锤炼,往往是经历了无数次失败才逐步提高的。

其次,教师的心理素质还应包括善于揣测、把握自己的教育对象——学生的心理状态。正所谓"知己知彼,百战不殆"。不同年龄阶段的学生有着不同的心理特点,中学生处在青少年生长发育的高峰期,又是语言表达的"退潮期"。他们讲话,往往失去了儿童的天真、质朴、流畅,又赶不上成年人的周密、严谨、深刻。有些学生担心话讲得不好会影响自己的"社会形象",于是干脆就不说,以掩饰自己的稚嫩。教师教这样的学生时,就应把握他们的心理特点,采用恰当的语言形式,激励他们由"羞于启齿"到敢于开口,再逐步转变为善于表达。

(三)知识修养

教师语言是各种知识信息的载体。许多语言功底深厚的教师都非常重视自己的知识修养,他们深厚的语言功底离不开广博的知识。

随着社会的发展,单一型知识的人已远远不能满足社会的需要。作为为现代社会培养人才的教师,要在"专"的前提下向"博"的方向发展。举个例子:

一位实习教师到一个高中数学尖子班实习。见一个"黄毛丫头"来代替特级教师上课,班上不少同学心里颇不服气,于是几个数学强手想给她来个"下马威"。他们翻阅了大量数学习题集,终于在奥赛题上找到了一道"绊马索",得意地去"请教"这位教师。实习教师说:"我看这道题起码有3种解法,这是一道奥赛题,《中学生数理化》上介绍过解法,我认为并不是最好的,你们看我这个解法可能还要简单一些。"教师详细地讲解了解题思路,几位"请教者"没有不被征服的。

这位教师的言谈平淡无奇,却有着一种神奇的魅力。若没有丰厚的学科知识为基础,这种魅力便无从产生。

(四)语言技能修养

语言技能主要指发音用声技能和修辞技能。只有丰富、深刻的思想而缺少应有的语言技能也是不行的。因而,语言技能的修养是很重要的。

发音用声技能主要包括气息控制、语音辨识、音量把握、语调变化、节奏处理和态势配合等内容。语音是口头语言的物质载体,因而科学的呼吸、换气和发声是基本前提。要使声音响亮、持久,必须有良好、稳定的气息。有志于提高口语水平的教师要在科学理论的指导下进行科学发声运气的训练,如练习胸腹联合式呼吸等。音准是教师语言的基本要求。要提高音准率,就必须掌握普通话语音的基本理论知识,学会声韵母的基本发音,善于分辨和纠正方言字音。有针对性的绕口令训练可以有助于这些能力的提升。音量的把握也很重要,音量过大,刺激性强,学生容易产生抑制状态,教师也容易疲劳。当然,声音过小也不行。经过训练,音量把握在十米之内能听清、三米之内不震耳为好。语调变化和节奏处理是显示语言魅力的重要手段,应在生活口语和艺术口语的实践中注意观察、体会、品味,以掌握轻重、快慢、抑扬顿挫的技巧。不仅要做到中心明确、条理清晰、一脉相承、流畅贯通,还要力求严谨周密、情真意切、形象生动。态势语的配合也必不可少,要有意识地进行训练,使态势语自然得体,帮助有声语言将思想感情表达得更加充分和生动感人。

三、提高教师口语能力的重要性

在学校教育中,教育教学的任务主要是通过教师的语言来完成的,传道、授业、解惑中的"传、授、解",无一不借助语言。不论教育手段的现代化水平怎样高,都代替不了教师运用语言进行教育教学这一最基本的手段。

古今中外的教育家都非常重视教师语言的运用。我国古代教育典籍《学记》中载:"善歌者使人继其声,善教者使人继其志。其言也,约而达,微而藏。罕譬而喻,可谓继志矣。"良好的教师口语是使人"继志"的前提,也是"善教"的标志。我国杰出的教育家叶圣陶曾说:"凡是当教师的人绝无例外地要学好语言,才能做好教育工作和教学工作。"

掌握教师口语艺术,提高教师语言能力的意义和作用主要表现在四个方面。

(一)有效地提高教育教学的效率和质量

教师语言直接影响教育教学的效率与质量。教师的语言做到准确流畅、简洁清晰、音量适中、快慢有致、难易合度、针对性强,化深奥为浅显,化抽象为形象,化枯燥为有趣,化平淡为新奇,就能使学生爱听、乐听,高效省力地接受教育。这样,既可节省时间,又能提高质量,减轻学生的负担。请看著名特级教师霍懋征给低年级学生讲"聪明"一词时的教学片段:

霍懋征老师问学生:"你们愿意做个聪明的孩子吗?"

学生说:"愿意。"

"那为什么有的人聪明,有的人不聪明呢?"

有的孩子说:"有人生来就聪明。"

霍老师说:"不对,一个人除非生理上有问题,不然都可以变得很聪明。关键是会不会用四件宝。你们想知道是哪四件宝吗?"(学生注意力高度集中)她接着说:"第一件宝:上边毛,下边毛,中间一颗黑葡萄。"

学生们立刻说:"眼睛。"

"第二件宝:东一片,西一片,隔座山头不见面。"
"耳朵。"
"第三件宝:红门楼,白门槛,里面有个红孩儿。"
"嘴巴。"
"第四件宝:白娃娃,住高楼,看不见,摸不着……"
没等霍老师说完,学生抢着回答:"脑子。"
"这四件宝怎么用呢?"霍老师在黑板上先写出"耳"字,然后在"耳"字右边从上到下写出两点、"口"和"心"(用心就是用脑),耳、眼、口、心,合成一个聪字,她又在黑板上写了一个"明"字,然后说:"这四件宝不能只用一次,要'日日'用,'月月'用,天长日久就聪明了。"

霍教师通过引用谜语、妙释字型等语言技术,既帮助学生有效地掌握了"聪明"两字的形体结构,又使他们懂得了多听、多看、多问、多想与聪明的因果关系。语言通俗形象,生动有趣,富有启发性。在轻松活泼的言语气氛中,使学生对所学知识留下了深刻印象。相反,如果教师不讲究语言艺术,有的甚至言不达意、语无伦次,连最基本的语言要求都达不到,那么就会影响教育教学的效率和质量。苏霍姆林斯基在《给教师的建议》中提到"教师的语言修养"问题时,曾说:"二十年前我去听一位教师的讲课,观察孩子们怎样感知新教材的讲解。我发现,孩子们听后很疲劳,下课时简直是筋疲力尽。我开始仔细听教师的语言(他教生物学),使我大为吃惊。教师的语言是那样混乱,没有逻辑顺序,他讲的教材的意思是那么模糊不清,以至于第一次感知这个概念的孩子,不得不用上全部力气,才能听懂一点点东西,孩子们感到疲劳的原因正在于此。"足见劣质的语言对教学效率和质量的负面影响之大。

(二)有效地激发学生的创造力和思维力

教师语言的职能在于把知识和道理传授给学生,在传授的过程中还担负着发展学生智能、激发学生思维力和创造力的任务。教师的语言可以成为萌发学生思维之芽的春风,也可以成为凋零学生创造之花的秋霜。成功的教学语言,总是能有效地诱导、激发学生积极思维,使学生主动地、创造性地完成学习任务,避免被动地接受。有关研究表明,语言水平高的教师,其学生的思维力和创造力都比一般的学生高。请看一位教师在《威尼斯商人》一课中的教学片段:

教学接近尾声时,一位同学提出:"夏洛克明明借给安东尼奥三千块钱,就因为契约写得不严密,不仅丢掉了三千块钱,而且被法庭判得倾家荡产,这合理吗?"顿时,同学们议论纷纷。

耿老师说:"这个问题非常尖锐,也很有深度……是啊,夏洛克在这场官司中输得一败涂地。应该承认,他确实很倒霉。下面,我们一起想想办法,让夏洛克打赢这场官司。如果那样的话,面对鲍西娅的步步紧逼,夏洛克应该怎么说呢?"

同学们陷入沉思。

耿老师提醒说："恐怕还得从这血和肉的关系上做文章。"

"我知道了！"一位同学满怀喜悦地站起来，模仿着夏洛克的语调说道："好一位法官！威尼斯的哪条法律上写着割肉不许流血？你们这些吃肉的家伙，你们吃的哪一块肉没有血？肉铺里卖的哪一磅肉是不带血的？我可不可以对你们说，你们吃肉的时候不许吃下一条血丝！你们买肉时，不许买回一滴血！你们做不到。那么，威尼斯的法律就等于一纸空文。"这位同学侃侃而谈，惟妙惟肖。

"可是，鲍西娅要求割肉时不能超出或不足一磅的重量，这怎么办？"又一个问题提了出来。

"我试试。"另一位学生说道："至于割多割少，我自有办法，我会一点点地加上去，直到加足分量为止。契约上并没有写必须一刀割足。预备好称肉的天平吧！"

耿老师说："好！这两位同学设计的台词既解决了我们的问题，又符合夏洛克的语言特点。可是，大家想想，即使这样，夏洛克会胜诉吗？你们希望他胜诉吗？"耿老师及时把问题引向深入，让同学们更进一步思考。

这则教例中，教师的语言不多，却成功地调动了学生思维的积极性，激起了他们创造的火花，使他们获得了创造的乐趣。

若教师不善于运用语言艺术，就无法调动学生，让他们积极思考，有时甚至会抑制学生的创造性思维。

一位教师讲仿生学，告诉学生船是依照鸭子的形状制造的，飞机是依照鸟的形状制造的。有位小学生敏捷地联想到一种新的东西，问教师："有没有既仿鸭子又仿鸟造出的东西呢？"教师的思路被打断了，他恼怒地说："世界上没有这种东西！""没有？可以制造嘛！"学生说。"造？等你成了科学家再造吧！"教师接着按教案讲他的课，这个学生还要求发言，可教师再也不理会他了。

这位学生的思维是积极的和富有创造性的，但教师不但不鼓励他，还抑制了他的创造性，这是非常遗憾的。

（三）给学生学习语言提供示范

中小学阶段，正是学生学习掌握语言的重要时期。心理语言学家研究认为，儿童学习语言，获得语言能力，大部分是通过在没有强化条件下进行的观察和模仿，社会语言范型对儿童语言发展具有重大的影响。如果没有语言范型，儿童语言就不可能得到正常的发展。"师者，人之楷模也。"在学校中，教师的语言无疑是学生模仿的对象、学习的范型。学生对教师的一词一句、一腔一调都非常敏感。可以说，不论是哪一门学科、哪一个年级的教师，在教育教学的过程中，其语言在客观上都起着示范作用。心理语言学家认为这是儿童言语发展的最重要因素，并提出："要使每一堂课都成为言语训练课。"我国一些优秀的教育工作者也非常重视这一点。特级教师斯霞曾说："教师的语言应该成为学生的楷模,要使学生学会普通话,说话口齿清楚,咬字正确,声音响亮,语言完整,简短扼要,用词确切,那么教师首先要做到这些。""我们决不可低估教师对学生语言的影响,这也是一种'潜移默化'。"特级教师于漪说:"语文教师带领学生学习规范的书面语言,如果自己的口头语言生动、活泼、优美,就能给学生以熏陶,大大提高学习效果。"事实上,受语言水平高的教师长期熏陶的学生,其语言能力显然要强于一般学生。因为"学生生活在这样的环境里,正如蓬生麻中,不扶自直"。若教师语言基本功差,说话满口方言,嗯嗯啊啊,甚至言不达意,东拉西扯,就会给学生学习语言带来消极影响。长期接受这样的教师的语言教育,还希望学生养成良好的语言习惯和语言能力,是不可能的。

(四)让师生关系更为和谐

教师的语言不只是传递知识的工具,也是沟通师生关系、交流感情的纽带。在学校教育中,师生关系和教师的语言水平有很大的关系,善于表达的教师,往往更能赢得学生的信赖,因而更容易建立起一种友好的、和谐的师生关系,创造良好的学习氛围;相反,不善言辞的教师,师生关系往往较为疏远,有时还会因为表达不好而伤害学生,造成师生之间的情绪对立,影响教学效果。

学生取得成绩时的一句热情的赞扬,学生受到挫折时的一句真诚的鼓励,学生碰到困难时的一句及时的疏导,学生做错了事时的一句宽容的提示,学生遭到不幸时的一句关切的安慰,学生情趣低落时的一句幽默的逗趣,学生遇到难堪时的一句巧妙的解围,都是增进师生情谊、和谐师生关系的有效方式。优秀的教师都非常重视语言在沟通师生关系中的这种特殊作用,常常会借助语言的魅力,以获得理想的教育效果,请看下面的例子:

初二的英语课上,老师发现一位女同学在写小纸条,收来一看是写给一位男生的。看着上面稚气的话,老师忍不住笑了。这一笑激起了全班同学的好奇心。几个调皮的男生大声喊:"老师,念出来。"

写纸条的女孩低着头,满脸涨得通红。全班同学好奇地期待着,老师说:"你们真的想知道?"学生一致点头。"其实是再普通不过的两句话。"老师打开纸条大声念道,"听毛主席的话,做一个好学生!"班里响起一片笑声!

那位女同学大大地舒了口气。课后,她塞给老师一张纸条,便迅速跑开了。纸条上写着:"您是我所见过最聪明最美丽的老师,我一定记住您对我的希望:听毛主席的话,做一个好学生!"

该教师若如实念出纸条上的话,甚至再加上几句严厉刻薄的批评,会使这位女同学十分难堪,同时她也一定会非常记恨这位教师。这样不但达不到教育的目的,还会造成师生之间的感情对立。这位教师没有那样做,她巧妙的话语既给了好奇的全班同学一个交代,又给了这位女同学一个台阶,同时还达到了教育的目的,更重要的是,赢得了学生的信赖。这就是语言的魅力。

有位教师给高考落榜生补课,首次课上,他这样说:"我将要给你们讲的,没什么新鲜的,你们早都学过的。你们都是久经沙场的人,很有经验的人不需我多说。"

这位教师的话很不得体,他不但刺疼了学生的心,让他们感到委屈和羞愧,还大大拉开了师生之间的距离,使学生对他产生厌恶,甚至敌意。

提高教师的语言修养,不仅是建立良好的师生关系的需要,也是教师建立良好的人际关系的需要。语言修养高的教师,更能与领导、同事、家长、邻里等和谐相处。

四、教师语言的分类

教师语言按照不同的标准可以进行多种分类。例如,按照思维过程,可分为内部语言和外部语言;按照信号接收形式,可分为口头语言和书面语言;按照表述方式,可分为叙述性语言、说明性语言、讨论性语言、抒情性语言等。这里按照语言环境和语言运用的目的,把教师语言分为教学语言、教育语言和交际语言。

(一)教学语言

这里指用于对学生进行专业知识教学的教师语言,一般在课堂上使用。教学语言,按照其在教学过程中的不同作用和不同方式,又可分为导入语、阐释语、提问语、应变语和结束语等几种。导入语即某篇课文或某章节内容正式讲授之前教师所讲的导入语。导入语可以把新旧知识有机地联系起来,或介绍有关的背景材料,或摘要本课所讲的内容,或渲染一种气氛,或引发一种情绪,总之,设计好导入语能调动学生学习的积极性,以帮助学生理解新知识。阐释语,也叫讲授语,主要是对所讲知识的解释、分析和阐发,这种语言以简明、准确、条理清晰为要。提问语也是教学中常用的,好的提问语可以启发学生思考,使学生的学习变得积极主动,并有利于把问题引向纵深。应变语也是必不可少的,教学过程中,总会发生一些意料之外的情况,如学生诘难、教学失误、外部冲击等,在突发事件面前,从容不迫,迅速组织语言,使问题得到妥善解决,是每一位教师应当具备的一种能力。应变语不仅用在教学方面,也常用于其他方面。结束语是课文或章节讲完后的结束语或总结性的话,好的结束语会发人深思并给学生留下深刻的印象。

(二)教育语言

这里主要指用于对学生进行思想品德教育的教师语言。教育语言多运用于课堂之外,也有不少用于课堂上。教育语言可再分为说服、疏导、鼓动、表扬和批评等。说服侧重摆事实、讲道理的正面教育,内容一般较为完整和丰富。疏导则侧重对疑难问题的解答,特别是当学生对某一事件、问题想不通时,教师的一番话要使学生情通理达,心悦诚服。说服和疏导,既有区别又有联系。鼓动,一般是指教师为了让学生积极参加某项活动进行的动员性演说。这种语言往往感情激越、词语优美、激励性强。表扬语和批评语也是教师常用的语言。表扬不能溢美和流于嘲讽,批评则更讲究艺术性,一定不能刺伤学生的自尊心。

(三) 交际语言

这里特指教师在教学、教育活动以外的场合中使用的与教师职业有关的语言。他的交际对象可以是学生,也可以是家长、同事、领导或社会上的其他人。教师交际语言可以分为家庭访问、工作交谈、思想劝勉、座谈发言、专题对话、即兴演讲、备稿演讲等几个小类。

五、提高教师口语能力的途径

(一) 注意语言积累

语言表达的能力,有赖于语言积累。一个阅读面窄、词汇贫乏的人不会有很强的语言能力。苏霍姆林斯基曾描写过这样一些教师:"在述说时所说的话,好像是很痛苦地挤出来的,学生并不是在追随教师的思路,而是在看着他是多么紧张地挣扎着用词来表达自己的思想,多么艰难地寻找要用的词。"这些教师语言能力差的症结在于语言积累少、词汇贫乏。特级教师朱雪丹总结自己的经验说:"我觉得一个人的语言能力和他的文化素养、文化水平有着很密切的关系,要提高语言的表达能力就必须多看书,从书面语言中吸取丰富的营养。我比较喜欢看文学作品,常看一些优美的散文。学习它是怎样用精练的语言有条理地叙事的,吸取它丰富的词汇,并尽可能把书面语言融会到自己的口头语言中去。"这的确是经验之谈。教师只有大量地阅读,广泛地积累,才能养成敏锐的语感,提升自己的口语表达能力。

教师应掌握多种多样的口语修辞手段,谐音、双关、比喻、夸张、引用、对比、对偶、排比等都能运用自如,恰到好处。这就要求多向优秀的口才专家学习,向一切口语表达能力强的人学习,也要从书面语中吸取营养。要做到处处留心、事事留心,像学习写作一样认真、刻苦,反复训练。

(二) 加强实践训练

著名语言学家、教育家吕叔湘先生认为,使用语言是一种技能,跟游泳、打乒乓球等技能没有本质上的不同,不过语言活动的生理机制比游泳、打乒乓球等活动更加复杂罢了。任何技能都必须具备两个特点:一是正确,二是熟练。要做到这两点,必须重视实践训练。可以说实践训练是提高教师口语能力的直接有效的途径。教师通过各种实践训练可以熟练地掌握教师口语表达的各种技能技巧。

实践训练可分为两类：一是正规的课堂训练，把学习内容分为几个点，有计划、按步骤地进行规范的课堂训练；二是个体的自我训练。教师口语的学习是一项长期工程，每位教师在教育教学的实践中都要不断地进行自我训练，事实上，熟练的教师口语表达往往是通过反复的自我实践获得的。特级教师于漪在谈到口语的自我实践训练时说："我原本教学用语不规范，一是有'呀'的口头禅，二是乱用'但是'。学生的俏皮话使我震动，我痛下决心，要提高教学用语的质量。我把在课上要说的话写成详细的教案，然后自己修改，把可有可无的字、词、句删去，把不合逻辑的地方改掉，用比较规范的书面语言改造不规范的口头语言，再背出来，口语化。教课以后，详写教后心得，对自己的课'评头品足'，找缺点，找不足，以激励自己不断改进。"她把这种训练方法称为"以死求活"。方法可以因人而异，各有不同。

总之，加强实践训练，是提高教师职业口语能力的有效途径。

实 训

一、有人说，有学问就能当教师，口才好不好没关系。你怎么看这个问题？

二、你认为最理想的教师口语应具备哪些特点？

三、"同学们，别不专心上课，不要搞这个，也不要搞那个，应该搞好学习。"该教学口语存在什么问题？

四、如何在教书育人的过程中提高自己的职业口语表达？

第一章　普通话基础知识

普通话是我国规范的现代汉民族共同语,是国家推广的各地区、各民族之间的全国通用语言,普通话与教师口语又是师范院校学生必备的基本技能。

第一节　普通话是教师的职业语言

知识目标
1. 了解大力推广普通话的意义,了解国家的语言方针政策。
2. 了解普通话对教师职业的要求。
3. 了解现代汉语的方言情况。
4. 了解普通话水平测试的基本情况。

能力目标
1. 能用普通话教书育人。
2. 能大力推广普通话。

一、大力推广普通话

普通话是现代汉民族的共同语。普通话以北京语音为标准音,以北方官话为基础方言,以典范的现代白话文著作为语法规范。

《中华人民共和国宪法》第19条明确规定:"国家推广全国通用的普通话。"大力推广普通话,是我国长期坚持的一项语言政策,是社会主义精神文明建设的重要内容。

1994年,国家语言文字工作委员会、国家教育委员会(现教育部)、广播电影电视部(现国家广播电视总局)联合发出了《关于开展普通话水平测试工作的决定》,该决定指出:"掌握和使用一定水平的普通话是进行现代化建设的各行各业人员,特别是教师、播音员、节目主持人、演员等专业人员必备的职业素质。因此,有必要在一定范围内对某些岗位的人员进行普通话水平测试,并逐步实行普通话等级证书制度。"国家推广普通话的方针是"大力推广,积极普及,逐步提高"。可见,重点放在了推行和普及方面,应努力做到:

第一,各级各类学校采用普通话教学,使普通话成为教学语言。

第二,各级各类机关进行工作时,一般使用普通话,使普通话成为工作语言。

第三,广播、电视、电影、话剧使用普通话,使普通话成为宣传语言。

为了适应社会主义建设的发展需要,充分发挥语言在社会生活中的作用,我们必须积极提倡民族共同语,大力推广普通话。

二、普通话是教师的职业语言

教师是教育工作者,同时又是语言工作者,推广和普及普通话,教师是关键。一名合格的教师除了必备的专业知识以外,还需要有熟练的基本功。而首要的基本功就是说标准的普通话。按照国家语言文字工作委员会的要求,普通话要成为城市幼儿园和乡中心小学以上的以汉语授课为主的各级各类学校的教学用语,成为师范院校、初等和中等学校的校园语言。作为未来的教师,就必须说好普通话,而且还要学会如何教学生说好普通话。

掌握普通话是合格教师的职业技能要求,因此,普通话训练应贯穿教师职业口语训练的始终,并把使用普通话进行教学活动作为对教师工作的基本要求,使普通话成为教师的职业语言。

三、现代汉语方言

汉语经过长期的发展变化,虽然形成了汉民族的共同语——普通话,但在全国各地还存在着各种不同的方言。方言为某一地区的人们所使用,它从属于民族共同语,并不是同普通话相对立的独立语言,而是汉民族共同语在不同地域的分支,属于现代汉语的地方变体。

根据方言形成和发展的历史与方言的结构特点,现代汉语的方言大体可以分为七个大类,即七类大的方言。在每个大方言内,还可以分出若干次方言。方言之间的差异,主要表现在语音方面,词汇次之,语法的差异最小。现代汉语方言大致可分为七个主要的方言体系。

(一)北方方言

北方方言是现代汉民族共同语的基础方言,以北京话为代表,内部一致性较强。它在汉语各方言中分布地域最广。北方方言使用人口占汉族总人口的73%。

北方方言可分为四个次方言：

(1) 华北、东北方言，分布在京、津两市，河北、河南、山东、东北三省，还有内蒙古的一部分地区。

(2) 西北方言，分布在山西、陕西、甘肃等省和青海、宁夏、新疆、内蒙古的一部分地区。

(3) 西南方言，分布在四川、云南、贵州等省及湖北大部分地区（东南角咸宁地区除外），广西西北部，湖南西北角等。

(4) 江淮方言，分布在安徽、江苏两省的长江以北地区（徐州、蚌埠一带属华北、东北方言，除外），镇江以西、九江以东的长江南岸沿江一带。

（二）吴方言

吴方言，即江浙方言。典型的吴方言以苏州话为代表，从发展的趋势看，也可以上海话为代表。分布在上海市，江苏省长江以南、镇江以东地区（不包括镇江），南通的小部分和浙江省的大部分地区。吴方言内部存在一些分歧现象。吴方言使用人口约占汉族人口的7.2%。

（三）湘方言

湘方言，即湖南话，以长沙话为代表。分布在湖南省大部分地区（西北角除外）。湘方言内部还存在新湘语和老湘语的差别。新湘语通行在长沙等较大城市，受北方方言的影响较大。湘方言使用人口约占汉族总人口的3.2%。

（四）赣方言

赣方言，即江西话，以南昌话为代表。分布在江西省大部分地区（东北沿长江地带和南部除外）。赣方言使用人口约占汉族总人口的3.3%。

（五）客家方言

客家方言以广东梅县话为代表。客家人分布在广东、福建、台湾、江西、广西、湖南、四川等省。历史上客家人从中原迁徙到南方，虽然居住分散，但客家方言仍自成系统，内部差别不太大。客家方言使用人口约占汉族总人口的3.6%。

（六）闽方言

现代闽方言主要分布区域跨越六省，包括福建和海南的大部分地区、广东东部潮汕地区、雷州半岛部分地区、浙江南部温州地区的一部分、广西的少数地区、台湾省的大多数汉人居住区。闽方言使用人口约占汉族总人口的5.7%。

闽方言可分为闽东、闽南、闽北、闽中、莆仙五个次方言。其中闽东方言分布在福建东部闽江下游,以福州话为代表;闽南方言分布在闽南24县、台湾及广东的潮汕地区、雷州半岛、海南省及浙江南部,以厦门话为代表。

(七)粤方言

粤方言以广州话为代表,当地人叫"白话"。分布在广东中部、西南部和广西东部、南部的约一百多个县。它也是香港、澳门同胞的主要交际工具。粤方言使用人口占汉族总人口的4%。客家方言、闽方言、粤方言,都随着华侨传布海外。

就与普通话的差别来说,上述各大方言中,闽、粤方言与普通话差别最大,吴方言次之,湘、赣、客家等方言与普通话距离相对较小。

四、普通话水平测试和对教师的具体要求

普通话水平测试(Putonghua Shuiping Ceshi,PSC)是对应试人运用普通话的规范程度的口语考试。全部测试内容均以口头方式进行。

根据各行业的规定,有关从业人员的普通话水平达标要求如下:

中小学及幼儿园、校外教育单位的教师,报考教师资格证人员、师范类毕业生、公共服务行业的特定岗位人员普通话水平不低于二级,其中语文教师不低于二级甲等,其他科目教师不得低于二级乙等,高等学校的教师、国家公务员普通话水平不低于三级甲等,其中现代汉语教师不低于二级甲等,普通话语音教师不低于一级。

国家级和省级广播电台、电视台的播音员、节目主持人,普通话水平应达到一级甲等,其他广播电台、电视台的播音员、节目主持人的普通话达标要求按国家广播电视总局的规定执行。

话剧、电影、电视剧、广播剧等表演、配音演员,播音、主持专业和影视表演专业的教师、学生,普通话水平不低于一级。

普通话水平应达标人员的年龄上限以有关行业的文件为准。

◆ 实 训

一、为什么说普通话是教师的职业语言?

二、现代汉语有哪些方言区?你家乡所处的是哪个方言区?

三、为什么要求教师的普通话水平达到相应的等级?能根据生活实例谈谈其重要性吗?

第二节 普通话语音训练

知识目标
1. 掌握普通话的音、韵、调和语流音变知识。
2. 掌握普通话的朗读技巧。
能力目标
准确、流畅地使用普通话与人交流、沟通。

一、普通话声母辨正及其训练

正确掌握了普通话的 21 个声母的发音,也就知道了它们的发音部位和方法。但由于受方言的发音习惯影响,有些音要正确无误地读出来有些难度。发准每一个普通话字音往往与声母有密切关系,因此反复练习声母的正确发音,纠正长期以来的发音习惯非常重要。我们针对一些方音难点进行辨正。

（一）z、c、s 和 zh、ch、sh

一些方言缺少 zh、ch、sh 的发音,大多将翘舌音 zh、ch、sh 发成平舌音 z、c、s。因此,发好翘舌音,分清平舌翘舌就是关键。

练习翘舌音,必须反复使舌尖上抬,按照发音要领,准确发出 zh、ch、sh。

1. 字的对比训练

z—zh:子—指　字—质　资—之　杂—闸　增—蒸　尊—谆
c—ch:从—重　才—柴　村—春　苍—猖　涔—晨　窜—串
s—sh:散—闪　粟—庶　损—吮　桑—商　随—谁　算—涮

2. 词语的对比训练

资助—支柱　　赞助—站住　　暂时—战时　　糟了—招了
木材—木柴　　擦嘴—插嘴　　乱草—乱吵　　姓涔—姓陈
私人—诗人　　司长—师长　　桑叶—商业　　三上—山上

（二）f 和 h

有些地区发音时容易把 f 与 h 相混,例如,把"反对"读作"huǎnduì","斧头"读作

"hǔtóu","开花"读作"kāifā","荒山"读作"fāngshān"。

在学习时首先注意 f 和 h 的发音,然后要清楚声母 f 和 h 对应的字词。

1. 字的对比训练

f—h:幅—胡　飞—辉　分—昏　方—荒　珐—话　返—缓

2. f 和 h 交错成词的训练

f—h:发慌　番号　繁华　返回　返航　愤恨　防火　飞花　分号

h—f:会费　豪富　浩繁　合法　回复　横幅　洪峰　后方　合肥

3. 辨音训练

发展—花展　奋战—混战　防虫—蝗虫　不凡—不还　废话—绘画

幅度—弧度　飞鱼—灰鱼　富丽—互利

4. 绕口令训练

昨日散步过桥东,遇见两个女孩儿都穿红。一个叫红粉,一个叫粉红。两个女孩都摔倒,不知粉红扶红粉,还是红粉扶粉红?

红饭碗,黄饭碗。红饭碗盛满饭,黄饭碗盛半碗饭;黄饭碗添半碗饭,像红饭碗一样满碗饭。

(三) n 和 l

我国南方部分地区,将 n 与 l 相混,例如,把"男女"读作"lánlǔ","努力"读作"lǔlì","蓝色"读作"nánsè","流连"读作"niúnián","湖南"读作"húlán"。

纠正的方法:首先区分 n 与 l 的发音方法,n 是鼻音,l 是边音;其次做听辨音练习;从听觉上区别 n 声母音节和 l 声母音节,然后读词语对比训练。

1. n 和 l 对比辨音练习

l—n:无赖—无奈　　　旅客—女客　　　连夜—年夜

n—l:水牛—水流　　　男裤—蓝裤　　　脑子—老子

2. n 和 l 连用练习

n—l:哪里　纳凉　奶酪　脑力　内涝　能力

l—n:来年　老农　冷暖　流脑　留念　岭南

n—n:牛奶　恼怒　扭捏　能耐　呢喃　男女

l—l:履历　理论　联络　流露　老练　拉力

(四) r 和 l

有些方言区,如厦门,r 和 l 不分。将 r 发成 l,常把"肉"说成"漏","柔"说成"楼",把"融"说成"lóng",把"然"说成"lán",把"让"说成"làng"。

纠正的方法:首先要把握准 r 声母的发音要领,r 是翘舌音,因此发音时,舌尖翘起接近硬腭前部,但是舌尖中间不能与硬腭接触,它们之间要形成一条缝隙,气流从缝隙中摩擦通过,气流振动声带,从成阻部位的窄缝中摩擦成声,反复练习,养成发 r 声母的习惯。l 是边音,舌尖也要抬起,但是它必须与硬腭前端接触形成阻碍。发音时,随着舌尖的落下,气流从舌的两侧通过。还要注意的是,r 是舌尖中阻音,r 的发音部位要比 l 稍后些。

1. 词语练习

荏苒　　仍然　　柔软　　软弱　　容忍　　忍让　　荣辱　　柔韧

人人　　闰日　　染色　　让步　　日照　　热烈　　扰乱　　燃料

2. l 和 r 对比辨音练习

碧蓝—必然　娱乐—余热　阻拦—阻燃　因牢—求饶　卤质—乳汁

近路—进入　流露—流入　衰落—衰弱　脸色—染色　收录—收入

要掌握方言和普通话的对应规律,分清楚哪些字读 r 声母,也可强化记忆。

(五) j、q、x 和 z、c、s—zh、ch、sh

粤方言、闽方言、湘方言及吴方言区会出现声母 zh、ch、sh 与 j、q、x 混用的情况,如把"知道"读说"机道","少数"说成"小数"等。

北方方言、吴方言及湘方言区中的一些人,常常把 j、q、x 发成 z、c、s。

j、q、x 与 z、c、s 的根本区别在于它们的发音部位不同。z、c、s 是舌尖前音,是舌尖与上齿龈形成阻碍,而 j、q、x 的发音部位要比 z、c、s 靠后,为舌面音,是舌面前部与硬腭前部形成阻碍。切不可把"积极"读作"zéi zéi","简捷"读作"ziǎn zéi",也不要把"自己"说成"jiji"。

在发 j、q、x 时,不要让舌尖抬起,而要把舌面抬起,否则便会出现尖音。另外,在发 j、q、x 时,舌尖应抵在下齿背后,而不是抵在上下齿之间。气流要从舌面与上腭之间擦过,而不应从上下齿之间擦过,否则会出现过重的擦音。产生这种错误的主要原因是舌面前音 j、q、x 是由舌面前部与硬腭形成阻碍而发声的,有些人在发音时,成阻、除阻的部位太靠近舌尖,发出的音带有"刺刺"的舌尖音的味道,属于语音缺陷。

另外,需要特别记住的是,j、q、x 只和齐齿呼、撮口呼韵母相拼,而 z、c、s 只和开口呼和合口呼相拼。也就是说,如果韵母是开口呼或合口呼的,声母绝不会是 j、q、x。如果韵母是齐齿呼或撮口呼的,声母绝不会是 z、c、s 或 zh、ch、sh,这样会有利于纠正声母的混乱。

j、q、x 与 zh、ch、sh 之所以会发生混淆,是因为有些方言区,例如一些南方地区的人不会发翘舌音的,他们常把翘舌音发成了舌面音。例如把"知道"说成"jīdào","池子"说成"qízi","少数"说成"xiǎoxù"。

zh、ch、sh 是舌尖后阻音。发音时,舌尖一定要平着翘起来,也就是要抬起来,而不是舌尖向后卷起来,卷起来发音会有大舌头的感觉,并且要与硬腭前端接触形成阻碍,而发 j、q、x 时,是舌面前部挺起与硬腭前部接触,舌尖应抵在下齿背后不动。

1. z、c、s—j、q、x

zī gé　jí gé　　　　zī běn　jī běn
资格—及格　　　　资本—基本

jiàndìng　zàndìng　　cí huì　qí huì
鉴 定—暂 定　　　　词汇—棋会

2. zh、ch、sh—j、q、x

zhú huā　jú huā　　　chūxiàn　qūxiàn
竹 花—菊 花　　　　出 现—曲 线

shùshuō　xùshuō　　zhuānkuǎn　juānkuǎn
述 说—叙 说　　　专 款—捐 款

二、韵母辨正及其训练

（一）齐齿呼韵母和撮口呼韵母辨正

韵母 i 和 ü 的主要区别在于：i 是不圆唇元音，ü 是圆唇元音。发音时注意口形的圆展。

齐齿呼韵母和撮口呼韵母对比的音节共有 12 对，如下：

yi—yu	ji—ju	qi—qu	ye—yue	jie—jue	qie—que
衣—域	记—居	期—区	业—月	节—觉	切—缺
xi—xu	li—lü	ni—nü	xie—xue	lie—lüe	nie—nüe
西—需	里—旅	你—女	协—学	列—略	聂—虐

各方言区的人也可结合自己的方言，找出方言和普通话间的对应规律。

【对比辨音练习】

名义—名誉　　结集—结局　　意义—寓意　　绝迹—绝句
通信—通讯　　意见—预见　　容易—荣誉　　雨具—雨季

（二）前、后鼻韵母辨正训练

在普通话里，前后鼻韵母大多是成对的。闽、客方言区的学生很多后鼻韵母发音偏前，或前后鼻韵母相混。训练时需针对方言辨音记字。

前、后鼻音韵母发音上的不同表现在：

（1）舌位不同。发前鼻音 -n 时，舌尖顶住上齿龈，不要松动，不要后缩；发后鼻音 -ng 时，舌头后部高高隆起，舌根尽力后缩，抵住软腭。

（2）口形不同。发 -n 时上下门齿是相对的，口形较闭；发 -ng 时，上下门齿离得远一点儿，口形较开。

(3) 音色不同。前鼻音-n 较尖细清亮,后鼻音-ng 的声音则浑厚响亮。

(三) 正音训练

1. 对镜训练法

对镜找准前后鼻韵尾不同的成阻部位,如发前鼻韵尾-n 时,舌尖上抵成阻,镜中可以看见舌头底部(舌身随舌尖前伸);发后鼻韵尾-ng 时,舌根上抵成阻,镜中可见舌面(舌身随舌根后缩)。

2. 归音要到位

抵舌:咬紧牙关发前鼻音(抵舌),声音清。

凡是收前鼻音-n 的音节,字尾收音时要做一个明显的抵舌动作。

【抵舌训练】

我生在一个山村,
那里有我的父老乡亲;
胡子里长满故事,
憨笑中埋着乡音。
一声声喊我乳名,
一声声喊我乳名。
多少亲昵,多少疼爱,多少开心!
啊,父老乡亲,
我勤劳善良的父老乡亲,
树高千尺也忘不了根。

穿鼻:打开后腔发后鼻音(穿鼻),声音浊。

凡是收后鼻音-ng 的音节,归音时,气息要灌满鼻腔。

【穿鼻训练】

我们的家乡,
在希望的田野上,
炊烟在新建的住房上飘荡,
小河在美丽的村庄旁流淌,
一片冬麦,(那个)一片高粱,
十里(哟)荷塘,十里果香,
咳!我们世世代代在这田野上生活,
为她富裕,为她兴旺。

3. 逆同化正音法

-n——在前鼻韵母字的后面,加一个用 d、t、n、l 作声母的音节,两字连读;因发音部位相同(舌尖中音),前字韵尾受后字声母的同化可使前鼻韵母归音准确。如:

新年　　心得　　灿烂　　顺利　　心理　　濒临

-ng——在后鼻韵母字的后面,加一个用 g、k、h 作声母的音节,两字连读;因发音部位相同(舌根音),前字韵尾受后字声母的同化可使后鼻韵母归音准确。如:

停靠　　浪花　　香港　　唱歌　　疯狂　　刚刚

各方言区的人也可结合自己的方言,找出方言和普通话间的对应规律,进行辨析。

(1) an 和 ang 的对比练习:

反问—访问	担心—当心	烂漫—浪漫	
施展—师长	赞颂—葬送	一般——帮	
赝品—样品	牵手—枪手	遣送—抢送	
大连—大梁	船上—床上	机关—激光	

(2) en 和 eng 的对比练习:

诊治—整治	身世—声势	深思—生丝	陈旧—成就
气氛—气疯	人参—人生	申明—声明	瓜分—刮风
真诚—征程	开门—开蒙	枕套—整套	审视—省市

(3) in 和 ing 的对比练习:

频繁—平凡	不信—不幸	禁止—静止	很近—很静
林子—绫子	金鱼—鲸鱼	人民—人名	很亲—很轻
红心—红星	今昔—惊悉	寝室—请示	贫民—平民

(四)注意韵腹开口度的大小

有些人受方言影响,说普通话时会因主要元音的开口度大小把握不好而产生误读。训练中要注意掌握易混韵母韵腹开口度的大小。

1. ai 和 ei 的对比练习

排场—赔偿	分派—分配	耐心—内心	
小麦—小妹	摆布—北部	成败—成倍	
卖力—魅力	安排—安培	埋头—眉头	
白费	败北	代培	败类	悲哀
黑白	擂台	内海	内债	海内

2. ao 和 ou 的对比练习

思潮—丝绸	稻子—豆子	考试—口试
刀锋—兜风	高洁—勾结	牢房—楼房
烧了—收了	浩瀚—后汉	镐头—狗头
毛利—牟利	豪杰—喉结	嗜好—事后
掏钱—偷钱	逃奔—投奔	暗道—暗斗

3. ian 和 in 的对比练习

建军—进军　　简章—紧张　　连接—邻接

连夜—林业　　鲜血—心血　　偏音—拼音
签字—亲自　　棉芯—民心　　仙境—心境

4. üan 和 ün 的对比练习

圈子—裙子　　卷子—君子　　源源—芸芸
权利—群力　　选你—寻你　　捐献—军训
军援—均匀　　援军—云卷　　全权—全群

三、声调辨正及其训练

（一）调值辨正训练

要进行声调辨正,先从调值开始训练。要把普通话四个声调的调值念准,就需要把各类声调的高低升降曲直读准确。

1. 阴平

普通话的阴平是 55 调,不能降低调值而读成 44 或 33 调。训练时可利用阳平的高音顺势带阴平。

【训练】

① 星期、飞机、今天、沙滩、分钟、丰收、刊登

② 机关枪、沙家浜、微风吹、登高山

③ 居安思危、江山多娇、春天花开、机车公司、息息相关

④ 节约、农村、年轻、孪生

⑤ 甜酸、提出、难听、浮雕

⑥ 阳光、崇高、时间、台阶

⑦ 石碑、皮靴、牙刷、国家

⑧ 长江、云梯、平安、回家

2. 阳平

普通话的阳平是 35 调。在发音时是直接上扬的,中间不能拐弯。

【训练】

① 平时、流行、黎明、从容、寻求、怀疑、岩石

② 形容词、来集合、谈学习、节能源

③ 人民团结、儿童文学、和平繁荣、文明全球、严格执行

练习时可在阳平后紧接一个阴平字,以免尾音升不到位。如:直接、回声、国家、杰出、农村、阳光。

3. 上声

普通话的上声是 214 调。在读上声时一般有以下几种问题:一是只降不升,只有低

降调而没有降升调,读成21调;二是升了但不到位,如213、212调;三是读成降升降调,如2143调。可采用拖长低音区发音的方法,拖长一两倍,以便更好地感受低音。

【训练】

① 怂、獭、拣、犷、冼、蛹、吮、圃、拟、酪、酊、藻

② 土特产、展览馆、洗脸水、演讲稿、手写体、小拇指

4. 去声

普通话的去声是全降调,调值记作51。去声在发音时不能念成短促的低降调。

【训练】

① 扩大、注意、照相、判断、热烈、现代、浩荡、建树

② 要注意、创造物、必获胜、背信义、壮士气

③ 废物利用、爱护备至、变幻莫测、竞赛项目

经过反复听辨与练习,能听辨出四声的调值特点:一声平,二声扬,三声曲折,四声降。二声、三声是声调中的难点,要反复体会。普通话的二声柔美动听,自然上扬,起音不要用力过猛,要轻轻中度扬,中途不能下降再扬。普通话的三声舒缓轻柔,曲折好听。读时半低度起,先降到低度而后转弯上扬,尾音不能波折。

(二)避免用入声字读普通话

在古代汉语中有平、上、去、入四种声调,入声字的读音一般比较短促,如龙、岩、话、各、竹、桌。普通话是没有入声的,古入声字普通话分别归入阴平、阳平、上声、去声四个声调。但是在一些方言中,如闽方言、粤方言、客家方言都还保留着入声。这些方言区的人学习普通话,要避免短促的入声腔,即在发音时不能发短促音。要避免入声调,首先应找出自己方言中的声调与普通话的对应关系,并把方言中的入声字改读为普通话四声。

1. 对比训练(后一个字是入声字)

| 知—汁 | 低—滴 | 沙—杀 | 查—察 | 扶—福 | 斜—胁 |
| 比—笔 | 古—谷 | 锁—索 | 义—亿 | 寓—育 | 务—物 |

2. 读准古入声字组成的词语

| 压缩 | 曲折 | 忽略 | 杰出 | 觉察 | 狭窄 | 德育 |
| 益发 | 密集 | 目录 | 碧绿 | 克服 | 答复 | 法律 |

四、语流音变及其训练

在连续的语流中,前后音节会互相影响,致使某些音节的音素或声调发生语音变化,这就是音变。

普通话中常见的音变现象有轻声、儿化、变调以及语气词"啊"的变读等。

(一) 轻声

有些音节在词语或句子里,常常失去原有的声调,读成一种又轻又短的调子。这种又轻又短的调子,叫作轻声。

轻声是有规律的,其规律如下:

(1) 助词"的、地、得、着、了、过"和语气词"吧、吗、呢、啊"等。如:

领路的、愉快地、学得(好)、笑着、活了、看过、他呢、谁啊、放心吧、来吗……

(2) 叠音词和重叠形式动词的第二个语素。如:

星星、妈妈、坐坐、读读、了解了解、商量商量……

(3) 用在名词、代词后面的方位词"上、下、里、边、面"等,方位"内、外"等一般不读轻声。如:

脸上、山下、地底下、村子里、前边、外面、里面……

(4) 用在动词、形容词后面表示趋向的动词"来、去、起来、下去"等。如:

进来、起来、出去、热起来、说出来、夺回来、跳回去、跑下去……

(5) 量词"个"。如:

这个、哪个、一个……

(6) "头、乎、么、处、当、和、家、见、匠、快、气、生、思、候、们、计、子"等。如:

头:石头、甜头、苦头、枕头、罐头、馒头(反例:鱼头、劲头、气头、眉头、滑头、磁头、烟头、山头、线头、炕头)……

乎:忙乎、热乎、在乎、悬乎、玄乎、近乎……

么:多么、这么、那么、什么……

处:错处、坏处、好处、害处、难处、用处……

当:勾当、便当、顺当、稳当、妥当……

和:掺和、搅和、暖和、软和……

家:东家、行家、娘家、婆家、亲家、人家……

见:看见、瞧见、听见、意见……

匠:木匠、泥匠、皮匠、铁匠、铜匠、瓦匠、鞋匠、花匠……

快:凉快、爽快、痛快……

气:福气、客气、阔气、脾气、义气、运气、洋气……

生:先生、学生……

思:寻思、心思、意思……

候:症候、伺候、时候……

们:你们、我们、他们、教师们、同学们、先生们……

计:算计、活计、伙计、会计……

子:桌子、石子、鞭子、辫子、稻子、斧子、小子、谷子……

(7) 人体的部位。如：

脑袋、头发、眉毛、眼睛、鼻子、嘴巴、胳膊……

(8) 一些常用的习惯读轻声的双音节词语。如：

云彩、护士、事情、东西、买卖、窗户、算盘、消息、干部、体面、动静、招呼、便宜、客气、风筝、关系、行李、包袱、高粱、蘑菇、西瓜、石榴、喜鹊……

（二）儿化

后缀"儿"与它前一音节的韵母结合成一个音节，并使这个韵母带上卷舌音色的一种特殊音变现象。

儿化的发音和音变规律：

(1) 音节末尾是 a、o、e、ê、u（包括 ao、iao 的 o）的，韵母直接卷舌。如：

a—ar	哪儿	ia—iar	豆芽儿
ua—uar	牙刷儿	o—or	锯末儿
uo—uor	酒窝儿	e—er	小车儿
ie—ier	台阶儿	üe—üer	丑角儿
u—ur	眼珠儿	ao—aor	豆腐脑儿
iao—iaor	麦苗儿	ou—our	老头儿
iou—iour	煤球儿		

(2) 韵尾是 i、n（除 in、ün 外）的，丢掉韵尾，主要元音卷舌。如：

ai—ar	锅盖儿	uai—uar	乖乖儿
ei—er	刀背儿	uei—uer	一会儿
an—ar	竹竿儿	ian—iar	书签儿
uan—uar	好玩儿	üan—üar	圆圈儿
en—er	书本儿	uen—uer	没准儿

(3) 韵母是 in、ün 的，丢掉韵尾，还要加 er。如：

| in—ier | 背心儿 | 脚印儿 |
| ün—üer | 花裙儿 | 合群儿 |

(4) 韵母是 i、ü 的，加 er。如：

| i—ier | 米粒儿 | 玩意儿 | 小鸡儿 |
| ün—üer | 金鱼儿 | 有趣儿 | 唱曲儿 |

(5) 韵母是 -i（前）、-i（后）的，韵母变作 er。如：

| -i（前）—er | 瓜子儿 | 没词儿 | 铁丝儿 |
| -i（后）—er | 树枝儿 | 没事儿 | |

(6) 韵母是 ng 的，丢掉韵尾，韵腹带鼻音并卷舌。如：

ang—ār　　药方儿　　后响儿

iang—iǎr 瓜秧儿 唱腔儿
uang—uǎr 天窗儿 竹筐儿
eng—ǎr 门缝儿 板凳儿
ong—úr 没空儿 胡同儿

(7) 韵母是 ing、iong 的，丢掉韵尾，加上鼻化的 ēr。如：
ing—i⃝r 花瓶儿 电影儿
iong—io⃝r(ü⃝r) 小熊儿 哭穷儿

(三) 上声的变调

(1) 上声＋非上声：变半上，即调值由 214 变为 211。如：
在阴平前：首都 北京 统一 始终 主观 教师 小说 启发
在阳平前：祖国 海洋 语言 旅游 小时 表扬 赶忙 感情
在去声前：解放 土地 巩固 感谢 考试 酒店 准确 表示
在轻声前：尾巴 起来 宝贝 打发 暖和 口袋 伙计 老实
(2) 上声＋上声：变阳平，调值由 214 变 35。如：
水果 了解 领导 勇敢 永远 渺小 选举 岛屿
(3) 上声＋上声＋上声。
① 阳平＋阳平＋上声，调值由 214 变 35。如：
展览馆 管理组 领导者 碾米厂 打靶场 手写体
② 半上＋阳平＋上声，调值 211＋35＋214。如：
很勇敢 小老虎 冷处理 好讲稿 纸老虎
(4) 三个以上上声相连。
根据词语的意义分组变调。如：
彼此友好   彼此/友好
买把雨伞   买把/雨伞
手表厂有好几种产品。   手表厂/有/好几种/产品。
种马场养有五百匹好母马。 种马场/养有/五百匹/好母马。

(四) "一、不"的变调

1. "一"的变调
(1) 单说或在词语末尾，念原调(阴平)。如：
一、二 十一 统一 万一 唯一 划一
(2) 在去声前念阳平。如：
一样 一向 一定 一块 一切 一半
一旦 一度 一概 一共 一粒 一致

(3) 在阴平、阳平、上声(非去声)前念去声。如：

阴平前：一般　　一边　　一端　　一只　　一杯

阳平前：一年　　一齐　　一时　　一瓶　　一条

上声前：一早　　一举　　一手　　一两　　一里

(4) 在叠用的动词中间，念轻声。如：

想一想　试一试　管一管　读一读　看一看　坐一坐

聊一聊　听一听　学一学　写一写　擦一擦　练一练

2. "不"的变调

(1) 单说或在词语末尾念原调(去声)。如：

不　　偏不　　来不　　要不

(2) 在阴平、阳平、上声(非去声)前也念原调(去声)。如：

阴平前：不安　　不单　　不端　　不吃　　不开

阳平前：不行　　不白　　不才　　不同　　不详

上声前：不好　　不比　　不等　　不管　　不敢

(3) 在去声前念阳平。如：

不怕　　不够　　不看　　不像　　不去　　不是　　不测

(4) 在动词后的补语中，或夹在词语当中念轻声。如：

来不来　　找不找　　走不走　　听不听　　看不看　　拿不动

(五) 语气词"啊"的音变

句末语气词"啊"，在语流中受前一个音节末尾音素的影响发生音变的现象。其音变规律如下。

(1) 前面音素是 a、o(ao、iao 除外)、e、ê、i、ü 时，"啊"变读为 ya，写作"呀"。

音素情况：a、ia、ua、o、uo、e、ie、üe、i、ia、uai、ei、uei、ü。如：

用劲儿拔呀！

要努力争取呀！

你还写不写呀？

快来喝呀！

(2) 前面音素是 u(包括 ao、iao)时，"啊"变读 wa，写作"哇"。

音素情况：u、ou、iou、ao、iao。如：

大声读哇！

快点儿走哇！

真巧哇！

(3) 前面音素是 n 时，"啊"变读 na，写作"哪"。

音素情况：an、ian、uan、üan、en、in、uen、ün。如：

一个好人哪!

走路要小心哪!

这道题真难哪!

(4) 前面音素是 ng 时,"啊"变读 nga,写作"啊"。

音素情况:ang、iang、uang、eng、ing、ueng、ong、iong。如:

这样不成啊!

请静一静啊!

真重啊!

(5) 前面音素是-i(前)时,"啊"变读 za,写作"啊"。如:

这是蚕丝啊!

这可是工资啊!

多好的陶瓷啊!

(6) 前面音素是-i(后)、er 时,"啊"变读 ra,写作"啊"。如:

他是我的教师啊!

怎么回事啊?

多鲜艳的花儿啊!

五、朗读知识及其训练

(一) 朗读

把书面语言转化为口头语言,把无声语言转化为有声语言的一种再创造的言语活动。

朗读对声音再现的要求是接近自然化、本色化、生活化,它注重于声音的洪亮且音量均匀,吐字节奏、停顿及声音高低对比可以根据表述需要有所变化,但不宜有太大的变化。

(二) 朗读技巧

朗读技巧主要包括两部分:一是内部技巧;二是外部技巧。

1. 朗读内部技巧

(1) 形象感受的运用

朗读者要在作品形象性词语的刺激下,感触到客观世界的种种事物以及事物的发展、运动状态,使情、景、物、人、事、理的文字符号在内心跳动起来。朗读者的形象感受,来源于作品中的词语概念对朗读者内心刺激而产生的对客观事物的感知、体会、思考,是"感之于外,受之于心"而形成的。朗读者要善于抓住那些表达事物形象的词语,透过文字,"目击其物",好像"看到、听到、嗅到、尝到、伸手即可得到"一样,在内心"活"起来,形成"内心视像"。朗读者要善于发挥记忆联想和再造想象的能力,以增强有声语言的强烈感染力。

例如,《卖火柴的小女孩》中:"天气冷得可怕,天正下着雪,黑暗的夜幕开始垂下来了。"朗读时,不应仅仅把它们看成白纸黑字,而应透过这些表达形象的话语,产生视觉想象,"看到"雪花、天黑,从而"感到"冷极了。

再如,《荔枝蜜》中:"热心肠的同志送给我两瓶。一开瓶子塞儿,就是那么一股甜香,调上半杯一喝,甜香里带着股清气,很有点鲜荔枝的味儿。"朗读时要注意运用嗅觉想象和味觉想象,当读到"一开瓶子塞儿"时,要真的觉得一股甜香味儿扑鼻而来;"调上半杯一喝",则有唇齿含香的感觉。

【训练】

天空中有几只小鸟在飞。我闭上眼睛,仿佛秋天到了,树上挂满了红彤彤、黄灿灿的果子。

(2) 逻辑感受的运用

朗读者将作品中的主次、并列、转折、递进、对比、总括等"文路",在逻辑感受过程中转化为自己的思路,进而形成内心的"语流",以增强有声语言的征服力。朗读时,作品中的概念、判断、推理、论证,以及全篇的思想发展脉络、层次、语句之间的内在联系,在朗读者头脑中形成的感受,就是逻辑感受。逻辑感受主要体现在两个方面:语言目的要明确,不能似是而非;语言脉络要清晰,不能模棱两可。语言目的必须抓住语句、篇章的真正含义,挖掘实质。

【训练】

并列性:坐着,躺着,打两个滚,踢几脚球,赛几趟跑,捉几回迷藏。

对比性:燕子去了,有再来的时候;杨柳枯了,有再青的时候;桃花谢了,有再开的时候。

排比性:山朗润起来了,水涨起来了,太阳的脸红起来了。

递进性:起先,这小家伙只在笼子四周活动,随后就在屋里飞来飞去。

(3) 内在语的运用

没有内在语,有声语言就会失去光彩和生命。朗读者要在朗读中运用内在语的力量赋予语言一定的思想、态度和感情色彩。朗读时,内在语要像一股巨大的潜流,在朗读者的有声语言底下不断涌动着,赋予有声语言以生命力。内在语的潜流越厚,朗读也就越有深度。

【训练】

人的身躯怎能从狗洞子里爬出!

在敌人的威逼利诱面前,革命者仍保持坚贞不屈。

（4）语气的运用

声音受气息支配，气息则由感情决定，而感情的引发又受文章内容和语境的制约。学会将情、气、声三者融为一体，并能运用自如，才能增强有声语言的表现力。语气运用的一般规律是：喜则气满声高，悲则气沉声缓，爱则气缓声柔，憎则气足声硬，急则气短声促，冷则气少声淡，惧则气提声抖，怒则气粗声重，疑则气细声黏，静则气舒声平。感情上有千变万化，才会有气息上的千差万别和声音上的千姿百态。

朗读者既要重视内部心理状态的支配作用，又要发挥外部表达技巧的作用。脱离了内部思想感情的运动状态，技巧就难以具有强大的生命力；如果没有最完善的声音形式，内部心理状态也无从表达，因而朗读者不能忽视外部表达技巧的运用。

2. 朗读外部技巧

（1）语调

语调是指朗读（或说话）时声音的高低变化，又称作句调。声音的高低升降是由音高决定的。高低升降虽然是就整个句子说的，但一句话的高低升降常常表现在最后一个音节上，末句如果是语气助词或轻声字，就表现在倒数第二个音节上。句调有以下四种：

① 平直调（→）。句子语势平直舒缓，没有显著的高低升降变化。陈述、说明的句子可以用平直调，表示庄严、悲痛、冷淡、沉重等感情。如：

有的人活着，他已经死了；有的人死了，他还活着。→

（臧克家《有的人》）

② 扬升调（↗）。句子语势先低后高，句末音调明显上扬。疑问句、感叹句可以用扬升调，表示疑问、反诘、号召、惊讶等感情。如：

当你在积雪初融的高原上走过，看见平坦的大地上傲然挺立这么一株或一排白杨树，难道你就只觉得它只是树？↗

（茅盾《白杨礼赞》）

③ 降抑调（↘）。句子语势先高后低，句末音节说得低而短促。陈述句可以用降抑调，表示坚决、赞扬、祝愿、恳求等感情。如：

为什么我的眼里常含泪水，因为我对这土地爱得深沉。↘

（艾青《我爱过土地》）

④ 曲折调（↗↘）。句子语势有低—高—低的曲折变化，或者末一两个音节音调曲折并且拖长。疑问句、陈述句可以用曲折调，表示惊讶、怀疑、讽刺、幽默等感情。如：

——这些海鸭呀，享受不了战斗生活的欢乐，轰隆隆的雷声就把它们吓坏了。↗↘

（高尔基《海燕》）

（2）停顿

停顿就是语流中的间歇，我们说话或朗读时，短句可以一口气说完，遇到长句或者几个句子，中间就要有适当的间歇。语言中的停顿，不单是人们生理上换气的需要，更是表情达意的需要。常见的停顿有以下四种。

① 句逗停顿。按照各种标点符号所作的停顿称为句逗停顿。停顿时间的由长到短一般是：句号、问号、叹号、分号、冒号、逗号、顿号。破折号和省略号较为特殊，停顿时间的长短酌情而定。

② 语法停顿。表示语法关系的停顿称为语法停顿。语法停顿可以使句子的各种成分之间的关系明确、脉络清楚。语法停顿的时间一般较短促。其停顿的主要位置是：主语和谓语之间，动词和宾语之间，附加成分和中心语之间，联合成分之间。特别是各部分较长时，更应注意它们之间的停顿。

③ 强调停顿。强调停顿是句子中特殊的间歇。为了强调某一事物，突出某个语意或某种感情，或者为了加强语气，而在不是语法停顿的地方作适当的停顿，或在语法停顿的基础上变动停顿时间，这样的停顿叫作强调停顿，也叫逻辑停顿或感情停顿。

④ 结构停顿。结构停顿是由文章的层次结构决定的，是为了表示文章的层次、段落等而作的停顿。停顿时间的长短，应视具体的语言环境而定，在一般情况下，间歇时间的长短是段落＞层次＞句子。

必须注意的是，停顿只是声音的间歇，朗读者的情绪不应受影响。有的人一停顿，就使听众产生"结束"的感觉，这是不正确的。其实，停顿仍是思想感情的继续和延伸，不是休止，更不是中断。停顿运用得当，会给听众留下思索、回味、遐想的余地，收到"此时无声胜有声"的特殊艺术效果。正确的停顿与呼吸有很大的关系，但并不表示每次停顿都要吸气、换气，这样反而会使呼吸急促、情绪紧张。朗读节奏舒缓的作品，可用"慢吸慢呼"的方法，使呼吸和停顿有机地配合，不露呼吸的痕迹；朗读节奏快的作品，可用"快吸快呼"的方法，利用呼吸造成一种声势，使朗读更有艺术感染力。总之，要根据文章的内容来决定停顿时采用哪种呼吸方法。恰当地运用停顿和呼吸，会使它们相得益彰。

(3) 重音

朗读时，为了强调或突出某个词、短语或者某个音节而读得重些的成分称为重音。朗读前，必须区分句子中哪些词是主要的，哪些词是次要的，并使次要的词从属于主要的词。一个独立完整的句子，只能有一个主要重音。重音不一定都重读。突出重音的方法多种多样，重读是突出，轻读、拖长也是突出。要处理好重音与非重音，主要重音与次要重音的关系，学会在朗读时把非重音、次要重音一带而过的技巧。

重音主要分为语法重音和强调重音两种。

① 语法重音（在文字下方加注"·"）

语法重音是根据句子语法结构对某个句子成分所读的重音。这种重音只是比一般非重音稍重，不很明显。语法重音的位置比较固定，以下成分一般重读：

a. 一般短句里的谓语

风停了，雨住了，太阳出来了。

b. 名词前面的定语

我们的哨所，在那高高的山崖上。

c. 动词或形容词前面的状语

祖国的山河多么美丽呀！

d. 动词或形容词后面的补语

他的嘴唇干得裂了好几道血口子。

e. 某些代词

这本书是从哪儿借来的？

f. 介词"把"的宾语

鬼子把前后院都翻遍了。

② 强调重音（在文字下方加注"·"）

强调重音，又叫逻辑重音或感情重音，是为了有意突出某种特殊思想感情而把句子里某些词语读得较重的现象。强调重音应比非重读成分明显加重。强调重音在语句中并没有固定的位置，完全是根据语意的需要而定的。同样的一句话，在不同的语言环境中或不同的思想感情支配下，所要强调的部分并不相同。如下面两组例句，只有说出或读出强调重音，才能准确表达每句话的意思。

a. 第一组：

那是你的书？　　这是我的书。（那本不是）

这是谁的书？　　这是我的书。（不是别人的）

这是你的什么？　这是我的书。（不是别的东西）

这是不是你的书？这是我的书。（的确是）

b. 第二组：

谁喜欢游泳？　　我喜欢游泳。

你喜不喜欢游泳？我喜欢游泳。

你喜欢什么？　　我喜欢游泳。

（4）节奏

受作品的基调和思想内容的制约，朗读时应注意抑扬顿挫、轻重缓急的不同节奏。恰当地把握朗读的节奏，既能显示有声语言的音乐美感，又能形象地表达作品的意境。

根据节奏的基本特点和表现形式，可分为六种类型：轻快型、凝重型、低沉型、高亢型、舒缓型、紧张型。

① 轻快型。语调轻松快捷，声音形式多扬少抑，多轻少重，语节少，词的密度大。多用来表示欢快、欣喜、愉悦、诙谐的情感。如：

从未见过开得这样盛的藤萝，只见一片辉煌的淡紫色，像一条瀑布，从空中垂下，不见其发端，也不见其终极，只是深深浅浅的紫，仿佛在流动，在欢笑，在不停地生长。紫色的大条幅上，泛着点点银光，就像迸溅的水花。仔细看时，才知那是每一朵紫花中的最浅淡的部分，在和阳光互相挑逗。

（宗璞《紫藤萝瀑布》）

② 凝重型。话语凝重,声音较低。音强而着力,多抑少扬,音节多,多用来表示严肃、庄重、沉思的意味。如:

然而,大多数中国文人的人格结构中,对一个充满象征性和抽象度的西湖,总有很大的向心力。社会理性使命已悄悄抽绎,秀丽山水间散落着才子、隐士,埋藏在身前的孤傲和身后空名。天大的才华和郁愤,最后都化作供后人游玩的景点。景点,景点,总是景点。

再也读不到传世的檄文,只剩下廊柱上龙飞凤舞的楹联。

再也找不到慷慨的遗恨,只剩下几座既可凭吊也可休息的亭台。

再也不去期待历史的震颤,只有凛然安坐着的万古湖山?

(余秋雨《西湖梦》)

③ 低沉型。语势下行,句尾落点多显沉重,音节拉长,声音偏暗,多用来表示悲痛、伤感、哀悼的感情。如:

敬爱的周总理,

我不能到医院去瞻仰你,

只好攥一张冰冷的报纸,

静静地伫立在长安街的暮色里。

任一月的风,

任傍晚的天光,

照着冰冷的泪滴。

(李瑛《一月的哀思》)

④ 高亢型。语速较快,步步上扬,声音多重少轻,多连少停,语调高昂。常用来表现热烈、豪放、激昂、雄浑的气势。如:

——暴风雨!暴风雨就要来啦!

这是勇敢的海燕,在怒吼的大海上,在闪电中间,高傲地飞翔;这是胜利的预言家在叫喊:

——让暴风雨来得更猛烈些吧!

(高尔基《海燕》)

⑤ 舒缓型。语调舒展自如,语节多连少顿,声音较高但不着力,用来描绘幽静、淡雅的场景,表达平静、舒展的心情。如:

江南的山水是令人难忘的,缭绕于江南山水间的丝竹之音也是令人难忘的:在那烟雨滚滚的小巷深处,在那杨柳依依的春江渡口,在那黄叶萧萧的乡村野店,在那白雪飘飘的茶馆酒楼……谁知道,那每一根颤动的丝弦上,曾经留下多少生离死别的故事。

(严阵《江南丝竹》)

⑥ 紧张型。语速快,多扬少抑,多重少轻,声音较短,气息急促,用以表达紧急、气愤、激动的情绪。如:

今天,这里有没有特务?你站出来!是好汉的站出来:你出来讲,凭什么要杀死李先生?杀死了人,又不敢承认,还要污蔑人,说什么"桃色事件",说什么共产党杀共产党,无耻啊!无耻啊!

(闻一多《最后一次演讲》)

◆ 实 训

一、语流音变练习。

(一)儿化

小姑娘儿,红脸蛋儿。红头绳儿,扎小辫儿。系上围裙儿来做饭。淘小米儿,小半盆儿。小白菜,剁几根儿。还有一盘儿萝卜丝儿。再来粉皮儿熬小鱼儿。

进了门儿,倒杯水儿,喝了两口运运气儿。顺手拿起小唱本儿,唱了一曲儿又一曲儿。练完了嗓子练嘴皮儿。绕口令儿,练字音儿,还有快板儿对口词儿,越说越唱越带劲儿。

有个小孩儿叫小兰儿,口袋里头装着钱儿,又打醋,又买盐儿,还买了一个小饭碗儿。小饭碗儿,真好玩儿,红花绿叶儿镶金边儿,中间还有个小红点儿。

(二)"啊"的音变

大伙儿赶快来啊,你们赶快看啊:鸡啊、鸭啊、猫啊、狗啊,一块儿水里游啊;牛啊、羊啊、马啊、骡啊,一块儿进鸡窝啊;狮啊、虫啊、虎啊、豹啊,一块儿街上跑啊;兔啊、鹿啊、鼠啊、孩子啊,一块儿上窗台啊。

你是谁啊?我是张果老啊。你怎么不进来啊?我怕被狗咬啊!你兜儿里装的是什么啊?装的是大枣啊。你怎么不吃啊?我怕牙酸倒啊。胳肢窝里夹的啥啊?一件破棉袄啊。你怎么不穿啊?我怕虱子咬啊。怎么不叫老伴儿帮着拿啊?老伴儿死得早啊!

(三)变调

老师是让老史写日志,老史老是不去写日志,老史老是骗老师,老师老是说老史不老实。

离离原上草,一岁一枯荣。野火烧不尽,春风吹又生。

一板一眼 一唱一和 一模一样 一丝一毫 一字一板 一朝一夕
一张一弛 一问一答 一窍不通 一丝不苟 一尘不染 一成不变
一蹶不振 一毛不拔 一丝不挂 不可一世 不管不顾 不伦不类
不清不楚 不屈不挠 不即不离 不卑不亢 不折不扣 不见不散

(四)轻声

葫芦胡同胡老五,晚上睡觉打呼噜。睡到半夜一糊涂,隔着窗户掉外头。护着屁股不护头,摸了块砖头当枕头。呼噜呼噜接着睡,一觉迷糊到正晌午。

二、用所学的重音技巧朗读下面的句子。

1. 他高高地举起那串鲜红的辣椒,在铅灰色的天穹下,在弥漫的雪雾中,辣椒就像一把燃烧的火炬,照耀着前程。

2. 扳着指头算,1加1等于2。

3. 他们知道与其骗我说外祖母睡着了,还不如对我说实话:外祖母永远不会回来了。

三、选重音并思考重音的性质和表达方式,然后练读。

我常想读书人是世间幸福人,因为他除了拥有现实的世界之外,还拥有另一个更为浩瀚也更为丰富的世界。现实的世界是人人都有的,而后一个世界却为读书人所独有。

四、用愤怒、紧张、失望、不关心、不耐烦、兴奋、神秘、惊恐8种情感说以下例句。

1. 我不知道他会不会来,已经等了三天。

2. 其实你不需要留在这里,那边的事没有你完成不了。

3. 这半年一直都是这样子,大家都习惯了。

五、朗读下文,注意停连。

那醉人的绿呀!我若能裁你以为带,我将赠给那轻盈的//舞女,她必能临风飘举了。我若能挹你以为眼,我将赠给那善歌的盲妹,她必明眸善睐了。我舍不得你,我怎舍得你呢?我用手拍着你,抚摸着你,如同一个十二三岁的小姑娘。我又掬你入口,便是吻着她了。我送你一个名字,我从此叫你"女儿绿",好吗?

六、朗读下面的句子,注意体会重音的不同类型。

在苍茫的大海上,风聚集着乌云。在乌云和大海之间,海燕像黑色的闪电高傲地飞翔。
(语句目的所在)(比喻性次重音)(强调性重音,连中有停法)

一会儿翅膀碰着海浪,一会儿箭一般直冲云霄。它叫喊着——在这鸟儿勇敢的叫
　　　　　　　　　　　(比喻性重音)　　　　　　　(呼应性重音)
喊声里,乌云听到了欢乐。
　(强调性次重音)

在这叫喊声里,充满着对暴风雨的渴望!在这叫喊声里,乌云感到了愤怒的力
　　　　　　　　　　　　　　　　　　　　　　　　　　　　　(强调性)
量、热情的火焰和胜利的信心。
(递进性重音,强中加强法)

海鸥在暴风雨到来之前呻吟着,——呻吟着,在 大 海 上 面 飞 蹿,想把自己对暴
　(对比性)　　　　　　　　　　　　　　　　　　　　　　　　　　　　　(强调性,快中
风雨的恐惧,掩藏到大海深处。
转慢法)

海鸭也呻吟着,——这些海鸭呀,享受不了生活的战斗的欢乐:轰隆隆的雷声
　(对比性)　　　　　　　　　　　　　　　　　　　　　　　　　(强调性,实中
就把他们吓坏了。
转虚法)

愚蠢的企鹅,畏缩地把肥胖的身子躲藏在峭崖底下……只有那高傲的海燕,勇敢
(放轻、放低)(对比性)　　　　　　　　　　　　　　　　　　(强中加强法)
地、自由自在地,在泛起白沫的大海上面飞翔。
(崇敬、赞叹,似乎要用目光送出去)

(高尔基《海燕》)

第三节　普通话发音用气技巧训练

> **知识目标**
> 1. 掌握用气发声、呼吸与换气、特殊用气等发音技能。
> 2. 了解科学的用声方法和要领。
>
> **能力目标**
> 能正确发声用气,使语音响亮、清晰、持久不衰,为提高教师口语表达打下良好的基础。

在教学活动中,声音是语言表达的重要途径,优美的声音是教师开展教学课堂工作的主要手段和方式,科学发声、科学用嗓、美化音色,动听的语音能让学生更好地接受知识,提高沟通效率。同时,教师的语音不仅要正确、清晰,还要生动感人,富有表现力和感染力,这就必须掌握一定的发声技巧。

一、呼吸与换气

气息是人体发声的原动力和基础。气息的强弱直接影响着声音的大小高低,影响着语势的强弱和感情的表达。无论在生活语言里,还是在朗读、朗诵、演讲、讲故事等艺术语言中,人的一切情感活动,都在气息状态中得到明显的反映,特别是在艺术语言活动中,气息是催发和调动感情的重要手段。口语表达中的亮度、力度、清晰度以及音色的甜润、优美、持久等主要取决于气息的控制和呼吸方式。掌握科学的呼吸方法,是发声训练的根本。

二、三种呼吸方式

人的呼吸有三种基本方式:腹式呼吸、胸式呼吸与胸腹联合式呼吸。掌握它们各自的特点,特别是掌握胸腹联合式呼吸的特点,对播音主持很有帮助。

(一)腹式呼吸

腹式呼吸是以膈肌活动带动肺扩张或收缩,形成吸气和呼气动作的呼吸方式。膈肌因其位置处于胸腔和腹腔之间,又被称为横膈或横膈膜。腹式呼吸在吸气时,膈肌收缩。于是，朝胸腔凸起的横膈收缩向下，趋于平直，在横膈带动下，肺被向下拉动扩张，气流吸入。呼气时，膈肌放松，横膈膜回弹，气流在挤压作用下从口鼻腔呼出。这种呼吸在呼吸过程中腹部会有明显起伏，因此被称为腹式呼吸。

腹式呼吸是人的自然呼吸方式，膈肌的活动是不受大脑意识支配的自律性运动，由于这种呼吸方式基本上处于自然状态，它在呼吸过程中缺少控制，发音时间不长，气流也不够稳定，但这种呼吸下气息放松，声音自然，感情色彩较为丰富。

（二）胸式呼吸

胸式呼吸是以胸廓扩张或收缩带动肺部扩大或缩小形成呼气和吸气的呼吸方式。在人体中，除了横膈活动带动肺扩张之外，肺还可以在胸廓的作用下横向扩张。胸廓是指由肋骨和附在上面的肌肉组织构成的桶状结构，它环绕着胸腔。肋骨构成胸廓的框架，附着在肋骨之间的肋间肌肉可以通过不同的收缩方式改变肋骨的位置，使胸径扩大或缩小，以此带动肺向四周扩张或缩小。

胸式呼吸还会出现在某些强烈的情绪状态中，当人们处于兴奋、恐惧、惊喜等状态时，身体的肌肉组织会呈现紧张状态，这时，横膈下降也会受到阻碍。在表现这些情绪色彩时，可以有意识地运用胸式呼吸，以丰富语言的感情表现力。

（三）胸腹联合式呼吸

胸腹联合式呼吸是横膈升降与胸廓扩张收缩相结合的呼吸方式。这种结合并不是简单的相加，它利用腹式呼吸吸气量大和胸式呼吸的补气作用，尽可能加大吸气量，呼气时则利用适当的控制手段，保持呼气的均匀，增加发音时间。

胸腹联合式呼吸可分为吸气和呼气两个阶段。

1. 吸气

吸气时，口、鼻同时进气，这样可以提高吸气速度。当发音速度较快时，用于换气的时间常常很短暂，在这种情况下，应尽量缩短吸气的时间，以保持语句的连贯。吸气过程可采用两种控制方式。

一种是当吸气时间比较充裕时，可采用先腹式、后胸式的吸气方式，运用这种吸气方式，腹部处于相对松弛状态，先利用横膈下降吸入气息，待小腹有膨胀感后，再利用胸廓的扩张进一步吸入气息，这时，两肋有张开的感觉。我们在深吸气闻花香时常使用这种吸气方式。

另一种吸气方式是在吸气时小腹适当收缩，保持腹部略微向上的压力，然后膈肌下降，吸入气息。由于膈肌下降时遇到阻力，胸廓会采取扩大胸径的方式吸入气息加以补偿。于是，腹式呼吸和胸式呼吸同时动作。这种吸气方式如控制得当，可以在很短时间内吸入较多的气息。较为急促的呼吸状态常使用这种吸气方式。

2. 呼气

胸腹联合式呼吸的呼气阶段是整个呼吸过程的关键。为了保持较长的呼气时间和提供稳定的气流,通常在呼气时采用肌肉力量对抗方式控制气流的呼出,而不采用单纯膈肌放松回弹方式控制气流。

在人的身体中,常常用两组作用力相反的肌肉控制某一器官的运动,当我们在做微小的精细动作时,两种作用相反的肌肉可以同时产生作用力,利用两种力的力量差控制运动量,使器官做精细的运动。呼气时,可以利用放松膈肌,使横膈回弹的方式产生气流。但这种呼气方式产生的气息不稳定,缺少力度,用于发音不易控制,声音会先大后小。

还有一种呼气方式是采用肌肉力量对抗控制呼气。当语句之中停顿,不需要气流时,我们可以用膈肌下压和腹肌上压力量相等的方式使呼气保持静止状态,以节省气流。胸廓也可以利用肋骨之间肋间肌的力量来对抗,从而控制其扩张和收缩。

三、常用换气方式

"换气"是指在发音过程中,当气息不能满足发音需要时,在句子之间或句子之中补充气息的过程。常见的换气方式有:利用句子之间较大停顿进行的正常换气,在句子中间利用短暂顿挫快速换气的偷气,以及利用吸气声作为表达手段的抢气。发音中用来换气的地方称为"气口"。所谓气口,是根据发音过程中语句内容连接的紧密程度和表达需要确定的用于换气的停顿点。不应简单地将气口等同于逗号或句号。有时气口之间会包含由几个短句构成的句群,有时在一句话中就会有几个气口。

1. 正常换气

【训练要领】

正常换气是指在一段话之后,利用语句之间的较大停顿从容补充气息。正常换气根据话语的长度、感情色彩及音量等因素确定合适的吸气量,一段话讲完,气息也正好需要补充,于是利用停顿补充气量,使语言表达与呼吸节奏相吻合。这样可保持语言的生动、流畅。在语流之中换气是自然进行的,并不需要有意识加以注意。

【训练】

对于我们,经常地检讨工作,在检讨中推广民主|作风,不惧怕|批评和自我批评,实行|"知无不言,言无不尽","言者无罪,闻者足戒","有则改之,无则加勉"这些中国人民的有益的格言,正是|抵抗各种政治灰尘和政治微生物|侵蚀我们同志的思想和我们的肌体的|唯一有效的方法。(《全党团结起来,为实现党的任务而斗争》)

("＿＿＿"为连接号,用在有标点符号的地方,表示缩短停顿时间,连起来朗读;"|"为竖线,表稍停顿。)

2. 偷气

偷气是发音过程中一种无声补充气息的方法。当句子过长或发音速度较快时,一般没有较大的停顿进行正常的换气,就需要利用句子中词与词之间短暂的顿挫来补充气息。这种换气方式没有明显的停顿间隔,也没有明显的吸气声,不易被人察觉。

偷气的气口通常是在连接不太紧密、可以顿挫的词与词之间,这样不会影响语句的连贯,听者也不易察觉。偷气时,应在准备换气的词之后用较快速度从口鼻同时吸入少量气息,偷气一般是为补充气息,供短时发音用,吸入的气息有限。为了防止吸气声,吸气时声门应适当开大。

【训练】

(1) 红∧是∧红得很,却没有光亮。

(2) 射得人∧眼睛发痛。

(3) 它毫不悭吝地把自己的艺术青春奉献给了哺育它的∧人。

(4) 人∧和动物∧都是一样啊,哪儿也不如故乡好。

(5) 艺术家们的青春只会献给尊敬他们的∧人。

(6) 只是后背还没生出珍珠似的∧圆圆的白点。

(7) 天上∧风筝渐渐多了,地上∧孩子也多了。

("∧"表示换气处。)

3. 抢气

"抢气"是发音过程中一种带有吸气声的换气方式。当话语的节奏急促或感情色彩强烈时,气息消耗很快,往往需要在句子之中或句与句之间急速补充气息。急速吸气会使气流在通过声道时产生较强的气流摩擦声。这种夹杂在语流之中的气流声能够显露出说话人焦急、紧张、感慨等不同感情色彩,使表达更富于表现力。抢气不仅是一种换气或补气方式,而且是一种感情表达手段。它常用于感情色彩丰富、描写生动的语言中。

抢气时吸气速度要快。由于不再需要顾及吸气声,声门不必开大。应尽量让抢气声成为语流的一个节拍,这可使语言听起来更自然。抢气时不要屏气,抢气的气流强度根据需要灵活使用。抢气出现在句头时,这种句头抢气往往出于感情表达的需要,气息量较大;而在句中出现的抢气多带有补气的性质,气息量不大。

【训练】

有君子兰、广玉兰,米兰、剑兰、凤展兰。白兰花、百合花,茶花、桂花、喇叭花。长寿花、芍药花,芙蓉花、丁香花。扶郎花、蔷薇花,桃花、樱花、金钟花。花中之王牡丹花,花中皇后月季花。凌波仙子水仙花,月下公主是昙花。清新淡雅吊兰花,浪漫多彩杜鹃花。芳香四溢茉莉花,金钟倒挂灯笼花。一花先开的金盏花,二度梅、三莲花。四季海棠,四季花,五彩梅,五彩的花。六月雪开的是白花,七星花是个大瓣花。八宝花是吉祥的花,九月菊是仲秋花。日月红、百兰花,千日红本是变色花。万年青看青不看花。

四、特殊用气技巧

特殊用气技巧是一种使言语更富有感情色彩的用气方法。正如说话时的技巧可有效地促进人际关系的发展一样,用气技巧的高低,直接影响思想情感准确生动的表达。气息用得好,对增加言语色彩的浓度、情感表达的深度都能起到很好的作用。

用气技巧主要包括气音、抽气、喷口、托气、笑语、颤音等六种,以下分别说明。

1. 气音

【训练要领】

气音指渲染言语中感叹、赞叹、悲叹、惊叹、咏叹等有关"叹"的色彩的一种修饰用气。它可以增强紧张等特殊情境中的气氛。其运用方法是:吸气时放慢速度,加强深度,吐字时,除实音外,可伴随一定的气音、虚音,将气很舒展地呼出。

【训练】

(1) 革命正在胜利前进,红色根据地正在蓬勃发展。机会主义者却把革命的航船引入了歧路,人民的事业又面临着巨大的危险。

(2) 我死了,化作老山上白云悠悠,死也搂着祖国的山峰不肯放手!

2. 抽气

【训练要领】

抽气指渲染言语骤然紧张的气氛,表现人物异常激动心情的一种修饰用气。其运用方法是:吸气时有意识地吸出声来,要使听众有一种气息很重、很强的感觉。

【训练】

(1) 不幸的人啊!你爱凡兰蒂(抽气)——爱那个该死家族的女儿!

这里运用抽气技巧,就是要充分体现基度山对那"该死的家族"的痛恨,显现他那如汹涌波涛似的激动心情。

(2) 孔乙己便涨红了脸,额上的青筋条条绽出,争辩道:(抽气)"窃书不能算偷……(抽气)窃书!……(抽气)读书人的事,(抽气)能算偷吗?"

这几处使用抽气方法,是为了将孔乙己的精神状态体现出来;另外也可表现孔乙己由于深受封建科举制度毒害,以致被摧残糟蹋成了一个弱不禁风、气息虚浅的病鬼模样。

3. 喷口

【训练要领】

喷口指言语者无法控制自己激动的心情,而需要突然爆发的一种修饰用气。其运用方法是:先将口腔里的气息蓄足,而后忽然很有力量地喷射而出。运用喷口技巧可大大加大言语的力度,强化感情色彩。

【训练】

死去原知万事空,但悲不见九州同。

王师北定中原日,家祭无忘告乃翁。

诗中写出陆游收复中原的壮志未酬。在"但悲"处停顿之后吸足气,然后有力地喷出"不见"二字,以发泄悲愤的感情。

4. 托气

【训练要领】

托气是指在言语过程中,极力控制某种情感的一种修饰用气。其运用方法是:在吸气时,有意识地将气息控制住,然后慢慢用气息将言语托出。

【训练】

部队集合了。妇女们打开竹篮,分赠着礼物。孩子们爬上大炮,把红叶插上炮口。小吉普也被无数的彩纸条和成串的花纸缠成了花束。阿妈妮们、孩子们、姑娘们,他们在做这些事情的时候,统统没有哭。昨天晚上,战士们告诉他们说不要哭。里①干部们也告诉说,为了不使志愿军难过,让他们不要哭(托气)。他们很听话(托气),他们真的制止住了,(托气)在做这些事情的时候(托气)统统没有哭。

后面几处就需用到托气技巧:少吸气,控制住,以较均匀的不多的气息慢慢将后面言语托出,音量不要大,略感有些憋气。这样利用托气的方法,就可有效地渲染出气氛,更好地体现出朝鲜人民以极大的力量控制着自己对志愿军的随时可能爆发的惜别之情。

5. 笑语

【训练要领】

笑语是指带有弹动的一种特殊用气方法。其运用方法是:口腔、喉、胸要放松,小腹膈肌来弹动,气息直射打软腭,随之发出"哈""哼""嘿"等笑语,以表示快乐或讥讽、嘲笑、鄙视、蔑视等。

【训练】

(1) 啊,1976年,万众欢呼的10月!爆竹声声相连,锣鼓阵阵相接……(带笑)不是国庆的国庆啊,不是过节的过节。

后两句用带笑的语调念出,有助于渲染欢乐的情绪。

(2)(笑)哈哈哈,这是何等可卑可笑!何等的不自量力!何等的枉费心机!

这是表达蔑视、鄙视的感情,发"哈"时,应让人们听出是对敌人犀利的嘲笑声。

6. 颤音

【训练要领】

颤音是指带有颤抖的一种特殊用气方法。其运用方法是:吸气有如在抖气,呼气同样要战栗,小腹、软腭部位都痉挛。这种用气的方法可表现异常激动,十分悲痛、委屈、难过等心情。这种颤抖声是在有真挚感受的基础上内在感情的真实流露。

【训练】

---

① 里,即村。

（1）过了一大会儿,我们才轻轻走近梁三喜的坟前,只见玉秀把头伏在坟上,周身战栗着,在无声悲泣……

"小韩,你……（颤音）哭吧,哭出声来……"我呜咽着说,"那样,你会好受些……"

玉秀闻声缓缓从坟上爬起来:"指导员,没……（颤音）没啥,俺觉得在屋里闷……（颤音）得慌……"她抬起袖子擦了擦泪莹莹的脸,"没啥,俺和婆婆快回家了,俺……（颤音）俺想起来坟上看看……"

第一次颤音,要表现指导员呜咽时的言语,要强化强忍着的激动情感,在叫出"小韩"后,要向里抽气,此时腹肌与横膈膜紧张地颤动起来,发出有节奏短促的颤音;然后呼气时与上相同,使呼气声也发出颤抖声。当气没有呼尽时,突然刹住,屏住不呼也不吸,稍停,然后用剩余气息发"你",随即感到气息不够,再颤抖着吸气,再说出:"哭吧,哭出声来……"这种颤音是双方极力控制着自己万分悲痛的心情,每句话都是在饮泣中进行的。

（2）群山肃立,江河挥泪,辽阔的祖国大地沉浸在巨大的悲痛之中。

敬爱的周总理和我们永别了。中国无产阶级失去了伟大的战士,中国人民失去了敬爱的好总理。

周总理呀（颤音）,周总理（颤音）,全国人民都在哀悼您,都在呼唤您,都在想念您。八亿双眼睛都想看一看您,八亿颗心哪,都在为您哭泣。人们手捧讣告热泪流,千言万语涌在心头,哀思无限,难以诉说。……泪水模糊了我们的双眼,灵车隔断了我们的视线,敬爱的周总理啊！我们多么想再看一看您,再看一看您啊（颤音）！……灵车队,万众心相随。哭别总理心欲碎（颤音）,八亿神州泪纷飞。红旗低垂,新华门前洒满泪。日理万机的总理呀（颤音）,您今晚几时回（颤音）?

长夜无言,天地同悲。只见灵车去,不见总理归（颤音）。

（3）看看我们脚下这片土地吧！这才是我们自己（颤音）的土地！她给予我们的太多太多,而我们给予她的却是太少太少（颤音）。她的贫乏是我的不是,你的不是,他的不是……当我们明白了这一点,我们就会扑倒在她的怀里,深情地喊一声"妈妈"（颤音）,又怎（颤音）舍得离开她呢?

五、口语发音用气基本功练习方法

（一）第一阶段:未曾出声先练气

人在正常情况下,每分钟呼吸16～19次,每次呼吸过程约3、4秒钟,而演唱时,有时一口气要延长十几秒,甚至更长,而且吸气时间短、呼出时间长。若要掌握将气保持在肺部慢慢呼出的要领,就需要多做练气训练。

1. 深吸慢呼气息控制延长练习

学会"蓄气"。先压一下气,把废气排出,然后用鼻和舌尖间隙像"闻花"一样,自然松畅地轻轻吸,吸得要饱,然后气沉丹田,慢慢地放松胸肋,使气像细水长流般慢慢呼出,呼得均匀,控制时间越长越好,反复练习4～6次。

2. 深吸慢呼数字练习

步骤为"吸提推送"。"吸提"的气息向里向上,"推送"的气息向外向下,在"推送"同时做气息延长练习。有三种练法:

(1) 数数练习:"吸提"同前。在"推送"同时轻声快速地数数字1～10,一口气反复数,数到这口气气尽为止,看能反复数多少次。

(2) 数枣练习:"吸提"同前。在"推送"同时轻声念:"出东门过大桥,大桥底下一树枣,拿竹竿去打枣,青的多红的少。(吸足气)一个枣、两个枣、三个枣、四个枣、五个枣……"到这口气气尽为止,看能数多少个枣。反复4～6次。

(3) 数葫芦练习:"吸提"。在"推送"同时轻声念:"金葫芦,银葫芦,一口气数不了24个葫芦。(吸足气)一个葫芦、二个葫芦、三个葫芦……"到这口气气尽为止,反复4～6次。

数数字、数枣、数葫芦时注意控制气息,千万不要跑气。

3. 深吸慢呼长音练习

经过气息练习,声音开始逐步加入。这一练习仍是练气为主,发声为辅,在"推送"的同时择一中低音区,轻轻地,男生发"啊"音("大嗓"发"啊"是外送与练气相顺),女生发"咿"音("小嗓"发"咿"是外送)。一口气托住,声音出口呈圆柱型波浪式推进,能拉多长拉多长,反复练习。

4. 托气断音练习

这是声、气各半练习。双手叉腰或护腹,由丹田托住一口气到额咽处冲出同时发声,声音以中低音为主,有弹性,腹部及横膈膜利用伸缩力同时弹出,我们介绍三种练习:

(1) 一口气托住,嘴里发出快速的"噼里啪啦,噼里啪啦"(反复)到这口气将尽时发出"嘭—啪"的断音。反复4～6次。

(2) 一口气绷足,先慢后快地发出"哈,哈(反复)(加快)—哈,哈,哈……"锻炼发有爆发力的断音,在演唱中"哈哈"大笑或发"啊哈""啊咳"等音,常用这种方法练习。

(3) 一口气绷足,先慢后快地发出"嘿—吼、嘿—吼",反复逐渐加快至"嘿吼,嘿吼……"加快到气力不支为止,反复练习。

经过这一阶段的练习,气为声之本的气息已基本饱满,"容气之所"已基本兴奋、活跃起来,而声音一直处于酝酿、保护之中,在此基础上即可开始准备声音练习了。

(二) 第二阶段:气、音、字的练习

从气、音、字结合练起。气为音服务,音为腔服务,腔为字服务,字为词服务,词为情服务。从这个顺序中,我们可以看到字的位置居于中心,前面牵着"音"和"腔",后面连着"词"与"情"。字音的真切,决定着声音的圆润,"以字行腔"正是这个理儿。在喊嗓练声中的字、音、气的关系,应是托足了"气",找准了"音",咬真了"字"。具体方法是:用汉语拼音的方法把字头、字腹、字尾放大放缓,以字练声,然后加快,同时练嘴皮子和唇齿牙舌喉的灵活性。

(三)第三阶段:吟诗、吟唱练习

把吟诗、吟唱放在第三阶段,是为了练习和挖掘"低音宽厚,中音圆润,高音坚韧"的嗓音素质,不盲目拔高、爬高,而是巩固中音、低音,使其音色华美、音质纯正,保住好听好用的嗓子,同时锻炼高音的坚韧有弹性。此阶段的念白练唱都是无伴奏的,演唱更难,要求更高。在第二阶段练,有气、音、字垫底,嗓音并不疲劳,练习有实效,把握性大。

(1)吟诗一般选各个行当的定场诗,因为角色刚刚上场,要给观众留下第一印象,并使他们停止议论,安静下来,所以定场诗应是声调较高,不急不慢,是角色自己兴趣志向的自我剖析,韵律性极强,必须好好练,又适合于喊嗓、练声、练习。

比如《击鼓骂曹》祢衡的定场诗:

口似悬河语似流,全凭舌尖压诸侯,男儿何得擎天手,自当谈笑觅封侯。

再如《挑华车》中岳飞的定场诗:

明亮亮盔甲射人斗牛官,缥缈缈旌旗遮住太阳红,虎威威排列着明辅上将,雄赳赳胯下驹战马如龙。

(2)吟唱:具有念白吟诵相夹、半唱半念交相辉映的特点,其情感更宜抒发,其音律更宜舒展,正好用来喊嗓发声。

红酥手,黄縢酒,满城春色宫墙柳。东风恶,欢情薄,一怀愁绪,几年离索。错,错,错。春如旧,人空瘦,泪痕红浥鲛绡透。桃花落,闲池阁。山盟虽在,锦书难托。莫,莫,莫!

(陆游《钗头凤·红酥手》)

(3)京白(普通话)吟诗:为现代戏表演念词而练习。

如《毛主席诗词》:

天高云淡,望断南飞雁,不到长城非好汉。

再如念现代戏一些经典道白:

久旱的禾苗逢甘霖,点点记在心。

千枝万叶一条根,都是受苦人。

传统大段念白及一些贯口练习也可在这一阶段锻炼气息和发声。

一道黑,两道黑,三四五六七道黑,八道九道十道黑。我买了一个烟袋乌木杆儿,我是掐着它的两头那么一道黑。二兄弟描眉来演戏,瞧看他的镜子那么两道黑。粉皮墙上写川字,横瞧竖瞧三道黑。象牙桌子,乌木腿儿,放在炕上,那么四道黑。我买了一只母鸡不下蛋,把它搁在那笼里捂到(五道)黑。挺好的骡子不吃草,把它牵着在那街上溜到(六道)黑。买了一只小驴不套磨,让它背上它的鞍鞴骑到(七道)黑。二姑娘南洼去割菜,丢了他的镰刀菝到(八道)黑。王大嫂的小孩儿得了病,团几个艾球炙到(九道)黑。

卖瓜子儿的打瞌睡,哗啦啦地撒了这么一大堆,他的扫帚簸箕不凑手,那么一个儿一个儿地拾到(十道)黑。

(四)第四阶段:弧形气声练习

这是京剧里非常独特的一种发声技巧,它像舞蹈里的弹跳,跳起来,蹲下去,又弹起来;也像体育里的掷铅球,转起来,缩回来,再掷出去。气息和声音推出形成一条抛物线,拉回来,再抛出去。如:

武生:啊/咳/
老生:马/来/
花脸:洒/喔啊\来/
丑:啊/哈/
青衣:苦/哇/
容⌒禀/

这类双弧形气声,如不好好练,极容易出"岔音""转"或"呲花"。一般要领是:运好气——托好字(像"汉语拼音"一样分解字音)——抛出去——收——再抛出去,控制好气息、音量,选出最佳音色,一环扣一环,相得益彰。尤其程派中吟诵的"容——禀"似断不断、细若游丝、欲断又起至饱满地送到家。归音归韵更是需要努力练习和掌握的。

(五)第五阶段:爬音阶及高难音练习

"嘎调""翻高""高腔"是高难音。在喊嗓练声中练习这路音时,注意不可多练,关键是找方法找位置,如果拼命去喊去叫,前面练习的会全部作废,还会伤及嗓子。练习最忌挤、卡、捏、压、强努、硬拼横气。这里有窍门、有方法,要根据自己的实际条件,去摸索,去探求。

我是你十亿分之一,
是你九百六十万平方的总和;
你以伤痕累累的乳房
喂养了
迷惘的我、深思的我、沸腾的我;
那就从我的血肉之躯上
去取得
你的富饶、你的荣光、你的自由;
祖国啊,
我亲爱的祖国!

(舒婷《祖国啊我亲爱的祖国》)

实 训

一、呼吸练习。

(一) 横膈弹动练习。

这个练习可以帮助你感觉横膈的弹动。同时也可以锻炼膈肌力量。

步骤1：直立，双手垂直于身体两侧，小腹肌肉略微收缩。

步骤2：横膈下降，吸气至八成满。

步骤3：小腹肌肉猛烈收缩，压迫膈肌向上弹动，气流冲出，发"hei"音。

通过这个练习，你可以感觉到腹肌和膈肌的剧烈活动。

(二) 胸腹联合式呼吸练习。

通过这一练习，可以体会胸腹联合式呼吸。

步骤1：双腿直立，两臂侧垂，贴近身体两侧。头部抬起，目光前视，全身放松，小腹前部微收，做好吸气准备。

步骤2：口鼻同时吸气，横膈逐渐下降，小腹有压力感。

步骤3：继续吸气，腹部膨胀，同时胸廓开始扩张，上臂与胸部两侧逐渐贴近，表明胸径扩大。

步骤4：在膈肌仍保持适度收缩的同时，腹部逐渐加大收缩力度，使膈肌匀速上升，胸廓也在肌肉对抗作用下回缩，气流均匀呼出，直至气息用尽。

练习时应当注意，小腹在做吸气准备时不应过分收缩，过分收缩会限制吸气量。

(三) 扩大吸气量练习。

增加肺活量是提高呼吸能力的基础。通过这一练习可逐渐增加肺活量。

步骤1：按照胸腹联合式呼吸的要求，深吸一口气，将气息保持住。

步骤2：用稳定的音量和适当的音高、音色数数：1、2、3、4、5……直至气息用尽。

步骤3：重新吸气，重复上面动作。

这一练习可每日连续进行多次，音量、音高、音色都可以变化。随着练习时间的延续，发音时间会逐渐延长，这表明肺活量在增加。

二、练习换气。

每日连续练习多次，音量、音高、音色都可以变化。随着练习时间的延续，发音时间会逐渐延长，使得肺活量在增加。

卖金鱼

(高声叫卖调)哎——卖金鱼嘞——小金鱼儿！谁买小金鱼嘞——卖——金——鱼儿——小金鱼儿！

(高声)哎，快来买金鱼呀，欢迎大家来参观选购，欢迎参观选购。唉，同志，你不看看金鱼吗？

唉，快来买金鱼呀！(高声)哦，老大爷，您看看我这金鱼儿，都是名贵品种啊，而且品种齐全。唉,大爷,您就是不买也没关系,欢迎参观。(高声)哎!欢迎参观——先看后买。先看……(中声)先生,您看看金鱼儿吗?欢迎你,您看看,这一条条五颜六色的大大小小的金鱼多美呀!您要是买回家去,放在鱼缸里,您闲着没事儿的时候,欣赏一下金鱼在水里自由自在的游泳,您自己都会感到心情舒畅,忘掉一切劳累和烦恼的。哦,您问都是什么品种?好,听我给您介绍一下。这里有驰名中外的:和金、蛋白、龙金、琉金、山形琉金、玻璃琉金、玻璃龙金、五彩高头龙金,还有文鱼、慧鱼、东锦、唐锦、绒球、翻腮、红头、蛤蟆头、水泡眼、望天眼、珍珠鳞、孔雀尾、江户锦、土佐金、和唐内、狮子头、锦蓝子,还有这颜色奇特的蓝龙高头。

三、生动地表达诗歌的音乐美练习。

诗歌的音乐美表现在鲜明的节奏和响亮的韵脚上。诗歌的节奏主要是指诗歌中一连串声音的高低、快慢和停顿。分析诗歌的节奏,应着重划分好每行诗的节拍,它是诗行中有规律的停顿,每个节拍包含几个音节,是根据各行诗的内容和语法结构确定的。

不同形式的诗歌,节拍数不一样,传统格律诗中的五言诗,一般是每个诗行两个节拍,即2＋3形式。如:

春眠/不觉晓,处处/闻啼鸟。

夜来/风雨声,花落/知多少。

(孟浩然《春晓》)

七言诗一般是每个诗行三个节拍,即2＋2＋3的形式。如:

碧玉/妆成/一树高,万条/垂下/绿丝绦。

不知/细叶/谁裁出,二月/春风/似剪刀。

(贺知章《咏柳》)

自由诗的节拍不像格律诗那样固定整齐,其诗行字数不易,长短不定,节拍数也就各不相同。一般是两字或三字一拍,也有四字一拍的,具体确定要依赖诗歌的内容和句义。如:

大堰河,是我的保姆。

她的名字就是生她的村庄的名字,

她是童养媳,

大堰河,是我的保姆。

(艾青《大堰河——我的保姆》)

诗歌的韵脚是指有规律地在一定间隔的诗行末尾重复出现相同的韵腹和韵尾的音节。韵脚应该是得稍长些,响亮些,如果句末音节是轻声字,也同样要适当加重一点,显示声音的和谐。

第二章　一般口语交际的基础训练

　　口语交际是人与人之间的交流和沟通，真正意义上的口语交际，是交际双方双向互动的过程，所以"交际"成为口语交际的核心。人的交际能力是一种综合素质的体现，因此规范学生语言，培养学生良好的语言态度和语言习惯，提高学生待人处世以及应变的能力应是教师不懈的追求。

第一节　口语交际综述

> **知识目标**
> 1. 了解口语交际的意义。
> 2. 了解教师口语交际的特征。
> 3. 了解口语交际的层次。
> 4. 掌握口语交际的基本原则。
> 5. 学会克服口语交际的心理障碍。
> 6. 培养良好交流的基本品质。
> 7. 把握口语交际礼节的原则与禁忌。
>
> **能力目标**
> 1. 提高与人沟通的能力。
> 2. 提高社会交际能力。

　　生活中，我们常常看到这样的现象：有的人当众讲话时，结结巴巴、语无伦次、口不从心；有的人却思维敏捷、条理清晰、善于表达。后者往往给人留下深刻的印象，在进行交际时也能很顺利地达到目的，而前者只能让人遗憾。

　　古往今来，人们都把口语交际能力视为人的综合素质的一个重要组成部分。尤其在交际过程中，谁捉襟见肘，谁潇洒自如，谁纵横捭阖，谁木讷愚钝，谁能取得成功，谁将最终失利，都与交际者的口语交际能力有密不可分的关系。所以，在成功的交际中，交际者除了需具有深邃的思想、丰富的知识、高尚的人格外，还必须具有能言善辩的才能。正如古希腊政治家、军事家塔里克斯普所说:"会思考但不知如何去表达他的思想的人,无异于那些不会思考的人。"

口语交际是双方为了特定的目的,在特定的环境里,运用口头语言和适当的表达方式传递信息、交流思想和感情的一种双向互动的语言活动。

一、口语交际的意义

(1) 良好的口语交际能力,是我们在社交场合上立足制胜的最有力的法宝。所谓"一人之辩,重于九鼎之宝;三寸之舌,强于百万之师"。

案例 2-1

某地遇到大荒年,有位老人到县衙门报告灾情,要求少征赋税。县官问:"麦子收了几成?"老人答:"三成。"又问:"棉花收了多少?"回答:"两成。"再问:"稻谷是多少?"回答:"也是三成。"这时,县官大怒道:"有了八成的年景,你还敢谎报灾情,胆子真不小!"

老人听了县官的职责,淡淡一笑,说:"我活了150岁,还没有见过这么大的荒年呢!"县官不相信他有那么大的年纪。老人说:"我今年70多岁,大儿子40多岁,小儿子30多岁,合起来不是150岁吗?"县官道:"哪有你这样算年纪的?"老人随口说道:"可是又哪有你这样算年成的?"

分析

在这个案例中,县官算收成的方法,显然是有悖于常理的。老人十分沉着机智,也用违背常情的方法来计算年龄。这样一来,县官的荒谬之处也凸显出来了。试想,此时如果这位老人没有这样高超的口语交际能力,恐怕要"吃哑巴亏"了。所以,在特定的场合里,我们不仅要打破"沉默是金"的固有观念,还要充分运用良好的口语表达能力,只有这样,才能变被动为主动,让自己处于有利位置。

(2) 良好的口语交际能力,可以令人事半功倍,并能提升个人的魅力。

案例 2-2

1936年10月19日上海各界人士代表举行公祭鲁迅先生大会,轮到邹韬奋先生讲话时,见天色已晚,于是他相机而变,只作了一句话演讲:"今天天色不早,我愿用一句话来纪念先生:许多人是不战而屈,鲁迅先生是战而不屈!"

分析

在这个案例中,邹韬奋先生利用汉语语序的特点和对比修辞的手法,说出了很有分量的一句话。这看似简单的一句话,高度赞扬了鲁迅的为人、品质以及顽强的革命精神。同时,这看似简单的一句话,也让邹韬奋先生在公众心里的分量大为增加。

(3) 良好的口语交际能力是创造性和开拓性人才的必备能力之一。在当今市场调节就业的大环境下,大学生要注重培养综合素质。而人际交往能力就是其中最重要也是大学生最欠缺的能力。培养人际交往能力有两个核心:一是合作,二是沟通。只有努力增强口语交际能力,才能顺利实现沟通与合作。

(4) 良好的口语交际能力对教师有着极为重要的意义。"一言可以兴教,一言也可以误教",教师口语,是沟通师生心灵的桥梁,是帮助学生打开知识宝库的钥匙,是点燃学生智慧之光的火种,是撒播在学生心中的种子。

二、教师口语交际的特征

由于交际对象的差异,教师行业的口语交际有着与其他行业的口语交际不同的特征,主要体现在六个方面。

(一) 文化性

文化性是从教师的角色出发而言。教师是人类文化知识的传播者和创造者,在学生及其家长眼中,教师应当是才高八斗、学富五车、富有文化气息的形象,其言谈自然应当富有文化性。

案例 2-3

一位教师讲授《果树园》时的导入语:

"当曙光冲破黑暗,大地刚从薄明的晨曦中苏醒过来的时候,突然,一轮红日跃出海面,将一片金辉洒向人间,于是,村舍、山峦、树木、花草……大地上的一切宛如镀上了一层金色,显得那么富有诗意。那金色的彩霞,浅黄色的薄光,偶尔闪光的露珠,像甘霖沁人心脾,像醇酒叫人心醉,多美的清晨啊!晨光中的大地是美的,那么,清晨的果园、果园的清晨又是一番怎样的美景呢?让我们随着作者丁玲的脚步去观赏一下《果树园》清晨的美景吧!

分析

在设计导入语的时候,教师借助语言工具绘声绘色地给我们展现了一幅美景,让人不禁陶醉其中,也只有这样富于文化气息的话语才具有这样的魅力。

(二) 情趣性

情趣性是从教育对象出发而言的。作为教育对象的青少年学生,他们习惯于形象思维,逻辑思维能力正在提高,注意力、观察力、想象力也在不断发展中。教师口语的情趣性符合青少年的心理特征,有利于教师口语信息在传输过程中发挥最佳效果。

为此,要注意趣化教育内容和趣化表达方式两个方面。一方面,对教育内容进行加工,注入学生喜欢的趣味因素,以趣促思,寓教于趣;另一方面,要注重增强语言的表现力,并在语言中倾注充沛真挚的感情。

案例 2-4

在抗日战争时期,赵丹应邀参加一次聚会。与会者一致要求赵丹朗诵诗。赵丹手里拿着一张纸,有声有色地朗诵起来,抑扬顿挫,声音优美,十分动人。在座的一位诗人想知道赵丹到底朗诵的是谁的诗,走过去一看纸条,原来是这家饭店的菜谱。当诗人揭穿谜底时,引起了满堂喝彩。

无独有偶,意大利影星罗西有一次出席有外宾参加的宴会,当客人请他表演一段悲剧时,他用意大利语振振有辞地念了一段,客人虽然听不懂他在念什么,但听到他那悲伤的语调,看到他那痛苦的表情,深深为之感动,不禁掉下眼泪。席间一位意大利人跑到走廊上大笑不止,因为罗西的所谓台词不过是宴会的菜谱。

分析

这两个近乎离奇的故事说明,在交际过程中,倾注充沛的感情,掌控语调的变化,更能够吸引对方,激活对方情感。

(三)规范性

规范性是由教师工作的性质决定的。教师要"为人师表",教师的言传身教时时刻刻都在影响和感染着学生。如果说教师的行为是无声的语言、有形的榜样,那么教师的语言就是有声的行动、无形的楷模。教师口语的示范楷模作用,决定了教师口语必须力求规范。教师口语的规范性要求主要体现在:使用标准或比较标准的普通话;发音准确清晰,语调自然流畅;用词规范恰当,表达得体,语义连贯;语法符合现代汉语的习惯,逻辑性强。

案例 2-5

教师语言的不标准,对于学生有重大的影响。有位语文老师在教贾岛《题李凝幽居》中的两句诗:"鸟宿(sù)池边树,僧(sēng)敲月(yuè)下门。"原意为:鸟儿停憩在池塘边的树上,我轻轻叩响朦胧月光下的柴门,一幅很幽静而和谐的画面展现在读者面前。但由于这位教师的发音不够标准清晰,使得学生的听写本上出现了这样的句子:"鸟竖(shù)池边树,深(shēn)敲夜(yè)下门。"字面意思也就变成了:鸟儿横七竖八的停憩在池塘边的树上,我深深地敲响了黑夜里的门。顿时意境全无,苦涩难解。

分析

从这个案例可以看出,教师的发音规范与否,关系着教学课堂的质量,会对学生的学习理解度产生影响。

(四)简洁性

简洁性是受口语时空限制的要求。所谓"言不在多,达意则灵"。教师口语要避免冗长啰嗦,选用最精练的语言表达清晰而丰富的内容。

案例 2-6

某市礼堂正在为某京剧名角举行授奖及其献演大会。司仪宣布大会开始,名角身着戏装,接过市长授予的奖状,向观众三鞠躬后退回后台,大幕随即合上。接着司仪宣布:"下面,请市文化局吴局长讲话!"这位局长深知观众急于看戏的心理,自己讲话的时间越长观众越反感,于是他大步走到麦克风前说:"同志们,大家今天是来看×××同志表演的,不是来看我的!大家看过她演的《秦香莲》之后,一定会说:×××同志是我市的光荣和骄傲!"这时,局长把手一挥,场灯立刻熄灭。乐池内鼓乐齐奏,字幕上出现《秦香莲》三个大字。观众如梦初醒,掌声四起,纷纷称赞:"有水平!""干净利索!"局长这番讲话只有约60个字,用时不到1分钟。

分析

在这个案例中,文化局长掌握了观众急于看戏的心理需要,于是长话短说,满足了观众的这种需要,既受到了观众的欢迎,也给观众留下了美好的印象。

(五)审美性

审美性侧重于运用口语修辞来增强语言的表现力。

案例 2-7

梁启超1900年发表的《少年中国说》的演讲中有这样一段话:"老年人如夕照,少年人如朝日;老年人如瘠牛,少年人如乳虎;老年人如僧,少年人如侠;老年人如字典,少年人如戏文;老年人如鸦片烟,少年人如泼兰地酒;老年人如别行星之陨石,少年人如汪洋大海之珊瑚岛;老年人如埃及沙漠之金字塔,少年人如西伯利亚之铁路;老年人如秋后之柳,少年人如春前之草;老年人如死海之潴为泽,少年人如长江之初发源。此老年与少年性格不同之大略也。梁启超曰:人固有之,国亦宜然。"

分析

梁启超在演讲中畅所欲言,饱含深情地以一连串的比喻把老年人与少年人的区别告诉听众,让人在细细体味老少不同的同时,不得不佩服其语言素养。

(六)诱导性

诱导性主要是指教师用启迪、引导的方式与学生交谈,因势利导,通过教师的口语促使学生自我转变。

案例 2-8

一位班主任同一位早恋的学生谈心。为避免学生产生对抗心理,班主任只字不提男女之事。

"你看,这棵桃树,因为春天到了,开始发芽了。多好的春天啊,给万物带来了生机!你看,一棵芽,以后就是一朵桃花,再以后,就是一个个又大又甜的桃子呀!怎么搞的,这里已开了一朵花,哎,开早了呀!现在还没到开花的季节,没到开花的时候开的花,是一种不结果的花呀!"

学生听到这里,心里似乎被猛推了一下。班主任又说:"争春,不一定提前表露;早柳提前发芽,但春天刚到,就开始枯黄,飘落无情的柳絮;竹笋,春日还把头埋在土里,吸收着丰富的水分和营养,后来拔地而起,直冲云天……"

班主任的话讲完了,学生先用惊恐的目光望着教师,继而低下了头。良久,她终于抬起了充满希望的双眼。

分析

在这个案例中,班主任以恳切的态度,处处运用比喻,层层诱导学生,不仅没有引起学生的逆反心理,反而将对方一步一步地引导到自己的思路上来,最后达成了共识。

三、口语交际的层次

根据口语交际的实际效果,可以将口语交际分为三个层次。

1. 沟而不通

在进行口语交际时,没有把握好交际环境,或是没有观察到对象的心境,或是没有明确自己的表达目的,更多的是由于使用深奥、晦涩的词语和过长、过复杂的句子以及出现一些随意的不规范的口语现象,因而达不到交际的目的。

2. 沟而能通

根据交谈的对象、地点、时间、环境等因素,围绕着某个特定的目的,充分利用口语的特点,让对方明白自己的意思,接受自己的观点,认同自己的劝谏。

3. 不沟而通

这是口语交际的最高境界,是指在进行口语交际时,根据具体语言环境,或利用暂时的空隙停顿或沉默,或借助于人的动作、表情、服饰等表示一定的语义,来达到交际目的。

案例 2-9

林肯和道格拉斯竞选辩论接近尾声时,几乎所有的迹象都表明林肯会失败。但是,在最后一次演说中,林肯在讲了几句话以后,突然停顿下来,默默站了一分钟,望着听众,然后才接着说:"朋友们,不管是道格拉斯法官或我自己被选入美国参议院,那是无关紧要的,一点关系也没有;但是,我们今天向你们提出的这个重大的问题才是最重要的,远胜于任何个人的利益和任何人的政治前途。朋友们——"说到这里,林肯又停顿了下来。然后再说:"即使道格拉斯法官和我自己的那根可怜、脆弱、无用的舌头已经安息在坟墓中时,这个问题仍将继续存在……"

分析

林肯在这段演说中,两次运用了较长时间的停顿,用沉默来吸引听众的注意力,在听众心理上造成悬念,使听众不得不饶有兴趣地继续聆听。

口语交际的过程,也是与人打交道的过程。与人打交道,第一印象看外表是否端庄,第二印象看谈吐是否高雅。两种印象相辅相成,构成了一个人的整体形象。第二印象很重要,对一个人的整体形象起着主导作用。为此,我们必须把握口语交际的基本原则。

四、口语交际的基本原则

(一) 口语交际的合作原则

哲学家维特根斯坦认为:"语言是一种游戏,语言交际者只有共同遵守约定俗成的语言交际规则,才能玩好这场游戏。"口语交际是双方的行为,只有言者和听者都本着合作的原则,交际才能顺利进行。

具体说来,合作原则包括三个方面:
(1) 交谈双方的目标或方向必须一致。
(2) 谈话者双方必须提供准确、明白的信息给对方。
(3) 双方使用一致性的即双方均能接受的语言。

案例 2-10

著名作家琼瑶在《剪不断的乡愁——我的大陆行》中讲了一个故事:
有一天,承赉(lài)对我说:"我来北京好几次了,还没有见到北京的梧桐!"
"哦?"我困惑地问,"北京有很多梧桐吗?"
"有,有,好多好多!"承赉一叠连声地说。
"梧桐?"杨洁歪着脑袋,仔细思索:"我在北京住了这么多年,还没注意到北京有很多梧桐!"
"有啊有啊!"承赉急了,"是小梧桐啊。"
"小梧桐?"我更困惑了,"它们长不大吗?是特殊品种吗?会结梧桐子吗?"
我的一连串发问,突然引起了初霞的一阵爆笑。到底,知夫莫若妻,她急忙代替承赉翻译:"他说的不是梧桐,是胡同。北京不是有很多著名的小胡同吗?"

分析

这是一个反例,在这个案例中,承赉由于方言的关系,将"胡同"说成了"梧桐",没有给对方提供准确的信息,在只懂得普通话的交谈者面前闹了误会,令人捧腹。

(二) 口语交际的尊重原则

任何人都有被尊重的需要,在口语交际中要取得成功,就必须尊重对方。主要表现在:不强迫对方接受自己的观点;善于倾听别人的发言;善于征求别人的意见;启发别人自己去得出结论。

案例 2-11

"你有九个周末没来了。"他把"九个"两字咬得很重,希望她能感到它的分量。

"……"她略略一惊。

"功课很紧吧?"

"毕业演出去了。"

"演什么戏?"

"《罗密欧与朱丽叶》。"

"你是演朱丽叶吧?"

她身子微微一颤,手心在出汗,并投给他一个极为不友好的眼光,又给了他一个冰冷的回答:"我没有那样的荣幸。"

"在我的眼里,你就是朱丽叶。你有朱丽叶的一切,就是不会有朱丽叶的悲剧。"

她的目光变得柔和了,并带着一种新鲜的探究的眼神看着他。于是他又说出了一句颇有哲理味的话:"在舞台上演什么角色,是由导演决定的;在生活中演什么角色,是由自己选择的。"

分析

希望演主角是人之常情,但不是每个人都能如愿以偿。女方在剧中没有演到朱丽叶这一主角,正是她感到遗憾的一件事,而男方的问话刚好触及了她的痛处,于是出现了极不友好的眼光和冰冷的回答。这时,男方从尊重对方的原则出发,及时调整了自己的语言,使女方看到了她在自己心目中的地位,从而得到极大的慰藉。

(三)口语交际的主动原则

在口语交际过程中,交际对象主动些、积极些、热情些,交际才能达到更理想的效果。

案例 2-12

一位来自新加坡的老太太,在随旅游团游览武夷山时,不小心被蒺藜划破了裙子,她觉得狼狈不堪,十分扫兴,坐在地上生闷气。导游看到这种情况,连忙走过去,微笑着对她说:"老人家,你可别生气,这是武夷山对您有情呢!它拉住您,请您不要匆忙地离去,叫您多看它几眼呢!"边说边亲切地扶起了老太太。由于女导游的话说得在理又中听,老太太高兴得笑了。

分析

划破了裙子本是一件尴尬的事,此时,女导游主动交际,用拟人的手法、亲切的语言将老太太的心说暖了。

(四)口语交际的礼貌原则

运用礼貌语言,能展现一个人的良好修养和交际态度,为人际交流奠定一个良好的开端。正所谓"礼多人不怪","敬人者,人恒敬之"。

案例 2-13

营业员接待了一位年近花甲的老大娘。

老大娘选好了两把牙刷,由于营业员忙着又去接待另一顾客,老大娘道声谢后就抬脚走了。这时营业员才想到钱还没有收。营业员一看,大娘离柜不远,便略提高声音,十分亲切地说:"大娘——你看——"老大娘以为什么东西忘在柜台上了,便走了回来,营业员举着手里的包装纸,说:"大娘,真对不起,您看,我忘记给您的牙刷包上了,让您这么拿着,容易落上灰尘,多不卫生呀,这是入口的东西。"说着,接过老大娘的牙刷,熟练地包装起来。边包边说:"大娘,这牙刷,每支五角五分钱,两支共一元一角。""呀,你看看,我忘记给钱了,真对不起!"

分析

整个谈话过程中,营业员没有说一个难听的词,而是轻言细语,慢慢引导,看似漫不经心,实则用心良苦。既体现了个人的良好修养,也给顾客留下了美好的印象。

(五)口语交际的得体原则

在口语交际过程中,使用恰到好处的语言,能使交际更愉快。

案例 2-14

记者:你有没有去过圆明园?

琼瑶:(一怔)圆明园?它不是被八国联军烧掉了吗?现在还有什么可看呢?

记者:(热心地)你该去圆明园!你现在看到的地方,故宫也好,北海也好,颐和园也好,天坛也好,雍和宫也好……都是完整无缺,金碧辉煌的。只有圆明园,它被毁过,被烧过,现在剩下的是遗址!你站在遗址上,才能感觉出这个民族曾经受过的耻辱与灾难!一个像你这样的作家,来了北京,不能不去圆明园,因为那里有诗,有散文,有壮烈感!"

琼瑶:好一篇说辞,带着太大的说服力。

分析

记者的这番话具有很高的艺术性。首先,通过对比,突出了圆明园的不同,以此激起琼瑶内心强烈的民族感情。其次,一句点睛之笔"像你这样的作家",把琼瑶定位在一个有名望、有影响、有爱国热情的基点上,引发其内心的自豪感。再次,用充满诱惑力的优美语言,进一步激起琼瑶的好奇心和好胜心。字里行间,没有难懂的词语,没有重复啰嗦,没有华丽花哨,读来通俗易懂,平实简约。

案例 2-15

孟子看到齐国四邻不安,人民忍饥挨饿,想说服齐王专心治国。一天,孟子上朝对齐宣王说:"您有一个臣子,他把妻子儿女都托付给朋友照顾,自己到楚国去了。等他回来时,发现妻子儿女受冻挨饿已有好长时间了,请问对这样的朋友应该怎么办?"

齐王说:"那就和他断交!"

孟子又问:"假如管理刑罚的长官不能管理他的下级,那该怎么处理呢?"

"罢他的官!"齐王回答得很干脆。

孟子紧接着说:"假如一个国家治理得不好,那该怎么办呢?"

齐王自知理亏,无言以对,从此专心治国。

分析

朋友失信、长官无能与君王失职是密切联系的三件事。孟子在交际过程中诱导齐宣王对前两件事提出了明确的处理意见,表露了齐宣王处理问题的原则和手段,这样对君王失职怎么处理也就不言而喻了。在整个交际的过程中,孟子没有直接将齐宣王失职的事实暴露在大庭广众之下,而是准确地把握了语言的分寸,善意地提醒和暗示齐宣王,取得了很好的效果。

五、口语交际的心理障碍

口语交际是个复杂的生理与心理过程,口语交际中双方的心理处于互动互变状态。克服心理障碍,具备健全的心理素质,懂得心理沟通的方法,是人际交往和师生口语交际获得成功的前提条件。

案例 2-16

这是一位大学生的手记:

在交际场合,我总表现为不安、局促,变得沉默、内向和自卑,心里总有一种恐惧感。我和同宿舍的同学之间关系总处不好,不想同她们说话。我曾几次调换宿舍,但郁闷的心情总摆脱不掉。

分析

这是口语交际中自卑心理的反映,有自卑心理的人,虽然有强烈的交际欲望,但又不敢大大方方地与人平等交往,担心受到别人的冷落与嘲笑。他们在进行口语交际时,也常常会情不自禁地出现脸红心跳、语无伦次、手足无措等现象。

案例 2-17

有位雇员为提高工资想和雇主交涉,他事先准备了发言内容:我想,你会承认,先生,在过去的两年中,我的工作质量已经达到这种程度,即我所提供的服务是不容易轻易替代的了。你并未从某些实际利益的角度适当注意我在公司里的价值,这使我深感惊讶。我以坚忍不拔的热情继续努力工作。在此,我精心绘制了一张表格,上面标出了我这个部门过去12个月的利润增长情况,以备遗忘,这在极大程度上是我精心管理的结果。很抱歉,我要开诚布公地说:除非您和我站在同样的角度上对待这个问题,否则我将十分遗憾地辞去我在公司里的职务。

这段发言稿肯定了成绩,表达了内心的不平,提出了要求。条理清晰,言辞恳切,语义明确,如果在雇主面前能从容不迫地将上述内容表达出来,加工资的希望是很大的。可是一见到雇主,雇员慌张地说:"假如您不太忙的话,先生,有件事情……其实,实际上的情况确切地说是……唔,先生,过去我一直在考虑是不是……当然,我知道现在不是时候……其实我一直很高兴地看到最近生意初见起色了,而我敢保证我自己这个部门已经……不过跟您说实话,先生,我一直在考虑……当然这只是当您认为最恰当的时候,我是不会固执己见的,不过毕竟,也许我不应该提到这个,但是我想您可能把这个记在脑子里,那就是在不久的将来,有可能给提一下……提一下薪水。"

分析

该雇员自感地位与雇主悬殊,因而产生自卑感,以至说话结结巴巴,语无伦次,该讲的不讲,不该讲的啰啰嗦嗦讲一大串,思维混乱。结果可想而知,不仅未能提工资,反而给老板留下了窝囊无能的印象。

在与人进行口语交际时,我们或多或少地都存在着诸如自卑、紧张、羞怯、急躁、猜疑等不良的心理反应现象,这时我们要保持积极的交际态度,自觉地运用心理暗示、注意转移等方法进行调节。不仅如此,我们还要多加练习,丰富情绪体验,只有这样,才能逐步克服口语交际的心理障碍,实现顺利有效的交流。

六、良好交流的基本品质

在人际交流中,仅有技巧是不够的,还应形成良好交流的基本品质,那就是真诚和移情。

(一)真诚

真诚意味着诚实而坦率地表明自己的感情、需求和想法。说话时的真诚态度是决定交际成功与否的一个重要因素。缺乏真诚的交际语言,即使滔滔不绝、口吐珠玉,最终也会失去吸引力。

1. 态度要诚恳

(1)应和对方有眼神交流,给人一种亲切感、信任感。

(2)面部表情要自然。

(3)在谈话中要注意做个"好听众"。

(4)注意使用敬语。

2. 言语要诚实

把对方当作熟悉的朋友,用诚实的语言向对方吐露心声。

案例 2-18

1900 年在伦敦泰晤士街区张贴了一张征聘广告:

征聘北极探险队员

我拟建立一支北极探险队,需招聘一批队员……我队收入低薄,行进途中酷寒沁人,漫长的黑夜一日继一日(注:这是极夜),且险情丛生,朝不保夕,很可能会难以生还……不过一旦探险成功,你也会得到无上的荣誉作为补偿。

——诚实的查克路敦

分析

这则征聘广告可谓是诚实到家了,它将收入的低薄,环境的险恶一一告诉人们,让应征者做好充分的心理准备。面对这样险恶的环境和条件,原想应征者会寥寥无几,没有想到,应征者如云,多不胜数,反而让查克路敦为如何挑选他们费了不少脑筋。这则广告的基础就是诚实。诚实使人感到实在,从而增添信赖感。

3. 表达要直率

要避免过于客套,过分地粉饰雕琢会失去心理的纯真自然。

4. 错误要承认

正如卡耐基所说:"如果你是对的,就该温和地、巧妙地让对方同意你;如果你是错的,就要迅速而真诚地承认,这要比同对方争辩有效和有趣得多。"

5. 微笑要自然

案例 2-19

陈毅出访印度尼西亚,就已陷入僵局的第二次亚非会议的会址问题再与苏加诺磋商。苏加诺坚持会议不但要在亚洲开,而且还要在印尼开。眼看谈不下去了,陈毅和颜悦色地对苏加诺说:"阁下是总统,总统就是统帅,而我只不过是个元帅,元帅当然是要听统帅的话!您统帅下命令,我元帅当然就要执行。但是呢,元帅嘛也有义务给统帅提意见、提建议。如果统帅老是不接受元帅的建议呢,元帅我就只好辞职不干了!"苏加诺慌了神,忽地一下子站了起来,脱掉帽子,在座位附近转了两三圈,半认真半开玩笑地说:"元帅阁下,你真厉害!"顿了一下,他无可奈何地说:"我接受你的意见,就在非洲开吧!"

分析

在这个案例中,双方的态度都很诚恳,都适时运用了敬语。不仅如此,陈毅在"凝结的空气"中保持"和颜悦色",苏加诺迅速地接受建议,都是真诚的表现。

(二) 移情

(1) 移情是指设身处地从对方的角度考虑问题。

(2) 移情包括三个部分:一是移情者敏锐而准确地理解对方的感情,同时保持一种超脱;二是移情者理解引发这些感情的处境;三是移情者与对方交流时,让对方感到自己得到了包容和理解。

案例 2-20

1949年国共和谈时,毛主席分别接见了南京国民党政府参加和谈的代表,其中包括刘斐先生。在吃饭的时候,当谈到各人的爱好时,刘斐先生问毛主席:"你会打麻将吗?"毛主席回答:"晓得些,晓得些。""你爱打清一色呢,还是喜欢打平和?"毛主席听了,立刻明白了提这问题的用意,立即说:"平和,平和,只要和了就行了。"毛主席的回答使刘斐先生疑虑顿失,坚定了他选择新道路的决心。

分析

刘斐先生表面说的打麻将,实际是以此来试探毛主席在治国大政方针上是否排除异己。毛主席思维敏捷,马上领会了刘斐先生的用意,也同样用麻将术语作了寓意颇深的回答,双方都心领神会。

案例 2-21

1958年,在中方举行的招待会上,苏方的一名翻译在翻译周总理的话时,常出现错误,中方的一位成员当场纠正,这使周总理感到意外,也使在场的苏方领导人大为恼火,他马上要处罚翻译。周总理见状,对苏方领导人说,两国语言要译到恰到好处是不容易的,也可能是我讲得不够完善。周总理把翻译译错的话再重复一遍,让翻译听清楚,并让他准确地翻译出来。这样一来,紧张的气氛缓解了。宴会上,周总理不时与这位翻译干杯,令苏方领导人和代表团成员十分感动,更令翻译感动得热泪盈眶。

分析

在公开场合,众目睽睽之下,我方代表当场纠正苏方翻译的错误,使对方感到尴尬,失了体面,而周总理却从翻译的难度和检讨自己的角度,为翻译解了围,挽回了翻译的面子。话虽然只有两句,但体现了周总理做人的原则:处处为别人着想,尊重别人,维护别人的尊严。

案例 2-22

导演谢晋在筹拍《清凉寺钟声》时,他动员栗原小卷出演大岛和子这一角色。栗原小卷很犹豫,因为影片中大岛和子这一角色的年龄跨度大,要从20岁演到60岁,栗原小卷担心破坏了自己年轻角色的形象。谢晋把握住了栗原小卷的心理,有针对性地同时又是语重心长地说:"年龄的增长任何人都无法回避。作为一名演员,最后总得扮演老年角色。你也要过这个坎,现在是个机会,在中国影片中尝试也许对你更适宜些。"栗原小卷认为谢晋导演说得有理,终于同意了。

分析

谢晋说服成功的原因有很多,其中有一条就是站在对方的立场,从自然规律的角度,为对方的前途着想,帮助她转移自己的需要。

七、口语交际礼节的原则与禁忌

(一) 交际礼节四原则

1. 注意倾听

在交际活动中,应注意倾听,一是对对方的尊重,二是能听懂对方说话的内容从而实现顺利交际。反之,不注意倾听,听错话就会造成许多麻烦和损失。

我们经常听到一些主妇满腹牢骚地埋怨自己的丈夫根本就没把自己的话听进去,即使听了,也是一只耳朵进,一只耳朵出。可想而知,这样的家庭自然是不可能幸福的。经常也听到一些小朋友说父母根本不注意听自己的话:"我说话时,他们总在忙自己的事情。"这样的孩子身心自然得不到健康的发展,因为他们从最亲密的父母那里都得不到应有的尊重。经常也听到一些下属抱怨上级根本听不进自己的意见,这样的上下级关系自然也不可能协调和睦,工作效率也就可想而知。相反,如果能以同情与理解或重视的心情去倾听别人的说话,这样夫妻会更恩爱,子女会更孝顺,上下级关系会更融洽,朋友间会更友好,社交关系便会更顺畅。

案例 2-23

1960 年周恩来总理在南亚访问,最后一站是尼泊尔。威尔森当时是《远东经济评论》的记者,准备参加周恩来南亚之行结束前的最后一次记者招待会。谁知应一些记者的要求,招待会临时改变了场地,而威尔森没有接到通知,仍然在原地址等了两个多小时。当记者招待会结束后,周总理听说他没赶上招待会,提出单独会见他。原本极度失落的威尔森瞬间欣喜若狂,就这样周总理为他单独举行了近 45 分钟的记者招待会。威尔森激动不已地记下了这一令他终生难忘的情景和感受:"当时已是深夜 2 点多了,为了不再打扰周的休息,我准备马上告辞,可周反过来向我提问了……我见过许多国家的领导人,可没一个给我留下这么深的印象。我早就听说过周的魅力,这次我亲身体验了这种魅力。整个谈话期间,他的眼睛一直注视着我的眼睛,仿佛世界上只有我们两人。这让我觉得镇静自如,让我觉得很信赖他。"

分析

在这个案例中,"他的眼睛一直注视着我的眼睛"就是注意倾听的一种直接表现,这让威尔森感觉到了亲切与被尊重。

2. 学会寒暄

寒暄是人际交往不可或缺的重要一环。它能帮助交谈者迅速建立一座友谊的桥梁,为谈话、交流营造良好的氛围。

寒暄主要有四种方法:

(1) 问候寒暄法,即交谈者根据不同的场合、环境和对象进行问候。

(2) 兴趣寒暄法,即简短地谈论对方感兴趣的话题。

(3) 环境寒暄法,即根据碰面时的周围环境,随机找出一项来加以谈论。

(4) 触景生情寒暄法,即针对具体的交际场景临时构思问候语。

案例 2-24

有一次,一位供销员到某厂去找厂长联系签订供销合同。一进厂长办公室只见墙上挂了好几幅装裱精致的书法条幅,而厂长正在小心翼翼地掸去一幅书法立轴上的灰尘。供销员走近一看,是篆书,便说:"厂长,看来您对书法一定很有研究。唔,这幅篆书写得好!称得上'运脚如游鱼得水,舞笔似景山兴云',妙!看这里悬针垂露之法的用笔,就具有多样的变化美。好!好!极好!"厂长一听,此人谈吐不俗,还懂得汉代曹喜的悬针垂露之法,一定是书法同行,连忙热情地招呼说:"请坐,请坐下细谈。"

分析

这是典型的兴趣寒暄法,推销员抓住厂长的兴趣进行寒暄,厂长把这位书法同行视为知音,等后来推销员引入谈合同之事时,自然就好说多了。

3. 接纳别人

在交际的过程中,我们应该以更友善的态度去对待别人,以一颗包容的心去接纳别人,多看别人的优点,少计较别人的缺点。

案例 2-25

在讲到斑马的形象时,有人说:"斑马是黑色的,身上有白色的条纹。"

有人说:"斑马是白色的,身上有黑色的条纹。"

分析

斑马的花纹是客观存在的,人们从各自不同的角度出发,作出了截然不同的描述,谈不上谁对谁错,对于他人的观点,都应理性地看待。

4. 奉承听众

利用人的心理,恰如其分地奉承别人可以让我们的言语更容易为人接受。

案例 2-26

有位中年男子挑选了一件紫红色的羊毛背心,他将背心在身上左右比照,看样子很喜欢,嘴里却说:"上年纪了,穿这颜色要被人笑了。"此时营业员可以根据顾客的心理说:"哪里,您一点不像上年纪的人,穿上这个颜色能使您更加精神。"

分析

一句合心意的奉承话肯定会给顾客带来心理满足,从而坚定购买信心。

(二) 交际礼节六禁忌

(1) 忌抱怨。

(2) 忌夸耀。

(3) 忌贬低。

（4）忌争辩。

（5）忌打断。

（6）忌过分谦虚。

案例 2-27

20世纪70年代，有一次，中方外贸代表拒绝了一位红头发的西方外商的无理要求，这位外商恼羞成怒，说："代表先生，我看你皮肤发黄，大概是营养不良造成你思维紊乱吧？"对于这样的恶毒攻击，我方代表立即予以还击："经理先生，我既不会因为你皮肤是白色的，就说你严重失血，造成你思维紊乱；也不会因为你头发是红色的，就说你吸干他人的血，造成你头脑发昏。"

分析

显然，西方外商犯了交际礼节的禁忌，说话尖酸刻薄，贬低他人，这样势必造成双方情感上的排斥，难以达到交换意见、达成共识的目的。

案例 2-28

美国独立战争后，在费城召开了制宪会议。在宪法草案即将付诸表决的关键时刻，与会代表在某些条文上发生了激烈的争议，甚至发展到进行人身攻击的程度。这时，富兰克林站起来，用平静的声音说："老实说，我也不完全赞同这部宪法。我想出席这次会议的各位也都和我一样，在一些细节问题上还有争议，但我认为这是正常的。正如我富兰克林活了这么大还有许多缺点一样，我们怎么能要求刚诞生的宪法就完美无缺了呢？假如不完善就不能签署，那么我得认真考虑一下，我是否应该在草案上签名，因为我本身就不是一个完人。"听完这段话，与会代表终于在宪法上签了名。

分析

在整个过程中，富兰克林没有争辩，没有因自己的地位居高临下、盛气凌人，而是把自己摆在与代表们平等的地位，采取朋友式的交谈方式，承认宪法的不足与缺点，推心置腹，缩短了与听者之间的距离。

总之，为了让口语交际过程更加顺利，交谈更加成功，从礼仪的角度要掌握以下四点。

1. 掌握分寸

谈话是两人或两个以上的人互相交流。既然是"交流"，就不可以一声不吭或是滔滔不绝地独自高谈阔论。假若一直滔滔不绝，往往就没有时间认真思考自己要讲的内容，这就容易讲错话，而且也会因自己的信口开河而让听者怀疑讲话内容的可靠性和真实性。再者，一个人独占整个谈话时间，而不给对方发表自己看法的机会，是对对方的不尊重，同时也会使对方对你的谈话感到厌倦。

一个真正善于交谈的人总是首先对所谈论的问题作一个简短的浅谈，然后寻问对方的意见如何（比如"你以为怎样""你的看法呢""你同意这个看法吗"等），把发言权交给对方，自己则作听众。这对自己有两方面的好处：一是给予对方发表意见的机会,让对方觉得受到了尊重;二是为自己创造一个吸收外界信息的机会。听完对方的意见后,再进一步深入地交换意见。这样的谈话,才是真正的沟通,才能使双方都满意。

2. 交谈以对方为中心

每个人在和他人交谈时都会有一种自我表现的欲望,希望较早较多地把自己的想法或者自己了解的事实告诉对方。所以,很多人会习惯地把自己的思想、经历和感受作为谈话的主要内容,从而很容易给人留下一个自大、自负的印象。而一个自大、自负的人总是不受欢迎的。

交谈以对方为中心主要可以从三个方面得到体现。

一是在交谈内容的选择上,以对方感兴趣的话题或者对方的思想、经历和感受为主要谈话内容,尽量少谈自己的思想、经历和感受。

二是在语言使用上,尽量避免讲"我",多讲"你"(在一般情况下"我"字可以省略不讲,在无法省略的地方,可以用"我们"代替"我",而在用"我们"代替可能会引起误解的时候,则"我"字应讲得又轻又快)。

三是在交谈过程中适当称呼对方的名字,也会让对方感觉到受尊重和重视。

3. 谈话现场超过两个人时应以在座的全体为交谈对象

谈话以全体为对象可以从以下几个方面得到体现:

(1) 交谈的话题应是大家都感兴趣的。

(2) 使用的语言应是大家都能听懂的。

(3) 当你面对众人讲话时,目光能与其他人交流,让每个人都觉得你是在跟他说话。

(4) 当在场的人在互相攀谈时(如在各种聚会上),应不时与在场的所有人攀谈几句,而不能只与其中一两位说话,不理会在场的其他人。

4. 适当运用赞美、玩笑

谈话中的赞美、闲话和玩笑,就像菜肴中的调料,如果用得恰当,会使谈话增色不少。但如果用得不恰当,就会像一锅粥里的苍蝇一样破坏了整个谈话的氛围。

(1) 赞美

赞美的话是人人爱听的,但如果不是在适当的场合用恰当的语言作赞美的话,很可能会弄巧成拙。赞美要用简洁、明了的语言,不要用模棱两可的语言。赞美的语言应尽量平和、朴实,不要用过于夸张、露骨的语言去赞美对方,这很容易让对方觉得缺乏诚意,甚至虚伪。不要当着众人的面赞美某个人。当你面对众人赞美其中某一个人时,很可能会伤害在场的其他人,即使你是无意的。只有当你确认你对某一个人的赞美不会伤害在场的其他人时,你才可以当着众人的面去赞美一个人。

(2) 玩笑

恰到好处的玩笑可以使谈话变得生动、轻松。但说玩笑也需要有一定的天赋。能说笑的人往往有很好的记忆能力,听过后就能说;同时,还往往有很好的模仿和表演能力,能惟妙惟肖地模仿别人的声音和姿势,产生幽默效果。如果自觉没有搞笑的能力,还是不要轻易去开玩笑的好,因为你若把一个本应很好笑的笑话说得一点都不好笑,不仅自己会显得很滑稽,还会让很有礼貌的听众强挤笑容来回应你的笑话。开玩笑时还应注意不能把玩笑变成取笑,也就是说玩笑的前提是不能伤害别人的自尊。

◆ **实 训**

一、训练项目:积极利用口语交际改善尴尬局面。

1. 一家公司经理宴请韩国客商。席间,这位中国通的客商用略带玩笑的口吻问经理,《论语》的开篇一句是什么?经理一时语塞。假如你是经理助理,你会如何帮助经理解围?

训练方法:3位同学为一组,进行情景训练,1位扮演韩国客商,1位扮演中国经理,1位扮演经理助理,3人在训练中进行角色转换,共同完成训练。由同学评论,看谁的解围方法最好。

训练要求:积极开动脑筋,设计合适的口语表达形式,力求最妥当地帮助经理渡过难关。

训练评价:此题考查助理随机应变的口语交际能力。最佳的表述标准有两种:一是让韩国客商满意;二是帮助经理保住脸面。

2. 朱教师走进教室,看到黑板上画了个猪头,她明白,这是针对她——朱教师来的。如果你是朱教师,你会怎样扭转这种尴尬局面?

二、训练项目:教师口语交际的简洁性。

几个不同身份的人围绕"世界上最宝贵的东西是什么"这一话题进行探讨,都从自己的角度去理解。球迷说:"最宝贵的东西是激动人心的进球。"商人说:"最宝贵的东西是源源不断的利润。"画家说:"最宝贵的东西是绚烂丰富的色彩。"面对此,小孩和病人会怎么说?请你代他们回答。

训练方法:6位同学共同完成,3位从小孩的角度思考,3位从病人的立场着眼,由全班同学评价。

训练要求:学会换位思考,从小孩和病人的实际情况出发,展开想象,同时用最简洁的话语表述。

训练评价:此题考查口语交际的简洁性,以文字最简洁、表意最清晰为佳。

三、训练项目:教师口语规范性。

请你谈谈口语交际的重要性。

训练方法:可以从"先写后说"练起。开始的时候速度可以慢一点,而后适当加快语速。

训练要求：声音洪亮、清晰，语流顺畅，表意清晰。

训练评价：此题的评价标准为语言流畅、语义明确，表达得体。

四、训练项目：口语交际的主动原则。

请主动与同桌同学交流，了解同桌同学的爱好。

训练方法：2位同学为一组，先由同学A主动与同学B交流，再由同学B主动与同学A交流。

训练要求：学生有意识地主动与同桌交流，同学间要积极配合。

训练评价：本题以顺利交流、愉快交流为评价标准。

五、训练项目：口语交际的礼貌原则。

你独自一人乘火车到北京旅游。途中，邻座的小伙子拿出一瓶饮料请你喝。你想起学过的安全知识，于是礼貌地拒绝。

训练方法：2位同学为一组，分别饰演不同角色。

训练要求：在拒绝过程中，要把握口语交际的礼貌性原则。

训练评价：本题以礼貌性地拒绝对方，同时不引起对方反感或不满为评价标准。

六、训练项目：口语交际的得体原则。

某同学身患重病，病痛的折磨和经济的贫困让他很悲观。班里同学为此开展了爱心捐助活动，现推选你为代表到医院看望并送去捐款，面对病床上的同学你应该如何说？

训练方法：5位同学分别完成该题。

训练要求：内容不能重复或大段雷同，注意语言的得体性。

训练评价：解答本题时，应注意对方的身份。运用恰当的口吻，同时还要尽量说一些安慰、祝福的话，给对方信心和力量，从而战胜眼前的困难。

七、训练项目：口语交际的得体原则。

新学期开始，班主任让同学们自荐和竞争各学科课代表的位置，你很想当某学科课代表，但你这科的成绩并不是全班最好的，你会怎样竞选？

训练方法：5位同学分别完成该题。

训练要求：不超过40字，注意语言的得体性。

训练评价：解答本题时，应注意说话的对象，说话要得体，同时还要尽可能地取得同学的信任与支持。

八、训练项目：口语交际过程沟通技巧。

语文科陈教师得知某学生最近常在课堂上看《三国演义》后，打算找她谈话，以达到既保护她课外阅读的积极性，又能引导她重视课堂学习的目的。如果你是陈教师，你怎么说才能使该同学乐于接受你的意见呢？

九、训练项目:口语交际过程沟通技巧。

训练方法:情景设置,假如你推开寝室门时,正好听见室友在谈论你的缺点,当时的气氛十分尴尬,大家都不说话了,你应该怎么办?

训练要求:言语表现要大度、自信。

训练评价:用语简洁明确,表达自信从容。

十、训练项目:良好的交流品质之真诚。

案例1:日本美浓津运动器具公司出售的运动衫,都附有这样一张说明书:"这种运动衫使用的是本国最好的染料,染色技术更是本国最优秀的;不过感到遗憾的是,酱紫色之类的颜色至今仍没办法做到永不褪色……"这种做法,最初在公司内引起激烈的争论,但美浓津却坚持己见,说:"做这种欺骗顾客的生意,还不如关门歇业……"结果,广告出台以后,公众对美浓津的态度赞不绝口,既收到了好的经济效益,又收到了好的社会效益,在公众中树立了良好的形象,为公司独步日本市场打下了坚实的基础。

案例2:王蒙在《暗杀——3322》一书中,写李门在电话中告知冯满满,表达去她家的想法时,冯满满说:"呵,这个好哇,你来呀,你想什么时候来就什么时候来嘛。约好了?什么?什么?不好约呀,最近就有这么一点点忙呀!你来嘛,我们不在家也没有关系嘛,反正家里还有别人嘛,家里没有人也可以留个字条嘛,约可是约不了,哎,每天来的人山人海,预约的客人已经排到下个月25号了哟……"

训练方法:以小组为单位进行案例对比分析,找出案例中的成功之道与失败之处。

训练要求:讨论形成结论后,每个小组派一名代表进行阐述。

训练评价:能找到并清晰表述成功的理由。

十一、训练项目:良好的交流品质之真诚。

训练方法:你是某厂的技术员,你们厂刚刚开发了一种新技术,得知情况后,一家极具竞争能力的工厂派出了一位技术员,想到你们厂考察。可这毕竟是新技术,是增强你们厂竞争实力的重要砝码,不能外泄,而这位技术员恰好是你的大学同学。你会怎么办?

训练评价:不泄露机密,同时不伤同学情谊。

十二、训练项目:良好的交流品质之移情。

训练方法:一位上了年纪的顾客买了变质的食品,到商店要求退货。如果你是店长,在顾客不能提供购物小票的情况下,你会怎样处理?

训练要求:两人一组,请3组同学分别展示,再由班级同学点评。

训练评价:一双方无争吵;二能给对方留下美好印象。

十三、训练项目:注重倾听。

1. 你是某科研所的所长,该科研所地处偏僻,科研条件差。有一位非常优秀的科研人员要求调到条件好的城市去。一方面,你很想挽留他;另一方面,还没有合适的人来顶替他的工作。你会怎么办？

训练方法：2位同学为一组，一人为倾诉者，一人为倾听者。

训练要求：倾诉者选择一件自己感受最深的事情向对方述说，倾听者认真听，听的过程中要注意表情、神态等，可适当作出反应，听后用自己的语言向其他同学传达。最后由同学评价倾听的成果。

训练评价：既然是交流，就有成功与失败。以成功交流为标准。

2. 听言外之意。

训练方法：提供两组情景，听言外之意。

① 顾客：厂长，贵厂生产的毛巾，那上面的蝴蝶可谓是栩栩如生呐！

厂长（惊喜的）：是吗？

顾客：我洗脸时，那蝴蝶竟扑到我脸上来了！

该顾客的言外之意是什么？

② 星期天，小林到毕昇公园去玩，路上他向一位老大爷问路："喂，老头，到毕昇公园怎么走？还有多远？"老大爷看了看小林说："顺公路走，有一千丈；选小路走，只六百丈。"小林听了不解地说："你这人怎么讲丈不讲里？"老大爷笑着说："小同学，原来你也知道讲'礼'呀！"老大爷的话外之意是什么？

训练要求：以小组为单位，讨论其言外之意。每组选派代表汇报讨论结果。

训练评价：本题以能听出言外之意为评价标准。

十四、口才综合训练。

1. 著名电影演员李雪健因扮演焦裕禄而荣获"百花奖"最佳男主角奖。在颁奖仪式上，他说了这么一句话："所有的苦和累都让焦裕禄受了，所有的荣誉都让一个傻小子得了。"李雪健这句话的意思是什么？

2. 一位作曲家带着自己创作的曲子向一位著名的音乐大师讨教。在听演奏的过程中，这位大师不断地脱帽。演奏完毕，作曲家连忙问道："大师，是不是屋里太热？"大师说："不热。我有碰到熟人就脱帽的习惯。在阁下的曲子中我碰到那么多的熟人，不得不连连脱帽。"这位大师的答话的意思是什么？

3. 上课铃响了，一名同学仍慢悠悠地往教室走。进教室后，又不紧不慢地走到座位上。这时教师笑着对大家说："某某同学真是一个听话的好学生，上次在教室里乱追同学，教师教育了他，你看现在稳重多了，上课铃打了这么半天了，依旧能沉得住气，都不快走两步。"你认为教师的言外之意是什么？如果当时你是教师，你会怎么说？

第二节　态势语设计及其训练

> **知识目标**
> 1. 了解态势语运用的意义。
> 2. 掌握态势语的训练方法和运用的原则。
> 3. 掌握教师态势语使用的技巧。
>
> **能力目标**
> 进一步加强与人沟通、与人合作、创设和谐的人际关系的能力。

语言除了有声语言表达外，还有辅助语言，即态势语。态势语的研究是从20世纪60年代开始的，有关研究表明一条信息传播出去，所有的效果中间只有38%是有声的，7%是语言（词），55%的信号是无声的。这个对无声信息的研究，给我们一个提示，除了要注重有声语言的表达，还要注重无声语言的表达，就像我们看见别人的表情常会说"我看见你就知道你要说什么"，这就是"别人"在用无声语言（态势语）传播信息。

一、态势语的作用

观察我们身边的人会发现，讲话喜欢用手势的人表达更清楚。比如一个人慷慨激昂的时候会挥手握拳；一个人愤怒伤心到极点时，就会大声嘟囔或捶胸顿足。这是因为态势语可以补充、强化口语信息。一个懂得并善于应用人体语言的人，他将永远比对方胜过一筹，处于主动地位。可见，态势语对于理解对方、迅速沟通和及时调控有重大意义。

态势语是通过人体器官的动作，或者某一个部分形态的变化来进行思想和情感交流的。优美的体态语，还能提升自我形象的审美价值。自我形象的审美价值越高，与人合作的机会就越多。

为了更好地表情达意，在口语交际中如何运用态势语显得尤为重要。

二、态势语的内涵

在口语交际中，要使学生能正确、恰当地使用态势语，还必须了解常用的态势语所表达的内涵，讲求技巧，注意方法，并在实践中逐步运用，形成相应的能力。根据人体范围，可以将态势语分为两大类：一类是整体态势语，包括身姿语、服饰语、界域语；另一类是局部态势语,包括手势语、目光语、表情语。

下面仅就局部态势语的运用具体谈谈。

(一)手势语

(1)手指语言:"竖大拇指"一般表示夸奖、很好,但有时表示高傲的情绪;"十指交叉"一般表示自信,敌对情绪,感兴趣;"抓指式"一般表控制全场之势;"背手"可给自己壮胆、镇静,也表自信,但对有的人是一种狂妄表现;"手啄式"表示不礼貌动作,本身就有一种挑衅、针对性和强制性。以上都要看具体环境和当时面部表情。

(2)手掌语言:"向上"表示诚恳、谦虚;"向下"表示提醒、命令;"紧握食指"带有一种镇压性;"搓掌"表期待,快搓表增加可信度,慢搓表有疑虑;"手掌向前"表拒绝、回避;"手掌由内向外推"表安慰,把所有的问题概括起来;"劈掌"表果断、决心。

(3)手臂语言:"手臂交叉"表防御;"交叉握拳"表敌对;"交叉放掌"表有点紧张并在努力控制情绪;"一手握在另一只手臂上,另外一只手下垂"表缺乏自信。

(二)目光语

眼睛是心灵的窗户,眼睛的奥妙,在于它是真实的。目光用得最多的有三种。

(1)凝视。集中目光看对方,使人感到你很诚恳。

(2)环视。眼睛向前,然后有目的地扫一下,使所有在场的人都注意你,不觉得你只是在与其中一人交流。

(3)虚视。"实"在某一部分,"非"看大家,即"目中无人,心中有人"。在口语交际中,不能总是东张西望,否则会使别人认为你心不在焉,交谈无法进行下去,也不能目光总停在别人脸上,使别人不自然,从而影响交际。

(三)表情语

表情能细微而真实地表现人的心理状态,面部表情是人的"晴雨表"。面部表情贵在自然、真挚。在口语交际中,上乘的表情是亲切和蔼的,而不应该喜怒无常,冷漠死板。态势语是语言表达的补充和辅助手段,同时不能脱离特定的环境。

三、态势语的训练方法

(一)眼神的训练

1. 眼神交流七法

(1)前视,向自己的正前方注视,常用于对现场的掌控。

(2)环视,向自己的周围一圈进行关注,常用于对现场的掌控。

(3)侧视,向后方比较远的观众注视,可以表示对后方观众的注意,还可以起到提醒、警示、沟通、强调的作用。

(4)点视,当发现某些观众有骚动或异常情况时,可以使用点视来观察,也可以用于对个别人的提醒。

(5)虚视,当非常紧张的时候,可以假设自己的前方空无一人,采用虚视的办法,将目光投向前方来缓解紧张。

(6)闭目法,讲到真情或深情的时候,可以采用闭目,如此去做一般会有很好的效果,会让人觉得你进入了状态,更容易引起共鸣。

(7)仰视,为了表示赞同和认可,可以采用仰视的方式注视对方。

(8)俯视,如果要表达"你这种做法很不切合实际"这样的意思,可以采用俯视的注视方式。

2. 如果大家眼神里还有疑惑的目光,就需要再解释一遍

演说不能自顾自地讲话,一定要根据对方的眼神或者大家的反馈来说话。如果有人没听明白,还有疑虑,就再讲一遍。

3. 看鼻梁,看眉心——让他听见,看眼睛——听到心里去

表情态势语的训练有两点注意事项:一是要自然、放松;二是要与所讲的内容一致。演说的时候要求表情自然放松,微笑在先,大方得体在先,热情洋溢,激情满怀,再使用自己专业的知识——才情,这样才能周旋得满座春风,发挥出超乎想象的水平,才能使演说取得成功,而不是一副高深做派,让别人都觉得紧张。

站姿的训练有三点注意事项:一是要站稳,可偶尔走动;二是双脚与肩同宽,手自然下垂;三是身体前倾表亲切。站姿要站稳,也可以偶尔走动,即使走的时候,也要脚下有根,让双脚与肩同宽,手自然下垂,要给别人一种舒服、自然的感觉,让别人觉得看你很顺眼,才能让人觉得你做什么都好。

(二)手势的训练

1. 手势训练的注意事项

手势的训练要点和原则可以用四个字来概括:自然、协调。具体应用中要根据场合需要灵活调整使用,一般有以下注意事项:

(1)上、中、下三躯的运用。

(2)场面大,手势大;场面小,手势小。

(3)肩发力,表示力量;肘发力,表示亲切。

(4)手势应该停留足够长的时间。

(5)应存储3~5个手势备用。

2. 手势的使用技巧

按照手伸出后在身体前的大致位置,可以将手势分为上、中、下三躯。上躯即手伸出后位于胳膊伸直后的位置之上；中躯指手伸出后位于胳膊伸直后的位置之下，但又处于腹部之上；而下躯则指手伸直后位于腹部之下。手势的使用技巧，可以归纳为以下几个要点：

手势很重要；

肩部以上叫上躯；

肩腹之间叫中躯；

腹部以下叫下躯。

上躯表示号召；

中躯表示叙述；

下躯表示鄙视。

3. 手势躯位使用的练习

手势躯位的使用需要和场景相结合，在使用时，一般有一些需要加重的语调或关键词，当说这些关键词的时候，就可以同时配合手势。

例如，描述语句"我早期的生活经历像流动的小溪，我在里边尽情玩耍"。在这个句子中，为了突出其中的"流动的小溪"，就可以一只手手心向上，将手放置于中躯来达到这个效果。

再如，描述语句"真情、荣誉、正义是他的动机"。要突出关键词"正义"，也可使用这种方法。

下面的手势躯位练习中，请在需要加重的重点词下使用黑色下划线标注。

（1）双手，手心向上——中躯

例句1：向所有的人宣布这一消息。

例句2：让我们奏起欢乐的音乐，跳舞吧！

（2）单手，手心向上——上躯

例句1：乐曲的音调越奏越高。

例句2：攀登吧！无限风光在险峰。

（3）双手，手心向上——上躯

例句1：你这美丽的国土，我又回到了你的身边。

例句2：欢呼、跳跃吧！我们成功了！

（4）单手，手心向上——下躯

例句1：伟大的人物躺在他们倒下的地方。

例句2：他这人太卑鄙了，无法和他相处。

（5）双手，手心向上——下躯

例句1：高大的建筑物突然陷入地下。

例句2：仁慈的人大声疾呼："和平！和平！"但是没有和平。

（6）单手，手心向上——中躯

例句1:月光洒落的小溪和树林上……

例句2:沿着这寂寞的小路他快步走去。

(7) 双手,手心向上——中躯

例句1:死一般的沉寂笼罩着大地。

例句2:她轻轻地躺倒在草地上,仰望着蓝天。

(8) 单手,手心向上——上躯

例句1:风助火势,火乘风威,火苗越蹿越高。

例句2:他们对城市即将面临的危险丝毫不知。

(9) 双手,手心向上——上躯

例句1:夜幕笼罩了群山。

例句2:环绕他的四周,升起了无形的墙。

(10) 单手,手心向上——下躯

例句1:这是很有诱惑力的,不过,随它去吧!

例句2:你这个胆小鬼,行进起来像条虫。

(11) 双手,手心向上——下躯

例句1:愤怒的人们会把你从这里清扫出去。

例句2:我要同他们所有的人断绝关系。

(12) 单手,手掌竖立——中躯

例句1:不要过分利用我的爱。

例句2:他用胳膊挡住了攻击。

(13) 双手,手掌竖立——中躯

例句1:放弃这愚蠢的梦想吧!

例句2:他们的分离是决定性的。

(14) 单手,手掌竖立——上躯

例句1:天啊! 别做傻事!

例句2:唱吧! 这是块自由的土地。

(15) 双手,手掌竖立——上躯

例句1:人们欢呼:胜利了! 胜利了! 胜利了!

例句2:年轻的朋友们,我们的事业是伟大的,我们的前途是光明的,让我们为实现这崇高的目标而奋力拼搏吧!

不管在什么地方讲话,假如有语言参照的话,要把所讲的话中的重点画横杠,然后在表述的时候重点表达。在表达任何语言的时候,也应该刻意地注意使用一些手势语言,例如对母亲表达"妈,您炒的菜太好吃了!"这时就要手舞足蹈。"妈,今天是您的生日,让我为您唱支歌吧!"这种感慨也要敢于表达。在生活当中,该表达的爱要尽快地表达出来,该表达歉意的时候也应该表达出来。

四、口语交际中运用态势语的原则

现代神经心理学研究表明：人的大脑右半球接受形象符号，左半球接收声音符号。态势语辅佐有声语言，两种信号共同刺激大脑皮层，共同影响接受者的思维，能更有效地提高交际的效果。如果运用得当，会使有声语言增色生辉。但运用不当，就会削弱甚至破坏有声语言的表达效果。因此，在口语交际中态势语的运用应注意相应的原则。概括地说，运用态势语应该适度、自然。

（一）适度

态势语在口语交际中不可或缺，但并非任何一种态势语都可引入其中。要根据表达内容的需要恰当地运用。态势语是语言的辅助手段，而并非唯一的，这种性质决定了它是受制于语言的。因此，态势语的运用，要有一个整体观念，做到适度。这个"度"，就是服从语言的表达需要，为表达内容服务。态势语不可不用，也不可滥用。不用，会使语言表达呆板；滥用，就会喧宾夺主，削弱语言的表达效果。一般来讲，态势语大多出现在表达意义或情感过程中最主要、最关键的部分。教师上课时就要把握分寸，动作幅度不宜过分夸张。

（二）自然

态势语应是交际中内心情感的自然流露，不能故作姿态。无论是以审美的角度还是表达的角度，态势语的运用都要自然得体，既要符合审美原则，给人以美的享受，又要是内心情感的真实流露。否则，给人一种做作、虚假的形象，反而影响有声语言的表达效果。

五、教师态势语的技巧

（一）身姿（站姿、坐姿、行姿）

古人云：站如松，坐如钟，行如风。

身姿语是指人的身体姿势，包括站姿、坐姿、行姿等，它往往反映出一个人的性格、修养和素质。不同的姿态传递出的信息不同，也反映出不同的心理状态。

1. 站姿

自然式：两脚平行或略呈八字形，双脚与肩同宽。

前进式：重心均衡分布在两脚之间或根据表达需要落在前脚。

丁字步:双脚呈丁字站立。

教师的站姿要端庄,挺直,精神饱满,弯腰驼背会让人感到精神不振。教师讲课站累了,可将重心轮换着放在一条腿上,作稍息的站姿。但身体不要后仰,歪斜或左右摇晃,腿不要下意识地抖动。不要长时间将双手撑在讲台上或将上身俯在讲台上。

2. 坐姿

严肃坐姿:落座在位置的前半部,两腿平行垂直,两脚落地,腰板挺直——说者、听者都十分严肃认真。

随意坐姿:不同的坐姿反映不同的心理,如:

(1) 抬头仰身靠在座位上——倨傲不恭。

(2) 上身略前倾,头部侧向说话者——洗耳恭听。

(3) 上身后仰并把脚放在前面的桌子上——放纵失礼。

(4) 欠身侧坐椅子的一角——谦恭或拘谨。

(5) 跷起二郎腿不时晃动——心不在焉。

(6) 频繁变换坐姿——不耐烦。

3. 行姿

抬头挺胸,步履稳健而轻捷,手臂自然摆动。不要摇摇晃晃,慌慌张张,拖拖沓沓。

(二) 眼神

1. 眼睛是心灵的窗户,不同的眼神体现不同的心理

(1) 正视——庄重,诚恳。

(2) 斜视——轻蔑。

(3) 环视——与听众交流。

(4) 点视——针对性,示意性。

(5) 仰视——崇敬,傲慢。

(6) 俯视——关心,忧伤。

(7) 凝视——专注。

(8) 漠视——冷漠。

(9) 虚视——消除紧张。

2. 防止眼神运用的一些不良习惯

(1) 眼神黯淡无光;

(2) 视线不与对方交流以致冷落听者;

(3) 长时间死死盯住某一同学、天花板、窗外或讲义;

(4) 眼球滴溜溜乱转或眼动头不动;

(5) 做手势时手到眼不到;

(6) 边想边说时频繁眨眼或闭目思索;

(7) 视角频繁转换,飘忽不定,给人心不在焉的感觉;

(8) 当众挤眉弄眼。

3. 眼神的正确运用

教师讲课时始终保持明快、富有神采的眼神。扩大目光的视区,始终将全班同学置于自己的视野之中,并用广角度的环视表达对每个同学的关注。在讲台上,两眼应略向下平视,看中后方。目光自然、亲切。与学生交谈,视线应接触学生的脸部。

在口语交际中,根据视线停留的位置区分目光类型。

(1) 亲密注视

近亲密注视:对方两眼与胸部之间的倒三角区。

远亲密注视:对方两眼与裆部之间的倒三角区。

(2) 社交注视

对方两眼与嘴部之间的倒三角区。

(3) 严肃注视

对方前额之间的倒三角区。

(三) 表情

人类学家研究表明人能作出大约25万种不同的表情。

教师的表情:

① 常规的表情:和蔼,亲切,热情,开朗,面带微笑;

② 变化的表情:随教学内容、教育教学情境而变化。要适度,不可夸张。

(四) 手势

教师在课堂教学中常以手势助说话。这时手势的目的要鲜明。

案例 2-29

《美丽的公鸡》一课,当讲到"油亮脖子黄金脚"的骄傲的大公鸡的时候,教师可模拟大公鸡昂首挺胸得意洋洋的走路姿势;当讲到吃害虫的"大肚子青蛙"时,可以模仿青蛙捉害虫时的专注神态。边讲课文边配合体态语,学生的注意力被教师牢牢吸引住了,所学内容便会刻记在心。

案例 2-30

教 monkey 一词时,如果教师模仿猴子举目远眺的动作,并学猴子顽皮地眨眼,不仅使所授内容简洁明快、通俗通懂,而且更容易引起学生的兴趣,激起他们的模仿和参与意识。通过引导学生跟教师一起用体态语做与本课相关的动作,学生在听听、做做的热身活动中进入学习状态,为新课做了自然铺垫的同时也大大激发了学生学习的兴趣。

案例 2-31

教学英文数字 1~10 时,可以边伸手指边说出数字,这样便于学生即时模仿和记忆读音。学生会说后,教师可进行多种形式的操练。如教师说数字,学生举手指;教师喊号码,学生说数字或站立报数字。这样学习学生自然兴趣盎然,教学效果也必定提高。手势在体态语中是动作变化最快、最多,应用最为广泛的,具有丰富的表达力。

因此,教师在课堂教学中应把手势语用得简练、适当、自然、协调、多样,通过这些生动的态势语引起学生交流的兴趣,使他们迫切希望与人交流,课堂气氛也更加热烈。

◆ 实 训

一、朗诵下列诗句,按要求完成几个动作,反复体会,找到舒展、自然的感觉。

1. 我骄傲,我是中国人!

(右手抚胸如自我介绍。)

2. 我们的祖国,如红日冉冉升起在 21 世纪的东方。

(右手向斜前方伸出,慢慢上举,如仰望红日升起。)

3. "东亚病夫"的历史已被我们远远地抛进了太平洋,

(右臂如鄙视般向身侧下方挥去。)

4. 让我们张开双臂迎接中华民族伟大复兴的辉煌。

(两臂向前方环形张开,做拥抱状。)

提示:做手势时身体始终都要保证站姿的基本姿态,不能出现扭曲或晃动,应时刻注意向上挺拔。手势应与身姿训练结合起来。

二、观察、列举人们指示"你、我、他"能够采用的不同手势,分析讨论并模拟训练。

(一)对着镜子观察自己

1. 看自己的眼神,找到平视的感觉,从坦然地注视自己、面对自己开始做起,学习从容地面对交谈。

2. 收嘴角,提颧肌,做微笑状;同时松开牙关,舌舔上齿龈。经常训练,养成微笑习惯。

(二)虚视训练

登台后直接正视听众比较困难,可先学习虚视:

1. 眼从正前方看出去,盯住教室后墙的一个点,心里想着对它说话,用以排除众目睽睽的压力感。

2. 眼望前方,盯住想象中的远方的某一景物,使我们既可抬起头来,又能有目的地避开台下的目光。

(三)演讲或朗诵,综合进行微笑、平视、手势、身姿等的训练

0 的断想

0 是谦虚者的起点,
(象征手势:可单手掌心向上,抬小臂,微伸;中曲)
骄傲者的终点。
(翻转掌心向下)
0 的负担最轻,但任务最重。
(情意手势:抬臂至肩下,握拳,拳心向内)
0 是一面镜子,让你认识自己。
(指示手势:松拳成掌,掌心向内)
0 是一只救生圈,让弱者随波逐流。
(情意手势:翻转掌心,向下,由内向外缓缓移动)
0 是一面敲响的战鼓,催强者奋勇进取。
(情意手势:举起右手,带动小臂,向前向上抬;手与肩平,动作有力度)

提示:朗读时,各诗句的动作要有连贯性,过渡自然,中间不要做收势、出势。动作幅度也不宜过大。练习时不要拘泥于规定的手势,可根据自己对诗句的体会,创造性地进行设计。

三、讨论。

有的教师讲课时为了使课堂气氛活跃,经常手舞足蹈或做一些习惯性的小动作,逗得大家满堂大笑,你认为这种"课堂气氛活跃"与教学效果的关系怎样?

四、讨论和练习。

有的教师上课时喜欢把双手背在身后走来走去,有人认为这是老成持重的表现,也有人认为这种样子太过严肃,有距离感,你的看法怎样?你认为什么样的身姿是教师上课时的最佳形象?

五、以"我的自画像"为题,在讲台上进行 1~2 分钟的演讲,教师和同学一起评价其态势语的运用。

六、看论辩会的录像观摩,完成训练

1. 辩手使用了哪几种类型的手势?最具有表现力和美感的是哪几个手势?
2. 试着模仿他的态势,讲述其中几句话。

第三节　思维模式及其训练

> **知识目标**
> 掌握口才思维的几种方式和技巧。
> **能力目标**
> 能够多角度、多层次地思维,能更加准确地表达意思。

口才是思维的外壳,思维是口才的基础。掌握正确的思维方法,对于提高一个人的口才水平具有重要意义。

一、思维与口才

思维就是人们通常说的动脑筋,进行思考。思维是人脑通过语言对客观事物的间接的、概括的反映,属于人的认识过程的理性认识阶段。

语言和思维形影相随,互相依存,互相促进。思维是语言通向现实的桥梁,而语言则是人类进行思维的工具。语言是思维的外衣,没有语言就没有思维。思维的内容决定着语言的表述意义,思维的质量决定着言语表达的效果。口语表达对思维的要求更高,要求表述者有极敏捷极清晰的思维。只有思路清晰,才能行云流水,口若悬河;只有思维严谨,才能滴水不漏,无懈可击;只有思维新奇,才能出口成章,妙语惊人;只有思维敏捷,才能左右逢源,应对自如。

思维是口才的灵魂,思维训练是口才训练的核心。

二、口才思维的特点

（一）思维的广度

思维的广度是指要善于全面地看问题。假设将问题置于一个立体空间之内,我们可以围绕问题多角度、多途径、多层次、跨学科地进行全方位研究,因此有人称之为"立体思维"。它让人们学会全面、立体地看问题,观察问题的各个层面,分析问题的各个环节,大胆设想,综合思考,有时还要进行突破常规、超越时空的大胆构想,从而抓住重点,形成新的思路。

口才思维的广阔性是多层次、多角度的立体型思维,一般说来,只有具备丰富的人文知识和经验,才能形成思维的广阔性。思维的广度往往表现为口头语言表达丰富灵活、绚丽多彩、旁征博引、联想丰富。

在日常生活中我们能够发现,某些人在谈话中思维跨度很大,能够海阔天空地联想;而有些人则语言枯燥乏味,只能在一个问题上绕来绕去,思路总是打不开。从口才方面来说,确定了一个表达的对象,当然就要围绕着它来思考。但是,这个对象和哪些因素有联系呢?它总不会孤零零地存在,这就要求在思考过程中,破除各种思维定式,增加各种可采用的角度,扩大范围,把它放在更广阔的背景里予以考察,从而发现更多可以表达的东西。扩展思维广度,就意味着思维在角度上的增加。增加思考的对象,等于得出一个问题的多种答案。从实际的口才技巧上来说,数量上的多并不意味着质量上的好,但角度上的广,却意味着可供挑选的余地大,论证的层次丰富。由此看来,思维广泛性是优秀口才的第一标准。

案例 2-32

2006年,温家宝总理到欧洲访问并接受采访,英国《泰晤士报》记者问:"你晚上经常读什么书?掩卷以后,什么事情让你难以入睡?"温家宝总理引用六段诗章回答了这个问题,回答得很巧妙、很有水平,体现了一个大国总理的风范:

你实际上在问我关于读书和思考的问题。让我引用中外名家的诗词著作,它可以形象地告诉你我是一个怎样的人,经常读哪些书,在思考什么问题。"身无半亩,心忧天下;读破万卷,神交古人。"(左宗棠23岁时在新房门口贴的一副对联)"为天地立心,为生民立命,为往圣继绝学,为万世开太平。"(张载"横渠四句")"长太息以掩涕兮,哀民生之多艰。"(屈原《离骚》)"衙斋卧听萧萧竹,疑是民间疾苦声。"(郑板桥《潍县署中画竹呈年伯包大中丞括》)"有两种东西,我对它们的思考越是深沉和持久,它们在我心灵中唤起的惊奇和敬畏就会日新月异,不断增长,这就是我头上的星空与心中的道德定律。"(康德《实践理性批判》)"为什么我的眼里常含着泪水?因为我对这土地爱得深沉。"(艾青《我爱这土地》)

温家宝总理回答之后,全场响起经久不息的掌声,众多外国记者对温家宝总理刮目相看,对中国刮目相看。这一次采访为温家宝总理的成功访问增光添彩。

(二)思维的深度

思维的深度是指我们考虑问题时,要深入到客观事物的内部,抓住问题的关键、核心,即事物的本质部分来进行由远到近、由表及里、层层递进、步步深入地思考。要善于透过现象看本质,客观、辩证地看问题,不要为事物的表面现象所迷惑。

林崇德教授在《学习与发展》一书中指出:"思维的深刻性,即逻辑性,是一切思维品质的基础。"所谓思维的深刻性,是指思维活动的抽象程度和逻辑水平,以及思维活动的广度、深度和难度。思维的深度主要表现在对事物的分析、综合、比较、抽象、概括等方面,要能做到去粗取精,去伪存真,由表及里,由此及彼;完全把握事物,透过现象抓住本质,从事物的现状把握它的发展过程,从具体领域进入到抽象领域,从原因探索结果,或者反过来从结果追溯原因,最终作出科学的结论。

思维的深度在口语中表现为能够用朴实、精练的语言表达深刻含义,即深入浅出;或者说能够从平淡的语言中挖掘出深刻的意义,听出弦外之音,道出言外之意,发别人之未见,述他人之未论,即浅入深出。

(三)思维的精度

思维的精度是指思维的精确程度,以分析比较为核心,强化思维习惯,在辨析中求精,以培养思维的确定性和严密性。

思维的确定性是指思想明确,它表现在口才上是:

(1) 概念、判断的确定性,用词上要准确、得当,不能词义含糊甚至前后矛盾。

(2) 论题的确定性,要突出中心论题,不可东拉西扯,信口开河。

(3) 观点的确定性,如对论题缺乏明确的认识,表现在口才上势必会含糊其辞,模棱两可。只有思维在诸层次上都确定无误,才能保证口头语言的准确性和鲜明性。

案例 2-33

有一个古代笑话:三个吝啬的秀才一起去喝茶,每人带 20 个铜板。一壶茶 55 个铜板,茶老板找回 5 个铜板,三人各拿回 1 个铜板,余下的 2 个铜板无法均分,便赏给了跑堂的。喝茶时,其中一个秀才叫了起来:"不对呀,我们每人有 20 个铜板,现各得回 1 个,实际上每人出了 19 个铜板,3 乘 19 是 57,加上赏人 2 个铜板共 59,60 减 59 得 1,奇怪了,那 1 个铜板去哪里了呢?"

很显然,这位"精于计算"的秀才想错了。他在推理和论证过程中偷换了概念。首先,57 加 2 的计算是荒谬的,2 实际上已经包含在 57 中;60 减 59 的做法更是荒唐。这个例子说明,在正确思维过程中,要体现思维的确定性,对所运用的同一概念必须保持着同一意义,不能偷换它的意义。

思维的严密性就是思维的清晰、准确、周到、细致、合乎逻辑,能科学地反映事物的多面性、发展性和复杂的联系性。它直接影响着口才的严密性、论证性和逻辑性。思维的严密在口语中表现为说话严丝合缝,滴水不漏,无懈可击。口头语言中出现的语无伦次,条理不清,层次混乱,观点材料不统一、不协调,论据不足,牵强附会甚至破绽百出等毛病,多是因为思维缺乏严密性,考虑问题不周密。

案例 2-34

一位年轻人想到大发明家爱迪生的实验室工作。他对爱迪生谈了自己伟大的抱负:"我想发明一种万能溶液,它可以溶解一切物品。"爱迪生立刻惊奇地问:"那么,你用什么器皿盛放它呢?"

这位年轻人的思维包含了一个无法克服的自相矛盾:一方面要承认万能溶液可以

溶解一切物品，另一方面又必须有器皿盛放，那至少有一种器皿不能被万能溶液所溶解，因而自相矛盾。

（四）思维的速度

思维的速度是思维活动的反应速度和熟练程度，表现为思考问题时的快速灵活，善于迅速和准确地作出决定、解决问题。思维的速度也即思维的敏捷性。

思维的速度是好口才的重要保障。思维的速度表现在口才上就是能够对事物迅速地进行分析、综合、比较、分类、抽象、概括和具体化。这些思维过程和结果是直接通过语言系统来实现的。语言流畅如行云流水，是因为思维敏捷流畅。那些张口结舌、言语滞涩和满口冗词赘语，多是由思维的迟钝造成的。如有的人说话，满口的"这个""那么"，也多是由于思维的迟钝造成的。

案例 2-35

小王的一个老同学来家里看望他，两个人在客厅里天南地北地聊着天，不知不觉已经到了用晚餐的时间了。小王有个小儿子，才5岁，跑到小王旁边趴在他肩膀上咬耳朵（咬耳朵意为说悄悄话），话还没出口，小王和同学聊得正高兴，很不耐烦地对儿子说："这么没礼貌！当着客人的面咬耳朵？叔叔不是外人，有话快说！"

儿子一听爸爸这么说，说大声说道："妈妈叫我告诉你，家里没有菜，不让客人在家吃饭。"

一时之间两个大人都愣住了，多尴尬！怎么解释啊？

小王脑筋一转，伸手抱起儿子，用手指刮了一下儿子的小鼻子，然后说道："你妈妈今天这么给面子！以前家里来客人她都让在家里吃饭，今天居然大方得要到外面饭店去吃！好！咱就听你妈妈的，不在家吃，去外面饭店！"

小王面对尴尬局面，能保持镇静、随机应变、巧妙发挥、机智应对。如果缺乏镇静，那只能是手足无措、乱上添乱。

案例 2-36

美国前总统里根曾在复旦大学与学生见面。在见面会上，有一位学生突然问："您在大学读书期间，是否期望有一天成为美国总统？"倘若里根简单地回答"想"或者"不想"，在这种场合都不大合适。但里根是一位非常能随机应变的政治家，面对着那些渴望得到他肯定回答的学生，神情自若地说："我学的是经济学，我也是个球迷。可是我毕业时，美国的大学生约有1/4的人失业，所以我只想先有个工作，于是当了体育新闻广播员。后来又在好莱坞当了演员。这是50年前的事了。但是，我今天能当上美国总统，我认为早先学的专业帮了我的忙，体育锻炼帮了我的忙，当然，一个演员的素质也帮了我的忙。"

在这里，里根有意避开了学生问话的实质，从外围谈起，巧妙地回答了一个难题。就里根所讲的意思，表面上看，他没有做总统的意愿，可是，他走过的每一步，都是朝向总统的位置迈进了一步。

三、口才思维的方式

（一）形象思维

形象思维是凭借头脑中储有的表象，以想象、联想和幻想为基本手段，通过生动的形象创造来揭示事物的本质及其内在规律性。这种思维活动是右脑进行的，因为右脑主要负责直观的、综合的、几何的、绘画的思考认识和行为。

爱因斯坦这样描述他的思维过程："我思考问题时，不是用语言进行思考，而是用活动的跳跃的形象进行思考，当这种思考完成以后，我要花很大力气把它们转换成语言。"

诺贝尔物理学奖获得者李政道从20世纪80年代起，每年回国两次，他一直倡导科学与艺术的结合。他在北京召开"科学与艺术研讨会"，请黄胄、华君武、吴冠中等著名画家"画科学"。李政道的画题都是近代物理最前沿的课题，涉及量子理论、宇宙起源、低温超导等领域。艺术家们用他们擅长的右脑形象思维的方式，以绘画的形式形象化地表现了这些深奥的物理学原理。今天我们再看这些画时无不为其磅礴的气势所震撼。如题为"超玄生万象"的画就表现了宇宙混沌初开的景象。

法国作家福楼拜在写包法利夫人服毒自杀时，仿佛自己嘴里都有砒霜味；契诃夫写小说《草原》时，"觉得四周弥漫着夏天和草原的香气"。高尔基曾经总结过形象思维的规律，他说："文学家的工作也许比专门学者，例如运动学家的工作更为困难。科学工作者在研究公羊的时候，没有必要把自己想象为一只公羊，但是文学家，虽然是慷慨的，却必须把自己想象成吝啬鬼；虽然是毫不贪婪的，却必须想象自己是一个贪婪的守财奴；虽然是意志薄弱的，却必须让人信服地描写出一个意志坚强的人。"

科学家、文学家们都在把握着、运用着形象思维。从口才角度来说，如果拥有一双想象力的翅膀，语言将会极大地丰富，让人听来兴味盎然、生动活泼。拥有良好口才的人，特别需要形象思维能力，需要想象力和联想能力。

案例 2-37

余光中是著名的学者、诗人、散文家。在一次文艺大赛中，获奖者大多是黑头发的晚辈，只有余光中年近花甲、白发染霜。在致辞中，余光中风趣地说："一个人年轻时得奖，应该跟老头子一同得，表示他已经成名；但年老时得奖，就应该同小伙子一同得，表示他尚未落伍。"话音刚落，满堂喝彩。

确实花甲之年跟年轻人同台领奖，难免会有些尴尬，然而机智的余光中用充满诗意的话语将尴尬消解。寥寥几句，先是不动声色地称赞年轻人功成名就，而后恰到好处地表明自己宝刀未老。机灵的应变能力和谈吐的非凡魅力都表现得淋漓尽致，同时尽显豁达，尴尬当然随之消失，语言与情景衔接显得自然、生动、有趣、幽默。

在日常生活中，形象化的语言可以使身边的事物变得生动、有趣起来。

例如珍珠是什么?

在一般人眼里,珍珠就是脖子上戴着的、圆圆的、白白的珠子。

在贵妇人眼里,珍珠是情人温柔的眼光。

在化学家眼里,珍珠是磷酸盐和磷酸钙的化合物。

在诗人眼里,珍珠是大海的眼泪。

在生物学家眼里,珍珠是贝壳类动物的分泌物。

从事物的客观性来说,化学家和生物学家的回答更精确,但他们的回答不具备形象性。

又如朋友是什么?

朋友就是你遇到困难需要帮助时,他(她)就出现在你面前并助你一臂之力的人。

朋友就像空气一样无所不在,又像氧气一样让人离不开。

朋友就像空气,平时你感觉不到它的存在,可当你缺少它时,你会发现不能没有它。

朋友就像片片拼图,结合后构成一幅美丽的图画,如不见了一片,就永远不会完整。

案例 2-38

大学评议会绝不是男澡堂子

德国女数学家埃米·诺德获得博士学位后,还不能立即开课,因为她还没有讲师资格,但其学识和才华受到了从事广义相对论研究的希尔伯教授的赏识。

在一次教授会上,为埃米·诺德是否能成为讲师发生了一场争论。一位教授激动地说:"怎么能让女人当讲师呢?如果她做了讲师,以后就要成为教授,甚至进入大学评议会。难道能允许一个女人进入大学最高学术机构吗?"希尔伯教授反驳道:"先生们,候选人的性别绝不应该成为评选讲师的标准,我请先生们注意,大学评议会绝不是男澡堂子。"

话音刚落,所有的教授都哄然大笑,一致举手通过了埃米·诺德的讲师资格。

希尔伯教授用极其形象化的语言提示了对方观点的荒谬性,使其不战而败。由此可见,形象化的语言不但给人印象深刻,而且会在关键时刻起关键作用。

(二)抽象逻辑思维

抽象逻辑思维,是思维的一种高级形式。其特点是以抽象的概念、判断和推理作为思维的基本形式,以分析、综合、比较、抽象、概括和具体化作为思维的基本过程,从而揭露事物的本质特征和规律性联系。抽象思维既不同于以动作为支柱的动作思维,也不同于以表象为凭借的形象思维,它已摆脱了对感性材料的依赖。

"抽象思维用抽象材料(概念、数字、理论),通过形成概念、作出判断、进行推理的抽象方式进行思维;形象思维用形象材料、表象(表象是在物体并没有呈现的情况下,头脑中所出现的该物体的形象),通过对表象的加工改造(分解、组合、类比、联想、想象)进行思维。"日本物理学家汤川秀树这样说,"不管我们从日常生活的世界走开多么远,抽象也不能通过它本身来起作用,而必须伴之以直觉或想像。"

由此可见,抽象思维与形象思维虽然是两种不同的思维方法,但两者互相渗透,互相补充,互相结合。能在看似纷乱无绪或模棱两可的现象中明辨是非,论辩起来也就口若悬河,滔滔不绝,无懈可击。而有的人则相反,面对复杂的事物现象,是非难断,与人论辩起来犹如砂壶里煮饺子——有口倒(道)不出。

案例 2-39

美国有位作家某次去一家杂志社领取稿费。他的文章已经发表,那笔稿费早就该付了。可是出纳却对他说:"真对不起,先生。支票已开好,但是经理还没有签字,领不到钱。"

"早就该付的款,他为什么不签字呢?"作家有些不耐烦了。

"他因为脚跌伤了,躺在床上。"

"啊!我真希望他的脚早点好。因为我想看他是用哪条腿签字的!"

这位作家幽默的高明之处,就是顺着那个出纳的话中"脚跌伤了,躺在床上,因而没有签字"的理由惯性思维下去,"希望他的脚早点好,因为我想看到他是用哪条腿签字的"。从对"脚跌伤了,躺在床上"不能签字的理由表现同情、理解和关爱,转了一大圈,又回到签字上,证明他的那条推诿理由是荒谬的,是缺乏说服力的。

案例 2-40

有人向楚怀王敬献了一种长生不老药,传达官捧着药走向楚王。一位侍卫随口问道:"可以吃吗?"传达官回答道:"可以吃。"侍卫一把抢过药来吞下肚去。楚王大怒,命将其处死。侍卫申辩道:"我吃那药时明明问过传达官,可以吃吗?他说可以吃,我才吃的。因此,罪不在我而在传达官。况且,别人献的是不死之药,我吃了药而被处死,这药岂不是成了送死之药?大王处死我这个无罪之人,只能证明献药人欺骗了您。"

侍卫在这里借偷换概念之名,用聪明机智揭露骗局,证明世上没有不死药。

(三)创新思维

创新思维是人类创造力的核心和思维的最高级形式,是人类思维活动中最积极、最活跃和最富有成果的一种思维形式。人类社会的进步与发展离不开知识的增长与发展,而知识的增长与发展又是创新思维的结果。所以,创新思维比上述思维的其他形式,更能体现人的主观能动性。

创新思维有广义与狭义之分。一般认为人们在提出问题和解决问题的过程中,一切对创新成果起作用的思维活动,均可视为广义的创新思维。而狭义的创新思维则是指人们在创新活动中直接形成创新成果的思维活动,诸如灵感、直觉、顿悟等非逻辑思维形式。

对任何一个人来说,创新思维是可以训练的,区别仅在于通过训练所取得实效程度的不同。高校大学生完全可以通过坚持不懈地培养和训练来增强自己的创新思维能力。大学生创新思维,主要是指大学生在接受教育过程中以独特性、新颖性和集中性另辟蹊径地去面对学习活动,有效解决问题的思维方式;专指大学生在其所进行的创造活动中有创新的思维,是大学生在已有知识和经验的基础上,从某些事实中更深入地寻找新关系、寻找新答案的思维活动过程。大学生这一年龄阶段,也正是培养创新思维的良好阶段。

当然,创新思维离不开逻辑思维,也要运用概念、判断、推理的思维方式,但它并不是逻辑上循序渐进地从经验材料导出假说、概念和理论,而是通过形象化构思、想象和直觉等特有的思维形式,跳跃式地直接抓住事物本质的思维过程。创新思维依据经验,又超出了经验,是一种顿悟、直觉性的思维。在口才表达时,要善于用创新思维来表达自己独到的见解。

四、口才的思维训练方法

(一)口才的逆向思维训练

逆向思维是指人们为达到一定目标,克服思维定式,从相反的角度来思考问题,从而提出新的思想、新的观点。逆向思维法具有挑战性,能创造出出奇制胜、发人深省的话语。

案例 2-41

"黔驴技穷"这个成语的本意是比喻有限的一点本领已经用完,再也没有什么能耐了。现在反其意而用之。可以考虑从以下几方面开始逆向思维,表达出"惊人"的话语:

(1)驴被运到黔,非其本意,是好事者硬行把它弄去的。

(2)寓言中的驴子确实显得很无能,可是,驴子原本就无与虎相斗的"野心",也无与虎相斗的本领,试问,如果"好事者"不是让驴子去与老虎斗,而是发挥其所长,让它去拉磨、拉车……还会落个"技穷"而被老虎吃掉的悲惨结局吗?

(3)驴子在寓言中扮演一个悲剧角色,一手导演了这场悲剧的是"好事者",而非驴子自己。驴子被迫去应付自己无法应付的局面而导致悲惨的结局,是值得同情的。

(4)"尺有所短,寸有所长。""黔驴技穷"的故事在今天仍有强烈的现实意义,尤其是那些能决定他人命运、前途的掌权者,应当引以为戒。要重视人才,就应当把他们放在最符合其个性特点的位置,最大限度地发挥、利用其专长,而不能如"好事者"那样胡乱为之,使其"丧失所长"。

从以上分析得出结论:"黔驴技穷"应谴责"好事者",而不应嘲笑深受其害的驴子没有本事。

案例 2-42

异想天开

正向思维：人应该从实际出发，不可有过于离奇的想法。

逆向思维：如果不跳出惯性思维，如果不想得离奇，哪来的科学与艺术上的一切成就？

"异想天开"常常被人们引用以告诫那些喜欢奇思怪想的人，而这种死板、僵化的思维恰恰与当前的开放性、创造性教育存在一定的冲突之处，所以从这一逆向思维出发，提出"异想"才能"天开"，不"异想"何来"天开"的观点，就显得言之有理、论之适时了。

案例 2-43

莲"出淤泥而不染"

正向思维：君子能不受环境的影响，独善其身。

逆向思维：没有淤泥，哪来的莲花？离开了环境，还谈什么"君子"？

周敦颐的名句"出淤泥而不染，濯清涟而不妖"为广大的读者所喜欢。但如果从植物生长的自然规律来说，莲花的生长恰恰是以淤泥的存在为前提，离开了脚下的淤泥，莲花就成了无本之木，还谈什么"不染"与"不妖"呢？于是，两者就有了一个辩证的关系，在不否认"莲花"的基础上，为"淤泥"的存在平了反。

（二）口才的纵深思维训练

纵深思维形式的特点是从现象入手，从一般定论入手，使思维向纵深发展。训练可以培养对问题作深入思考的能力以及培养"透过现象看本质"的能力。于是，口才表达就有了深度。

案例 2-44

齐景公非常喜欢打猎，喂养了一些捉野兔的老鹰，这些老鹰由烛邹管理。有一次，一只老鹰逃走了。齐景公知道了大发雷霆，要将其推出斩首。晏子对齐景公说：烛罪不可赦，不能就这么轻易杀了他，让我来宣布他的三条罪状，然后再将他处死吧。齐景公点头应允。于是晏子指着烛邹数落："你为大王养鸟，却让鸟逃走了，这是第一条罪状；你使大王为了鸟的缘故而要杀人，这是第二条罪状；把你杀了，让天下诸侯都知道大王重鸟轻士，这是你的第三条罪状！好了，大王，将他处死吧。"齐景公听出了话中之话，只好说算了，不用杀了。

表面看是晏子顺应齐景公的意思要把烛邹杀了，实际上话语中层层说明不可以随便杀人的理由，阐述的理由逻辑性强并且有深度，让人不得不佩服晏子思维严谨、富有内涵。

案例 2-45

面对"8"的深思

近些年来，数字"8"的身价倍增，电话号码、门牌号码、牌照号码等，一沾上"8"就备受青睐。

追求者对"8"的狂热迷恋,又表明其自身精神的空虚。拍卖"幸福号码"的场面之热烈、成交金额之巨,虽然已成为历史,但其思想深处的问题并没有从根本上得到解决。"竞买幸福号码"是以富翁们的攀比、炫耀为前提的,在这些"先富起来了"的"大腕"身上,"发财后怎么办"的精神文明问题暴露已久,至今仍未解决。

"8"之所以如此受欢迎,原因多种多样。商界的瞬息万变,财运的难以把握,有些人只得将希望寄托在"8"上。

"8"的受宠,从更深一层分析,说明中国人传统的心理定势并未改变,信天信地,信"8"信"发",就是不敢"信"自己。

其实,只想"发",而没有"发"的能力,不知道怎样去"发",不要说"发"不会从天而降,就是降下来了自己也把不住、握不牢。

如果中国人再这么沉浸在"8"的迷梦中,敢问"发"在何方?

这种表达通过现象描述、现象分析、纵深分析等三方面展开思维,将问题由表及里、由浅入深地进行剖析,发人深省。

(三) 口才的多向思维训练

多向思维也叫发散思维、辐射思维、放射思维或分散思维。它是指思维轨迹的多向发展,即能主动灵活地转换思考问题的方式,从不同角度对话题展开立体分析,在思考问题时,能摆脱传统思维定式的约束。这样分析问题可以从多角度入手,再选择最佳的角度。它可以培养对问题作多向思考的能力,培养主动灵活地转换问题的思考角度的能力。

案例 2-46

一天,一位年轻记者采访著名企业家松下幸之助,该记者做了充分的准备,双方谈得很愉快。

采访结束时,松下亲切地问记者:"小伙子,你一个月的薪水是多少?"

"薪水很少,每月才一万日元。"记者不好意思地答道。

"很好!虽然你现在的薪水只有一万日元,但你知道吗?其实你的薪水远远不止这一万日元!"松下微笑着说。记者一脸疑惑。

松下接着说:"小伙子,你要知道,今天能够争取到采访我的机会,明天也就同样能争取到采访其他名人的机会,这就证明你在采访方面有一定的潜力。如果你能多多积累这方面的才能和经验,这就像你在银行里存钱一样。钱存进了银行是会生利息的,而你的才能也会在社会银行里生利息,将来能连本带利还给你。"

松下的一番话,使记者茅塞顿开,眼前为之一亮。

细细分析松下先生的一番话,就可以发现发散思维在闪光:由"月薪一万日元"断定他"不止一万日元薪水";从"今天争取到采访我的机会"想到"明天也会争取到采访其他名人的机会",得出他"有这方面的潜力"的结论;从"将钱存到银行会生利息"想到"将才能存到社会银行会生利息",并作出"连本带利返还给你"的预言。这样别开生面的断言和鼓励,使记者深感振奋与鼓舞。果然如松下所预言,多年以后,这名记者做了报社社长,成了新闻界的巨头。发散思维令人由此及彼,举一反三,思路开阔,环环相扣,一连串的妙语会随口而出。

案例2-47

"手"的随想

手的最基本的动作是弯曲和伸展指头,这样简单的动作却让我们领悟到一种人生谋略。处于逆境时,适时进退,能屈能伸,非大丈夫不能为也。越王勾践,卧薪尝胆,忍辱负重,终有雪耻之日。

手的五个手指长短不一,可从没有人想过要把它们削成一般齐。天既之,必有其用。一定要相信,天生我材必有用。

手又如一个集体,当五个指头攥成一个拳头时,可击倒强大的对手。一个班级、一个学校、一个单位、一个国家无不事同此理。全班同学共同努力,会使这个班级充满活力;全国人民万众一心,会将我们的祖国建设成为富强之邦。五个指头握成拳头,就可以印证一句至理名言——团结就是力量。

俗话说手心手背都是肉,这是一种平等的意识。漂亮健壮的孩子是祖国的花朵,平凡孱弱的孩子,不也是祖国的花朵吗?国有企业是我国社会主义经济的主体,私营企业也同样有资格参与市场竞争。今天,平等已成为一种广泛的社会要求,无论是法制,还是市场竞争,都在呼唤平等,平等的意识终将深入人心,而中国则将会因此而更加充满希望。

(四)口才的综合思维训练

高水平的口语表述,需要强有力的综合论证能力。它突出表现在两个方面:一是能从看似针锋相对、完全对立的观点中看出彼此之间深层次的互补关系;二是能调动多个不同角度对统一命题展开讨论,并最终得出一致的结论,因而,使论述具有很强的说服能力。应用到现实生活中,综合思维是论辩、交谈、讨论、商榷、谈判过程中雄辩式立论的思维主体方式,可以说是多种思维方式的综合。这种训练可以培养综合思考问题的能力,培养与他人交流思想观点的能力。

逆向思维、纵深思维、多向思维这三项思维训练,虽然训练侧重点各有不同,但其目的基本一致,都在于通过拓展思维轨迹的宽度、深度和辐射度,以发现新的论点、论据,新的论证角度和论证方式,在某种意义上,可以统称为"发现性思维"。它们注重训练的是思维过程,在于培养"发现"能力和"标新立异"能力。综合思维与之相比,侧重训练的是思维的终结环节,即"发现"已经完成,现在需要对所发现物进行论证时的思维能力,在某种意义上,可以称之为"论证性"思维,主要特点是综合说理,使口才表达更具有说理性。

案例 2-48

怎样看待"女性美"的话题(以 B1、B2……代表不同的人的轮流发言)。

B1:我认为,女性的外表美与心灵美相比,心灵美更重要。

B2:外表美当然是美,但单纯的外表美只能存在于画面或照片上,在现实生活中是无法独立存在的,它必须,也只有依附于心灵美,才能真正显得"光彩照人"。

B3:外表美是阶段性的,会衰变;心灵美是永久性的,永远光彩熠熠。

B4:单纯的外表美只有欣赏价值,内在的心灵美才有"使用价值",它是通过言行来体现的,可以划归"能力范畴"。

B5:外表美是先天的,它只能属于一部分人,甚至是一小部分人,而心灵美则是后天的,如同一个人的能力一样,是可以教育培养的,人人都可以通过努力拥有。

B6:外表美相当于一个物品的精美包装,它的价值是使拥有者置身于同类群体中能较早引起外界注意,但如果没有内在美在其中,也就好像"伪劣商品"——虽有华美包装,打开后,"败絮其中",那么金玉其表反而无法存在,更容易适得其反。

案例 2-49

一位同学家庭经济状况不太好,而寝室内经常聚餐,他很为难,参加也不好,不参加也不好,万分苦恼,C1、C2 等同学开导他:

C1:在经济条件许可的情况下,同学之间适当的聚餐,联络联络感情,并无不当之处,但近年来,大学校园里确实有一股"吃喝风",如题中所述,聚餐是经常的,看来,这个寝室也被卷进了这股浊流,能站在浊流之外,未必不是上策。

C2:朋友之间,聚餐当然有助于增进感情,但如果不聚餐这个感情就增进不了,此情只怕也不值得珍惜。"君子之交淡如水"嘛。

C3:朋友之间增进感情的方式可以有多种,大型的如舞会、联欢、踏青、登高等;小型的如交谈、互助等,都可以有效地增进感情,并非唯有聚餐。

C4:如果有了值得庆贺的事,那还是应当参加的。过分的看重钱就是吝啬,就不好了,该花的,哪怕花过以后"刻苦"自己也还要花,何况,踏青、登高等活动也不能没有钱。

C5:大学生毕竟还处在吃穿靠父母的阶段,小气一点理所当然,如果有人嘲笑你的小气,你就完全可以蔑视他的俗气。

C6:虽然,整天生活在一起,免不了要有花钱的事,但与其靠花钱来联络感情,不如凭自己的能力和成就去赢得敬重和钦佩。

案例 2-50

有些大学将学生宿舍按照收费划分不同等级,这种做法引起了一片质疑声。反对者认为,住宿分贫富的做法,不利于学生的成长,会给学生的心理造成影响,而且,在当前贫富差距逐渐拉大、社会矛盾日渐凸现的大背景下,如果连高校这块唯一的能抹平贫富对立的净土都失去的话,社会公平有可能彻底丧失。支持者认为,既然贫富差距是现实存在，而且读大学也要自费，高校给学生宿舍分等级有何不可？

赞成的有人说有需求就有市场。大学生宿舍划分等级，是社会现实中贫富分化的一种反映，是社会结构变化的缩影。宿舍分等级必然有其合理性，有其存在的理由。毕竟，有需求就有市场。大学生宿舍划分等级，也并不违背大学精神，因为教育的公平，主要是体现在机会平等而并非物质条件差异。宿舍分级可以算是学校服务学生的进步，是有效的管理措施。从这一点来说，大学生宿舍实行等级制度，应该是无可厚非的。

还有人说这有利于贫困生节约开支。大学将宿舍按照收费划分不同等级，有利于贫困生选择条件稍差的宿舍，节约一些钱用到其他方面上去。如果大学宿舍收费实行"一刀切"，费用必然会提高，反而对贫困生不利。

反对的人认为宿舍划分等级，会不知不觉地在人与人之间造成一道"鸿沟"，让人难于逾越。对于等级，我们应该能少就尽量少，能消除就尽量消除。和谐社会需要的不是等级，而是平等，大学教育的一个重要任务，是要给莘莘学子灌输良好的人文精神，造就他们博爱的胸怀。

还有人反对认为这样与国家的办学宗旨背道而驰。学校是专门进行教育的机构，是传道、释疑的地方，并不是学生讲排场、贪图享受和追求奢侈生活方式的天堂，按照贫富的标准将校舍划分为若干个等级的做法，与国家的办学宗旨是背道而驰的，既不利于学生整体素质的提高，也不利于学生形成健康的心理。

也有人反对说这违背了大学教育的本质。大学教育的本质，不仅是培养多专一能的高级人才，更重要的是培养民主、自由、平等的人格和学术精神。学校将宿舍分为等级，使学生按贫富差异住进条件各异的宿舍，直接违背了大学的精神，否定了大学的本质。

通过校园内简单的事例，从现象入手，思维的轨迹显示了"透过现象看本质"的纵深发展特点，分析的过程很有说服力。

综合思维有助于训练多角度论证问题的思考表述能力。力求从多个角度对话题展开辩证分析，以使论点具有较强的说服力。

◆ 实 训

一、阅读材料，回答问题。

1. 在一个月色朦胧的夜晚，一位商人走在崎岖的山路上，突然听到一个神秘的声音说：请把地上的石头捡起来。并且这声音每隔几秒钟反复一次，直到他很不耐烦地从地上捡起一块石头放到兜里为止。回到家里，他随手把石头扔在桌上，便上床睡觉去了。第二天起来，发现桌上有一块玲珑剔透的玉石。这时，他才猛然醒悟：嗨，我昨晚为什么不多捡两块呢！

作为学生，读了这篇故事，你想到了什么？请把你所想到的先形成书面文字，然后再说出来。

2. 已知1个链条有10个连环，其中9个连环都能承受100千克拉力，唯独1个连环只能承受10千克拉力,那么,这个链条总体能承受的拉力取决于最薄弱的那个环节,只能是10千克——这就是著名的"链条原理"。"木桶原理"也指出:木桶能盛多少水,不是取决于最长的那些板,而是取决于最短的那块板。

请你从生活中再找出1~2个类似的原理,并说出这些原理所蕴含的真谛。

3. 阿云大学毕业后进了一家公司当文员。没想到,工作不久,公司就因为投资失误,面临倒闭。公司开始不断裁员,人心越来越不稳定,有门路的纷纷找关系离开,没有人安心工作,甚至连总经理的秘书也走了。

这时候,只有阿云一如既往地任劳任怨地工作,在总经理的秘书离开后,她又主动地帮助总经理处理好各种善后工作。最后公司倒闭了,她也不得不离开公司了。

总经理是一位60多岁的老先生,属于文人下海,没有经验,才导致了这次失败。总经理很伤心,但对阿云的表现十分感激,不仅在公司清盘之后多给了她半年工资作为报酬,还不断想办法帮助她安排一个好职位。不久,总经理的一个学生从美国留学回来,准备在北京开一家大公司,要他推荐人才。他毫不犹豫地推荐了阿云。

阿云从新公司成立之初就很受器重,而她也更加努力工作,从办公室副主任做起,不到两年就成为了公司的主管人事和行政的副总裁。

一次,公司招聘营销总监,阿云是主考官,其中一位前来应聘的人,竟然是阿云原来公司的副总经理。自从公司倒闭离开后,这位副总经理就一直没找到好位置。当他发现最后决定他此次应聘命运的主考官,竟然是原来单位不起眼的文员时,大为震惊,不由得大发感慨,说自己上到了人生的一堂很重要的课。

请你说说这"人生的一堂很重要的课"的含义。

二、思维方式的训练。

围绕几个关键词,进行发散思维训练:手、时间、眼镜、书、音乐、窗、春天。

三、仿照例子,对下列事物按正向思维和逆向思维分别列出不同观点。

例:天平　正——公正无私的楷模
　　　　　反——最偏心,谁多给一点就倾向谁

镜子　伞　月亮　茶杯　杨柳　春蚕

四、下面是小学生在"怎样对待坏人坏事"主题班会上的争论。请你作小结,注意思维的条理性。

甲:跟坏人作斗争是公安局的事,跟我们小朋友有什么关系!

乙:跟坏人坏事斗争只要胆子大,不怕死就行。

丙:小孩子总斗不过大人,弄不好会被坏人杀害,还是少管闲事好。

丁:胳膊肘朝里拐,要是自己家里人干坏事,我才不管呢!

五、将以下几个词语围绕一个中心组成一段有意义的文字。

月亮　皮球　小孩　巧克力　春天

六、给下面的小故事设计一个合乎逻辑的结局。

小王在上学的路上捡到一只猫,毛茸茸的,很可爱,一进教室,同学都要抢着抱一抱。上课铃声响了,怎么办?小王急中生智将猫放在抽屉里。语文教师踏上讲台,她发现今天的纪律特别好,满意地点了点头,就上课了。正当教师转身板书时,小猫"喵喵"地叫起来。教师下意识地回过头去看,只见小王突然咳嗽起来,紧接着全班同学都一齐咳起来。"怎么了?今天大家都感冒了?"教师问。但没人回答,教师继续上课,可小猫又"喵喵"地大叫起来,这时教师明白了,她走到小王身旁,打开抽屉……

七、逻辑推理。

某学校一宿舍住着甲、乙、丙、丁4人。住宿规定:每晚由最后一个回宿舍的人关灯。有一次宿舍的灯亮了一夜,不知是谁忘了关灯。总务处来查问此事。

丙说:"我比乙先进宿舍。"

甲说:"我进宿舍时看见乙正铺床。"

乙说:"我进宿舍时丙跟丁都睡了。"

丁说:"我很疲倦,一上床就睡着了,什么都不知道。"

请说说,是谁忘了关电灯。

第四节　说话能力训练

知识目标
1. 了解说话能力的结构模式。
2. 掌握说话的几种方式以及技巧。

能力目标
能流畅地说话,并且能很好地进行表达。

一、说话能力的结构

说话是指用语言表情达意,它是一个复杂的心理和生理活动的过程。人们为了表情达意的需要,就将内部言语(思考问题的言语活动)借助于一定的词语、句式,迅速转化为外部语言。外部语言用语音来表达,便是口头语言。可见,说话能力是由以下三种能力构成的。

（一）内部言语的能力

人们在用口语表情达意时，对于说话的内容、目的、方法等都得经过一定的思考，这种思考问题的活动，即内部言语。内部言语精密，口头表达就清楚、严密、有条理；内部言语敏捷，口头表达就流畅、连贯，没有不必要的停顿。内部言语，即说话时的思维活动，是与说话同步的。

（二）快速选词组句的能力

说话时，要求说话人遵照言语为指令，在转瞬之间即从自己记忆的词库中选词组句，并按语法规范进行表达，才能起到交流思想感情的作用。要使这种快速选词组句的能力在口头表达中发挥更大的作用，就需做到：第一，丰富积累。积累丰富，才能为选词组句提供物质条件。第二，选用正确。正确选词组句，才能准确地表情达意。第三，简洁、生动。既简洁又生动的话语是最受欢迎的。

（三）运用语音表情达意的能力

说话靠声音传达，语音是口语的物质条件。语音的表达要求有：第一，发音正确。发音符合普通话的语音标准。第二，吐字清楚。咬字清晰明确。第三，音强适度。音强能根据对象、场合与表达内容而适当调控。第四，语速适宜。语速根据表情达意需要而适时调节。第五，语调有变化。语调按语言环境而抑扬顿挫。

以上三项是构成说话能力的主要成分，其他如说话的应变力、知识水平、个性心理特征与体态语言（手势表情）等也都影响着一个人的说话能力，是说话能力结构中不可忽视的因素。

二、说话能力的训练方式

训练说话能力较常用的方式有以下几种。

（一）说话训练

1. 说话训练的特点

（1）说话训练离不开思维训练。思路清晰，说话才能有条不紊。
（2）说话训练离不开心理训练。学生的心理因素，往往制约他们的开口说话。
（3）说话训练离不开语言环境。说话必须适应语言环境的变化。

2. 说话训练要的注意事项

（1）要把说话训练与思维训练结合起来。中学生的思维正处于快速成长时期，除了形象思维外,逻辑思维正日趋成熟。青少年思维活跃,反应灵敏,但是交流思想时,都会出现内部言语快于外部语言的情况,想说却脱节,顾此失彼,考虑问题也带有一定的片面性。因此在说话训练时必须注意与思维训练结合,保持内部言语与外部语言的协调,想与说的统一。

(2) 要把消除心理障碍与说话训练结合起来。例如,初三与高中学生进入青春闭锁期,不愿多与人们交往,特别是羞于与异性接近,不愿多开口说话,一说话就紧张、羞怯。因此说话训练必须帮助学生克服种种心理障碍,增强心理素质,提高说话意识,逐步培养说话的兴趣与习惯。

(3) 要把创设语言环境与说话训练结合起来。教师要在课堂教学与课外活动中,尽量为学生创造当面讲话与相互交流的条件,帮助学生消除口语中的不规范、不健康现象,提高口语的素质与说话的质量。

(二) 读说训练

1. 读说训练的特点

(1) 读说训练可以促使眼、耳、口、手、脑的相互感应,既可加深阅读印象,抑制遗忘,又能为说话训练创造条件,提高效率。

(2) 读说训练可以边阅读边思考,读后叙谈内容;可以边阅读边记笔记,而后进行口头述评;也可以阅读一部分,谈论一部分;还可以阅读全文后再进行口头评论。

2. 读说训练要注意以下几点

(1) 要根据本次读说训练的目的,提出相应的训练要求。例如,"读—说—评"训练,如果目的在训练鉴赏性的读说能力,应宽限阅读时间,并以课内外结合的方式进行;如果目的在训练速读能力,则宜严限阅读时间,当堂进行读说训练。

(2) 读说训练要有针对性。从学生的实际出发安排训练,如果学生读书不求甚解,就指定作品或文章,并提出思考题,布置他们做评论性的读说训练。

(三) 评说训练

1. 评说训练的特点

(1) 评说需要具体的对象、明确的目的与所要解决的问题。

(2) 评说重在说理,以理服人,这就需要具体问题具体分析,就事论事。

(3) 评说需运用逻辑思维,讲求表述的逻辑性。

2. 评说训练要注意以下几点

(1) 要帮助学生选择评说对象,明确评说目的。评说训练应联系学生的生活,选择他们熟悉、关心的事物、现象进行评说。例如,暑假刚过,就可对中学生利用暑期到社会上工作的现象进行评说。这容易激发学生评说的兴趣,有利于提高思想认识。

(2) 要引导学生学会就事论理、分析说理的方法,反对简单粗暴的做法。例如,对某些女学生追求发型服饰美的现象评说,就应联系中学生的职责、理想、生活、经济等各个方面进行实事求是的具体说理,而不能采用"扣帽子"的方法来评说。

(3) 要指导学生学习运用求异思维来认识问题,提高思维的灵活性与评说的质量。

(四)想说训练

1. 想说训练的特点

(1) 想说训练可以发展求异思维,培养创造意识。

(2) 想说训练可以作为口头作文的一种形式。

2. 想说训练要注意以下几点

(1) 想说训练可以随机进行,也可进行专项训练。随机训练得根据教学的实际需要来安排。例如,在《孔乙己》的教学中,为了让学生进一步认识科举制度对知识分子的摧残,让学生运用想象与联想,口头描述孔乙己遭毒打的现场实情。专项训练需要创设情景,设计想象或推想的线索,并对学生进行必要的启发引导。例如,为了培养学生讲故事的兴趣与能力,可以设计几个故事,先由教师开讲其中的一个故事,讲述部分内容后突然中止,而后让学生运用想象、联想,把故事续讲下去。教师在学生讲完后先进行评议,然后再讲第二个故事。

(2) 想说训练可与作文训练结合起来。例如,在《愚公移山》的教学中,有部分学生对愚公的做法提出异议,就可让学生据此进行以"愚公与智叟的第二次见面"为题的想说训练,而后再让学生就听到的内容写一篇评论。

(五)轮说训练

1. 轮说训练的特点

(1) 轮说训练可以扩大口语训练的覆盖面,提高全班学生的说话意识,有利于培养学生的说话能力与习惯。

(2) 轮说可以在全班训练,也可以在小组训练。

2. 轮说训练要注意以下几点

(1) 轮说可采用常规与随机两种训练方式。常规训练是有目的、有步骤、有计划进行的,如正式上课前的几分钟,规定为学生口练时间。每次由1~2名学生上讲台讲话,讲话内容由轮到讲话的学生根据每轮口练的目的、中心与要求自行准备,自拟讲话题目。一人讲话,全班静听,讲完评议。随机训练带有一定的灵活性,但也应事前计划。如在什么教学阶段使用轮说训练、要解决什么问题、如何指导训练等,都应有所考虑。

(2) 轮说训练要注意对象。一般来说,轮说训练适用于初中生。高中生处于青春闭锁期,性格不如初中学生开朗,因此不宜多用轮说,如果运用也要注意场合,讲求方式。

（六）续说训练

1. 续说训练的特点

（1）续说训练的内容是多方面的，如叙事续说、论理续说、评人续说、说物续说等。

（2）续说可用于集体训练，也可以用于单独训练。

（3）续说能运用所学知识，还可训练创造性想象。

2. 续说训练要注意以下几点

（1）续说训练可与课文教学结合。例如，《项链》最后，当路瓦栽夫人听到佛来思节夫人说那串项链是赝品之后，有什么反应，还会产生哪些故事情节，可让学生续说下去。

（2）续说训练可与作文教学结合。例如，让学生写一篇论说文，论点确立后，该用哪些论据，可让学生用续说方式一一提出，以集思广益，共同提高。

（3）续说训练可用于课外活动。例如，在讲故事活动中，可采用续说方式，以培养集体讲故事的兴趣与口头创作能力。

（4）续说训练要引导学生发展求异思维，对于有创新的续说，应予肯定鼓励。

（七）复述训练

1. 复述训练的特点

（1）复述可以促使耳、眼、脑、口相互感应，有利于培养口头表达的能力，并能促进思考、加强记忆、加深理解，具有智力训练的价值。

（2）复述根据不同的训练目的，采用不同的训练方式。复述的主要形式有详细复述、简要复述、部分复述、片段复述、综合复述与创造性复述等。

2. 复述训练要注意以下几点

（1）复述除作为说话训练的方式，还可运用于听、读、写的训练中。例如，重点在检验听力的听后复述，为加深理解、加强记忆的读后复述，为组织材料、整理思路的写前复述等。

（2）复述应根据学生的年龄特征与知识水平，采用不同的训练方式。例如，初中学生的逻辑思维能力不强，知识水平有限，训练复述就应以详细复述、简要复述为主，逐步把两种复述结合起来，进行综合性复述，而后再过渡到创造性复述。高中学生的复述训练则应以综合性复述与创造性复述为主。

（3）复述应提出语言表达的要求。复述时要求做到：第一，发音准确，吐字清楚；第二，口语连贯而有条理；第三，说话讲求语气、语调，有快慢变化，有抑扬顿挫；第四，表达层次分明，重点突出，中心明确，结构完整。

（4）复述训练应做好对学生的方法指导与小结讲评。

（八）辩论训练

1. 辩论训练的特点

（1）辩论是甲、乙两方对某一论题的争论。辩论产生于意见分歧，而且是较大的意见分歧。

（2）辩论使思维与语言处于紧张状态。它可以训练思维的敏捷性、灵活性、周密性、逻辑性与流畅性，可以培养批判思维与求异思维，从而有利于创造性思维的发展；它可以促使内部言语与外部语言快速同步，从而有利于认识能力、应变能力与口头表达能力的发展。

（3）辩论的过程是驳论与立论并用的过程。在驳斥对方论断中，提出自己的论断。驳斥对方的论断，或批驳论点，或批驳论据，或批驳论证，而确立自己的论断，同样需要明确提出论点，摆出事实和理论的论据以论证论点。要做到以理批驳，以理立论，以理服人。

2. 辩论训练要注意以下几点

（1）要选好辩论题目。辩论题目应选择大家感兴趣、存在认识分歧、有争论价值的论题。题目可事先公布，意在让学生做好准备；也可临时宣布，旨在训练学生敏捷思考与表达的能力。

（2）要抓住对事物认识的分歧点进行论辩。辩论双方如不在分歧点上交锋，各说各的，就不能称为辩论。这就要求在辩论过程中，认真听取对方的发言，记住要点，抓住矛盾，找出破绽，立即予以针锋相对的驳斥。论辩中，双方都会遇到新问题，这就要求论辩者头脑清醒，反应灵敏，善于思考，巧于言辞，这样才能随机应变。

（3）要有良好的辩论气氛。在辩论中，要引导学生积极发言，勇于交锋，敢于坚持真理，但不强词夺理，体现实事求是的学风。论辩交锋，要讲求礼节，相互尊重，互相学习，不感情用事，不讽刺挖苦，从而能使辩论产生积极的效应。

（九）演说训练

1. 演说训练的特点

（1）演说可以训练论辩能力。它具有说理性、逻辑性、鼓动性等特性。

（2）演说有专题与即兴之分，专题演说事先有所准备，即兴演说则临时有感而发，带有随机性。

2. 演说训练要注意以下几点

（1）要指导学生写好演说稿。演说是当众发表自己对于某个问题或事件的见解，写好演说稿是重要的一环。写演说稿的要求有：第一，演说题目要切合听众的要求与兴趣；第二，演说材料要切合实际并有新鲜感，从而能受听众欢迎；第三，演说顺序要有纲有目，层次分明，能使听众易于掌握；第四，演说语言要简洁、明快，并有感染力与鼓动性；第五，演说态度要诚恳,说知心话,从而能引起听众的共鸣。

（2）要从易到难,分步实现演说训练。第一步,先让学生选用别人文章,加以修改后作为演说稿,在小组内演说;第二步,待学生有了训练基础,就要求他们自己写演说稿,在班级演说。

（3）要重视演说的体态语言训练。讲求演说的表情与手势,以姿势助说话,提高演说语言的形象性、生动性与鼓动性,增强演说的效果,并使学生受到美的教育。

（十）即兴发言训练

1. 即兴发言训练的特点

（1）即兴发言必须有"即兴"。兴产生自物,即物才能起兴。因此即兴发言必须找到事物作为感情的激发点,才能产生兴致。兴之所至,也就有了要说的话。

（2）即兴发言要求发言人敏捷运思,十分快速地捕捉说话题材,确定说话中心,考虑说话技巧,使用生动、得体的口头语言。这是一种高难度的说话训练与智力训练。

2. 即兴发言训练要注意以下几点

（1）即兴发言须有平时一般发言训练的基础。缺乏说话训练的学生,当众发言已属难事,要他们即兴发言就更感畏惧。这就要求教师平时多为学生创造当众说话的条件,在学生具备了当众说话的能力与习惯后,再过渡到即兴发言训练。

（2）即兴发言须有一定的规范:第一,它必须当场准备,而不能事前准备;第二,它必须有题目,有观点,有材料,有层次,有中心,有首尾,有完整的表达形式;第三,它必须符合会场发言要求,语言简洁,声音响亮,思路清晰,态度端庄,能用普通话发言,并配以适当的手势与表情。

◆ 实 训

一、描述与解说训练。

1. 描述春、夏、秋、冬景致。

2. 描述一系列夸张的动作,如打老鼠、打蟑螂、骑自行车。

3. 以"趣说自己"为题,做谐趣性解说。

二、演说训练。

1. 四个子话题演说(表述总时间控制在6分钟左右)。

（1）讲述一件自己做过的最得意的事。

（2）讲述一件自己觉得最开心的事。

（3）讲述一件自己觉得最难堪的事。

（4）讲述一件自己觉得最窝囊的事。

2. 评述"垃圾箱里出现白面馒头",体现小事不小的主题。

3. 请以"社会是没有围墙的大学"为题，构思即兴演说稿，写出提纲。

4. 请以"人多力量未必大"为题，进行逆向思维，写出观点。

三、论辩参考题。

1. 是否"知足常乐"？

2. "近朱者赤，近墨者黑"吗？

3. 是否该"班门弄斧"？

4. "逆境"是否"有利于成才"？

5. 人的自我实现是重过程还是重结果？

6. 网聊是有聊还是无聊？

7. 网络是加强还是疏远了人与人之间的关系？

四、模拟训练教师上课相关的态势语。

第三章 教师职业口语训练

教师要想成为学生尊敬、爱戴的对象，首先得在课堂上紧紧抓住学生的心。如何在课堂上抓住学生的心，则是一门很高的教学艺术，教师既要有独到的教学智慧，还需要具备专业的理论知识和技巧。

第一节 教学口语特征及其应用

> **知识目标**
> 掌握教学口语各种类型的含义和特征。
> **能力目标**
> 能用符合要求的教学口语讲课。

一、教学口语的含义

教学语言是指教师在把知识、技能传授给学生的过程中使用的语言，它是教师传递教学信息的媒体，是一种专门的行业工作用语。教学语言在教书育人的过程中，具有极其重要的作用。有人曾这样说："没有教学语言的新艺术，就没有新人。"从某种意义上说，它是有道理的。因为教学语言是教学的最主要手段。不管现代化教学手段如何先进，离开教学语言，就会一筹莫展。苏霍姆林斯基说："教师高度的语言修养，在极大的程度上决定着学生在课堂上脑力劳动的效率。"提高教师的语言艺术水平是取得教育成功的先决条件，优秀的教学语言会给人莫大的愉悦感和美的享受。

教师的语言表达形式是多种多样的，主要有课堂口语，即口头表达；书面语言，即书面文字表达，如板书、作业的批语等；身态语言，即用示范性或示意性动作来表达思想。这三者中，课堂口语是课堂教学中语言表达的主要形式。教学语言技能是教师用正确的语音、语义，合乎语法逻辑结构的口头语言，对教材内容、问题等进行叙述、说明的行为方式。教师的教学语言技能水平是影响学生学习的重要因素,在引导学生学习、启发学生思维、实现教学目标等方面具有重要作用。教学语言的运用要与学生的观察、实验、笔记等结合进行。

二、教学语言的基本特征

教学语言既是语言这一人类交际工具在教育、教学领域中的具体运用,又是教师培养人才的技能。因此,教学语言除了具备一般语言的共同性质外,还显示出与其他语言明显的区别,有它自身的特征。

(一) 教育性

教师的职业决定了他的一言一行都在对学生施加着影响和作用。因此,教师必须有意识地注意语言的教育作用。

案例 3-1

一位教师在讲圆柱体时这样导入:"我手里有一幅大象的图画,如果我把大象的腿切割下来,你们看是什么形状的呢?"

分析

教师忘了动物是地球大家庭的成员,我们应该与它们和谐相处。"把大象的腿切割下来"的说法过于残忍。如果学生去捉麻雀、掏鸟窝,教师又该如何教育呢?教师语言教育作用的发挥同教师个人威信的树立有直接的联系,也同社会、家长对教师的态度有密切的关系。其身正,不令而行;其身不正,虽令不行。所以教师更应该注意自身的品德、行为对学生无形的影响。

(二) 科学性

科学的语言是教学内容科学准确的重要保证。用词不准确、词语搭配不恰当,语言就会失去科学性。

案例 3-2

一位教师说:"只要同学们稍微深思一下,就会明白它的含义。"

分析

这句话就是状语和中心词搭配得不当,因为"稍微"和"深思"是矛盾的,如果把"深思"改成"想"就准确了。逻辑性要求是指教师的语言要符合客观规律,符合思维规律,并起到培养学生逻辑思维能力的作用。

(三) 简明性

教学语言的简明性是由教育教学的特殊任务所决定的。教师的语言不简明,势必给学生接收教学信息带来极大的困难。教学语言的简明性也是由其特定的环境和表达方式所决定的。一节课时间有限,如何在有限的时间内要把更多的知识传递给学生,语言的表达必须简明扼要。另外,教学语言转瞬即逝,冗长的语言会使学生抓不住重点,影响学习的情绪。

(四)启发性

教学语言的启发性是指教师的语言对学生能起到调动自觉性和积极性的作用。传统的教学以教师的教为主,即满堂灌、一言堂。学生不停地记笔记,一节课下来学生累得手酸,思维却很少活动。现在一直提倡的教学改革就是要改掉教师"唱主角"的教学形式,使学生成为课堂的主角,教师成为组织课堂、引导学生进行探究、训练的导演。如何启发学生的思维,调动学生探究、学习的主动性是教师设计课堂语言时应重点注意的问题。

案例 3-3

在讲课文《司马光砸缸》时,两位教师这样描述司马光的性格,请比较两种表达孰优孰劣。

教师甲:同学们,我来说一下这篇课文中的人物司马光的性格:别的小朋友遇到意外情况时都惊慌地跑开了,而司马光却沉着冷静,用一块大石头砸破了水缸,救出了同伴。这一行为体现了他沉着镇静、机智聪敏的性格特征。

教师乙:同学们,我们来看,同伴掉到水缸里以后,其他小朋友是怎样反应的?在课文中找出相应的句子。

学生:都吓得跑开了。

教师乙:司马光是怎样反应的?在课文中找出相应的句子来。

学生:没有跑,而是拿起一块大石头砸破了水缸,救出了同伴。

教师乙:这体现了他的什么性格?

学生:聪明。

教师乙:对,还有沉着镇静,是不是?

(五)可接受性

教学的对象决定了教师的语言。小学生的形象思维比较发达,抽象思维能力欠缺,所以采用生动、形象的语言更易被小学生所接受。

案例 3-4

一位教师在讲到杜甫的《绝句》时这样介绍诗的背景:

公元 865 年爆发了安史之乱,叛军安禄山造反,占领了都城长安,社会动荡不安,百姓颠沛流离,饱受战乱之苦。战乱被镇压以后,老百姓过上了太平的日子,杜甫抑制不住内心的喜悦,写下了这首《绝句》。

分析

这段话适合中学生上课时讲,但对于小学生而言,语言就深奥了一点。

三、教学语言的分类

教学语言包括导入语、讲授语、提问语、过渡语、应变语和结束语。后文将分别介绍。

第二节 导入语及其训练

> **知识目标**
> 1. 掌握导入语的要求。
> 2. 掌握导入语的不同类型。
>
> **能力目标**
> 能够设计新颖、独特的导入语。

良好的开端等于成功的一半。新颖别致的导入语,能激发学生浓厚的兴趣和强烈的求知欲。著名特级教师于漪曾说过:"课的第一锤要敲在学生的心灵上,激发起他们的火花,或像磁石一样把学生牢牢地吸引住。"由此可见,课堂教学要讲究导入的艺术。

导入语是课堂的重要环节,教师在设计教学时决不能马虎。教师能恰当地运用导入语,对提高教学质量具有十分重要的作用。

一、导入语的重要性

(一)集中注意

学生刚刚从课间的活跃兴奋状态中回到课堂,心里肯定还在想着刚才玩乐的情景,注意力很难一下子回到课堂上,怎样巧妙地使用导入语使学生的注意力回到课堂上,是很重要的。注意是一种心理特性,任何心理过程的发生和进行都离不开注意的伴随。上课开始时要把学生的注意力迅速集中并指向特定的教学任务和程序中,为完成新的教学任务做好心理上的准备,使学生的兴奋中心转移到课堂上来。

（二）激发兴趣

兴趣是感情的体现，也是学习的向导，是推动学生学习的一种最实际的行动。在导课的过程中，教师风趣幽默的讲解、富有感情的朗诵、漂亮美观的板书、潇洒动人的风姿都可能吸引学生的注意，激发学生的兴趣。总之，精彩的导入，能使学生如沐春雨、如饮甘露，进入一段美妙的境界。

（三）活跃气氛

导课既是传授知识的开始，同时又是沟通师生情感的过程，教师的一个眼神、一个动作、一抹笑容、一句话都会影响学生的情感，牵动学生的心弦。高明的教师总是善于运用独特的开场白来活跃气氛，以达到师生心灵相通的目的。这种良好的教学氛围，既有利于教师的教，也有利于学生的学。

（四）承上启下

导入语是沟通"旧知"与"新知"的媒介。因此，新课的导入总是建立在联系旧知识的基础上，以旧引新或温故知新，使学生了解自己要做什么，从而把他们的内部动机充分调动起来。

总之，导入语有很强的教学功能，它能明确学习目的，引发学生的学习欲望。但好的导入语也要遵循一定的教学要求。

二、导入语的基本要求

（一）活泼风趣

"知之者不如好知者，好知者不如乐知者。"保证教学的趣味性尤为重要。教师的教学口语要新颖活泼，用具体生动的素材、活泼的方式，使每个学生都产生兴趣。除此之外，教师应控制好自己的情绪，时刻保持愉悦的心境，一进教室就进入到教学状态中。

（二）激发思维

坚持启发式教学，反对注入式教学。教师应更新观念，使学生作为潜在主体、教学对象，由教师设置诱因，引起学习动机，激发学生的学习行为，努力营造一个宽松、和谐、民主的学习氛围，使学生打开思维之门，产生奇妙幻想。启发式教学的关键在于激发学生思维，通过多种方式达到教学目的。

（三）迁移对比

迁移是指已经获得的知识、技能以及方法态度对学习新知识的影响。事物是相互联系的，在使用导入语时要注意知识的相似性，如集中识字教学就是将相似的字放在一起，以产生最大限度的迁移。对于比较相近、容易混淆的知识，教师要进行对比讲解，区分其本质特征，避免负迁移。

（四）简明扼要

导入语要短小精悍，忌冗长拖沓。它仅仅是一堂课的引子，不宜占用太多时间。如果时间太长就会使课堂主次不明，不能使学生及时进入教学内容中。所以导入语不仅不能游离于教学和训练内容之外任意发挥，还要简明扼要。

总之，好的导入语应按一定的要求设计，只有按要求做了，才能设计好导入语，才能谈及导入语的类型及运用。而导入语的类型及运用又各不相同，正所谓教学有法，教无定法。教学内容不同，每节课的导入语也就各不相同。

三、导入语的类型及运用

小学教学中所使用的导入语应和小学生的生理、心理特征及接受能力等相适应，教师应深入了解学生心理，研究教材，从而设计出新颖恰当的导入语。一般情况下常用的导入语有如下几种。

（一）复习导入法

复习导入法是利用新旧知识的联系，从旧知识引出新知识的一种导入法。主要是根据知识之间的逻辑关系，找准新旧知识的连结点，以旧引新或温故知新。要注意找准新旧知识的连结点，搭桥铺路，巧设契机，多采用复习、练习、提问等手段，还应因课施教，灵活采用多种方式。

案例 3-5

学习两篇关于描写秋景的古诗时，我们可以对前一学期所学的古诗进行复习，从而导入新的古诗中。如："同学们，上学期我们共同学习了关于描写春天的诗，哪位同学会背呢？"以此引入描写秋天的诗。

复习导入的方法更多地应用于一篇文章的后半部分，如在第二课时开始时应先对第一课时的内容进行回顾，使前后知识衔接起来，从而很好地过渡到新知识。

案例 3-6

师：同学们，我们上节课学了 10 以内的加法，现在我来考考同学们，看看谁会做这道题:小明有5块钱,他爸爸又给了他3块钱,请问小明现在有多少钱?

生:8块钱。(踊跃回答)

师:是怎么算出来的呢?我请一位同学到黑板上来解这道应用题。

学生在黑板上写:5+3=8(元)。

生:小明现在有8块钱。

师:非常正确。小明现在有8块钱了,他花掉了2块钱,请问现在小明还有多少钱?用我们上节课学的加法还能算出来吗?

生:不能。

师:我们这节课就来学习能解决这个问题的新算法——减法。

分析

原有的知识不能解决新的问题,学生们自然产生了学习新方法的好奇心。

(二) 课题导入法

课题导入法,就是通过分析课题,找出同学们所关心的问题,激发他们对新课程学习的欲望。在语文教学中,这种教学方法的特点是可以引导学生初步了解课文的主要内容,从而把握住作者立意的中心。运用此法的关键在于针对教材,围绕课题提出一系列问题。因此,必须精心设计,认真组织。

案例 3-7

在教学《海豚救人》这篇课文时可这样导入:

同学们,今天我们来学习《海豚救人》这一课。(板书课题)救人是我们人类才会做的事情,怎么海豚也会救人呢?它怎么就知道人类遇到危险了呢?它又是如何救人的呢?现在我们就带着这些问题一起来学习。

分析

这种方法主要是抓住题目,直接根据题目设疑来导入课文。

(三) 情境导入法

情境导入法就是利用语言、设备、环境、活动、音乐、绘画等各种手段,制造一种符合教和学需要的情境。情境导入法使用得当,会使学生身临其境,感同身受,从而在潜移默化中受到教育,获得知识。这种导入法在现代教学的多媒体教学中应用最广泛。运用此法应注意创设情境,要创设符合教学需要的情境,要加强诱导,巧妙构思,激发思维。

案例 3-8

如一位小学语文教师在教作文课《校园一角》时,他在导语中说道:

我们是大自然的主人,我们热爱大自然。我们置身于美好的大自然环境中,用手中的笔把美景写下来,告诉别人,与别人分享幸福,是十分有意义的事。怎样写景呢?首先,要去观察,用眼睛看,用耳朵听,用鼻子闻,用手摸,有时还需要用嘴去尝一尝。其次,要把自己的感受写下来,做到情景交融。

我们的校园很美,有花有草、有树有景。我们一块儿去校园走走看看,去寻找校园里的"美丽"。

分析

在学生进行作文写作之前,教师首先简单介绍了怎样写好一篇描写大自然的作文,然后就直接把学生带到校园里进行细致地观察,创造了一种深入到大自然中去的情境,让学生通过观察走进大自然的世界,激发起认识自然、了解自然、研究自然的兴趣,为学生写出好的作文打下了基础。

(四)游戏导入法

游戏导入法就是教师通过游戏活动调动同学们的学习积极性来导入新课的方法,小学生非常好动,喜欢做游戏,可以利用这种特点来导入新课。这一方法在小学低年级的教学中应用较多,要使学生在游戏中自然地进入学习情境,教师的言语要准确、简洁、条理清晰。

案例 3-9

在学习《影子》这篇课文时,可先让同学做一个游戏,这种导入的前提是教室有阳光照进来。当阳光照进教室时,学生伸出小手在阳光下摆出不同形状的手势,并让学生自己描述是什么东西,从而引出这就是影子,让学生亲自感受到什么是影子。教学中应多运用游戏导入法,这样能提高学生的学习兴趣,在玩中学习。

(五)故事导入法

故事导入法是利用一个故事来导入课文。这种方法尤其适合低年级的教学。通过故事来激发学生的求知欲,引起他们的兴趣,使学生主动学习。运用时应注意语言要生动、形象,否则无法吸引学生。

案例 3-10

在学习《矛和盾的集合》这篇课文时,可以先通过《自相矛盾》这个寓言故事导入。先讲故事,然后提出问题:矛和盾都自相矛盾了,可文中却说矛和盾的集合,那他们是怎样集合在一起的呢?现在我们一起来揭晓吧!

(六)教具导入法

教具导入法就是教师开始教学时,运用教具,以达到调动学生学习积极性的方法。这里的教具可以是教师事先准备好的,也可以是学生亲手制作的。这种导入语从直观教学引入,用形象、逼真的教学挂图或亲手做的教具来吸引学生。教具与教学内容要有关联,最好还能产生一定的互动。

案例 3-11

在学习《小小的船》这篇课文时可这样导入：

上课之前教师先教学生折纸船，折好后问学生是什么？学生回答，教师引出课题《小小的船》，那现在就一起来学习小小的船。这样一个游戏既可以导入课文，也可以让学生学到一种折纸艺术。

案例 3-12

科学教师教学《益虫和害虫》时，可以运用教具导入法。

师：同学们认识不认识这两个小动物？

生：认识，它们都是昆虫，图左边的是蜜蜂，图右边的是苍蝇。

师：同学们，你们想过没有，在日常生活中蜜蜂和苍蝇谁好谁坏呢？

生：蜜蜂好，苍蝇坏。

师：谁能说说蜜蜂好在哪里？苍蝇坏在哪里？

生：蜜蜂能为人们提供香甜的食物，它酿出来的蜜比糖还甜。

生：苍蝇影响人们休息，整天在屋里嗡嗡乱叫，落在食物上弄脏了食物。

生：听幼儿园的阿姨说，苍蝇还能传染疾病，危害人的身体呢！

师：同学们答得都非常正确，像蜜蜂这类昆虫对人们有好处，我们就称它们为益虫（板书：益虫）。像苍蝇这类昆虫对人们没有好处，我们就称它们为害虫（板书：害虫）。这节课我们就来学习关于益虫和害虫的知识，看看我们的周围还有哪些益虫需要我们去保护，还有哪些害虫等待着我们去消灭。

教具导入法还广泛应用于数学教学当中，如三角板、直尺、圆规、小木棒、钉字板等。在学习任何一种形状时都可以用实物来导入，如长方形、正方形、圆形、三角形、长方体、正方体、圆柱体、圆锥体等，让小学生能够对平时生活中的事物有更深入的了解，可以大大激发他们学习的兴趣。

（七）看图导入法

小学语文课本中有许多课文都附有插图，有的很形象地表现了文中的内容，尤其是低年级的语文课本。

案例 3-13

在学习《一分钟》这篇课文时，可以直接通过文中的图来导入新课。先让学生自己观察课文中的图画，然后教师提问："图中的小朋友为什么追着公共汽车跑？为什么站在教室门口？为什么又说一分钟？这到底和一分钟有什么关系？就让我们一起进入文中看看究竟是怎么一回事吧？"这样就能很自然地导入课文。

（八）悬念导入法

悬念导入法就是设置一个悬念，激发学生进一步学习的欲望和学习兴趣。好的悬念导入法应注意难度适中,要恰当适度,要有不思不解、思而可解的难度,这样才能使学生兴趣高涨,课程内容自始至终扣人心弦,收到引人入胜的效果。

案例 3-14

在学习《司马光砸缸》这篇课文时,可先讲一个故事:"从前有几个小朋友到花园里玩,忽然有个小朋友掉进水缸里了,其他小朋友都急哭了,只有一个小朋友没有哭,他用了一个什么办法救出了水缸里的小朋友呢?学习完这篇课文你就知道了。"

分析

这种方法可与故事导入法相联系,通过故事来设置悬念。

(九)比较导入法

由已经学过的内容导入本节课要讲的内容。

案例 3-15

在学习《曹冲称象》这篇课文时,可以这样导入:

同学们谁还记得我们以前学过的一篇课文《捞铁牛》?谁来把内容再复述一遍?(生回答)对,这篇课文是利用了水的浮力,把沉在水底的铁牛捞了上来,我们今天要学的这篇课文同样是利用了水的浮力,我们看看只有 6 岁的曹冲如何利用水的浮力解决了一个连曹操的很多谋士都没解决的大难题(板书:曹冲称象)。

分析

将相似的事物放在一起比较,既让学生复习了以前学过的知识,又将相关的内容点放在一起,拓宽了学生的思路。

导入的方法有很多种,除以上 9 种外,还有音乐导入法、实验导入法、导游解说法等。导入语要根据不同课题使用不同的方法来设计,要适合教学内容。选用导入语时还应注意一些细节问题。

四、怎样选择最适合的导入语

导入语的选择,一要考虑教材的内容、特点和要求,教师在使用导入语时要先仔细地研究教材,熟悉教材内容,从而采用最恰当的导入语;二要考虑学生的实际水平,不能采用超出学生水平的过于高深的导入语。学生的年龄、认知结构等都有差异,所以要根据不同年级、不同学生,选择不同的导入方法。

一般来说,低年级的学生思维有一定的局限性,所以在设计导入语时最好以具体、形象的导入语为主,直观性强一些,用最短的时间激发学生的求知欲。例如,故事导入法、游戏导入法、看图导入法等。可以让小学生在玩乐中进入学习情境,在潜移默化中学到新知识。

中年级课堂教学的导入应在低年级的基础上,适当增加一些方法,如设置悬念导入法、课题导入法等。除直接形象导入外,还应有一定的深度,让学生学会自己思考,自己能发现问题,并最终解决问题。

高年级的学生,因为他们的知识阅历都比较丰富,有一定的知识基础,他们对于一些简单的事情都能很快地接受和理解,所以在设计导入语时可以更理性些,运用一些更有深度的导入语。

无论采用哪种导入语都不能脱离教学实际,都要在认真钻研教材、了解学生的实际情况之后再决定选用哪种方法。而不能只讲形式,为了导入而导入,内容、形式枯燥、平淡,适得其反。只有采用最恰当的方法,才能取得事半功倍的效果。不管是导入语的基本要求还是要注意的细节,了解和掌握这些内容都是为了更好地运用导入语,直到能恰到好处地运用导入语,上好每一堂课。

◆ **实　训**

一、分析以下教师分别使用的是哪种导入方法,并说说它的好处。

1. 一位教师讲小学科学课《水温的变化规律》时,采用试验导入法进入讲授。

(1) 教师倒一杯热水,问:谁能上来测量一下这杯热水的温度? 同时请大家观察,这位同学测量观察的方法是否准确? 测量时注意目光与温度计的度数相平。

(2) 再请一位同学来测一测。

(3) 同样一杯水,两位同学测出了两个温度。这说明了什么? 大家想不想再来测一次?

(4) 我们看到,三位同学的温度读数都不一样。原来是水温在变化。

(5) 如果每隔3分钟测量一下,这杯水温度下降的规律会怎样?

2. 一位教师在讲《可贵的沉默》时,通过分析题目导入:读了课题,你想知道什么? 这时学生提出:"为什么说沉默是可贵的? 谁沉默? 在什么情况下应该沉默? 沉默之后又是一个什么样的景象?"教师针对学生提出的问题,概括为三个方面:"热闹—沉默—热闹"。

试分析这位教师用的是哪种导入方式,并说说它的好处。

二、分析与评价以下教师的导入语。

1. 一位教师在讲减法时这样导入:"同学们,我来讲一个笑话:一个驯兽师训练猩猩接飞刀,他蒙上眼睛投掷飞刀,第一把猩猩左手接住了,第二把猩猩右手接住了,最后猩猩还是死了,你们猜它是怎么死的?"同学们都很好奇,一时猜不到。教师答道:猩猩一高兴,用双手捶自己的胸,结果它忘了手中还握着两把刀。学生大笑。教师接着说:"这节课我们来讲减法。"请问,这位教师的导入语是否恰当? 为什么?

2. 一位教师在讲《惊弓之鸟》时这样导入:我们很多小朋友都用弹弓打过鸟,你们知道吗,古代有一位奇人,他只用弓,不用箭,就能把鸟给射下来。是不是很神奇呢? 咱们来看他是如何施展神技的。请评价一下这位教师的导入语。

三、设计导入语。

1. 当你走进教室,看见同学们正在追逐一只飞来飞去的小鸟。面对此情此景,你将运用哪种导入语,即你该说些什么才能把同学们的注意力集中到课堂中来呢?

2. 你刚刚讲完寓言《揠苗助长》,现在又要讲寓言《守株待兔》了。请你设计一段导入语,要求将两个寓言的内容联系起来。

3. 小学六年级时,教师要讲解《简单的统计》。假设你是一位数学教师,请你运用教具导入法和故事导入法导入新课"统计表"。要求在4分钟内完成,语言要能激发学生的学习兴趣。

第三节 讲授语及其训练

知识目标
1. 掌握讲授语的要求。
2. 了解讲授语的分类。

能力目标
1. 能设计一节课的讲授语。
2. 能清晰流畅、生动形象地讲授一节富有启发性的课。

讲授语是课堂教学中最主要的教学语言,它主要用来讲授学科知识、传授学科的技能技巧,以提高学生的知识水平和各种能力。要想上好一节课,不能不好好研究一下讲授语。

讲授语是教师讲课时所使用的语言,也是教学的核心。教师把教学中的新知识、重点与难点内容,通过自己的理解转换为浅显易懂的语言向学生阐释、分析、叙述、说明,帮助学生掌握学科知识。

一、讲授语的要求

1. 形象生动

需要讲授的知识往往都比较抽象,小学生因为受身心发展的阶段性特点影响,抽象理解的能力不强,所以教师在讲授时要力求形象生动,深入浅出。

案例 3-16

一位教师在讲授"北朝黄河流域的各民族大融合"时说:"公元 494 年的一天,有个皇帝在洛阳街上看见一个鲜卑族的妇女坐在车中,仍然穿着夹领小袖的鲜卑服装,大怒。于是就在朝会上责备这个地方的行政长官,说他奉行命令不力,督察不严,那位长官辩解说,那只是少数人的打扮。皇帝一听非常恼火,反问道,难道要全部人那样打扮才算上督察不严吗?这简直是一言丧邦!又转向史官说,应该把这件事记下来!这个皇帝就是北魏孝文帝。他为什么这样严厉禁止鲜卑妇女穿民族的服装呢?本节课我们就专门讲这个问题。"

分析

这段讲述清楚概括地讲出了时间、地点、人物及事件的起因、经过和结果,讲清故事的大概经过,简明扼要地引出教学的主要内容。

2. 轻松愉快

讲课很容易陷入枯燥乏味之中,使学生失去学习的兴趣,所以教师还要创设一种轻松愉快的氛围,让学生在一个比较轻松的环境里学习。要做到这一点,需要教师充分发挥幽默语言的作用,有意识地准备一些与讲授有关的幽默素材,活跃课堂气氛。

案例 3-17

一位教师在讲诗歌单元的时候,请学生选自己喜欢的经典诗词上讲台朗诵,一位学生读的是戴望舒的《雨巷》,但她读得很平淡,没有感情。于是教师说:"咱们同学把一件东西落在座位上了,你们猜是什么?"同学们都迷惑不解,教师说:"是感情呀!"学生们哈哈地笑起来。

3. 讲问结合

一讲到底,学生没有主动性;只问不讲,学生又盲目被动。所以应把讲和问很好地结合起来。

4. 教学讲述中,人称的问题也很重要

讲述的人称不清,往往令学生听不明白。教学讲述是以教师的角度向学生叙述,教师往往以"我"或"我们"第一人称开始他的讲述,又以"你"或"你们"来称呼听讲者——学生。

案例 3-18

"下面我讲个故事,你们注意听。"

分析

"我"即教师自己,"你们"指听众学生,这是不会错的。但是,在教师开始讲述故事时,一定要注意人称转换。假如案例 3-16 中的教师是这样讲述的:"于是他就在朝会上责备这个地方长官,说他执行命令不力。他辩解道,那只是少数人的打扮。他一听非常恼火,反问……他转向史官说,应该把这件事记下来!他就是北魏孝文帝。"这段中的"他"这个人称代词到底是谁?恐怕学生根本听不明白。

二、讲授语的分类

1. 叙述语

用叙述的方式讲述事件、现象发生发展的经过和过程,讲述方法的程序和步骤,说明功用、性质、成因、构造时的内容,都可算作叙述语。

2. 阐释语

阐释语也叫讲析语。主要包括解释名词概念、定义定理,阐释定义概念的具体含义及其内涵与外延,阐释某种现象的成因或事物的构造成分等。

3. 分析语

分析语主要包括分析成分构造、意义原理、推导公式、证明定理。分析语要明白、清楚、易懂,并要抓住所要分析的问题,或层层深入,或并列多面,或有横有纵、纵横结合,把问题分析得透彻、深入、清晰。

4. 点拨语

点拨语,即点化、拨正的语言。教学时,教师应抓住重点或要义,用一句话或两句话点明实质,使学生幡然领悟,获得新的思路,进入新的境界。

案例 3-19

语文教师在讲授《我的伯父鲁迅先生》中的词语"呻吟"时,就可以运用点拨的方式:

师:什么叫呻吟?

生:就是声音很微弱地说话。

师:那你们小声说话叫呻吟吗?回答问题声音小叫呻吟吗?

生:在非常痛苦的情况下,小声地自己哼哼。

师:对,生病了,或是哪疼了哼哼,才叫呻吟。

点拨语是教师拨正学生在听课过程中所出现的不正确思维和不正确观点时使用的语言,所以教师应及时发现和了解学生的问题所在,而不能对学生的疑问不闻不问,继续按照自己备课的程序进行,这样就抛开了学生,成了"独角戏"。而且,往往学生有疑问的地方就是教师讲授的重点和难点。

三、讲授语的方法

1. 归纳式讲授法

归纳式讲授法就是先分析后归纳的一种方法,它主要适用于教学内容比较多、线索比较复杂的情况。这种情况下学生往往不易全面把握事物的本质。

案例 3-20

一位数学教师在讲授《推导圆周率》时就运用了归纳式讲授法:

我们刚才把直径分别是1分米、1.5分米、2分米的硬纸板圆在米尺上滚动一周,得到了这三个圆的周长分别是3.14分米、4.71分米、6.28分米。我们可以直接看出,第一个圆、第二个圆、第三个圆的周长分别是它们直径的3倍多一些。课后我们还可以把直径不同的圆在米尺上滚动,也可以发现,圆的周长总是直径的3倍多一些。这个倍数是个固定的数,我们把它叫作圆周率。因此,圆周长＝直径×圆周率。

2. 谈话式讲授法

谈话式讲授法是教师在学生已有的知识范围内提出问题,引导学生思考,通过对话的方式使学生获得知识的一种被广泛应用的教学语言形式。

3. 讨论式讲授法

讨论式讲授法是教师组织学生发表见解、展开讨论的方法。这种方法能调动学生进行思维活动。彼此发表意见、相互启发,通过讨论、辩解将认识引向深入。但这种方法只能在具有一定思辨能力的学生中使用。

4. 重难点讲授法

学科不同,讲授的方式、重点也应有所区别,不能轻重不分、主次不明。这样才能使学生抓住关键,准确领会讲授内容。

小学语文课本中的古诗是古汉语的形式,对于小学生而言理解起来比较困难,所以讲授的重点应该放在对语言的理解上,而古诗讲究意境,以极凝练的语言表达某种意境,即意在言外,如何由具体的意象挖掘出古诗的潜在意境也是教师教学的重点和难点;小说、记叙文往往讲述了一定的故事情节,刻画了某些人物形象,所以理解大意、分析人物形象往往是重点。而数学教师在讲数学运算法则时,为了让学生熟练地掌握所讲的运算法则,自然应将教学的重点放在大量的、不同形式的练习巩固方面。

◆ 实 训

一、分析材料中的教师讲课好在哪里。

语文不仅要让学生体会到文中的"形",还要让他们触摸到文中的"情"与"神"。叶澜教授曾经说过:"我们的语文教学,只有充分激活原本凝固的语言文字,才能使其变为生命的涌动。"在苏教版第六册《赶海》一课中,教师引导学生"边读边想,将好的朗读体现在声音、表情、动作上"。如教师说:"摸得很小心,再听听,为什么要这么慢,这么小心?"学生回答"因为螃蟹不容易捉到","不能把它吓跑"。又如,"这只小螃蟹被我捉住了"应笑着读;读"捏"时作出动作等。

二、根据题目设计讲授语。

1. 一位教师在讲《分数的基本性质》时,先引导学生观察几组分数的分子、分母发生了怎样的变化,分数的大小有没有变化;然后让学生在猜测与动手操作验证中,逐步感知分数的分子、分母都乘以或除以同一个数,分数的大小不变;最后使学生在概括与运用中对分数的基本性质形成了清晰的认识。请运用同样的方法设计一段《分数的运算法则》的讲授语。

2. 假如你是一位数学教师,在讲"除数是一位数的除法"时,你将怎样总结"除数是一位数的除法法则"？请设计一段讲授语,时间不超过5分钟,语言要便于记忆。

3. 下面是一位语文教师在教《雪地里的小画家》时与学生的一段课堂讨论,看完后,请按要求设计讲授语。

师:读课文,思考雪地里的小画家是谁？它们分别画了什么？（同时贴出课文插图）

生（交流并回答第一个问题）:雪地里的小画家指小鸡、小狗、小鸭、小马。（教师贴出四种小动物的图片）

生（交流并回答第二个问题,同时教师在课件中显示四种小动物的动画过程）:

我看见小鸡在雪地里走过,留下的脚印像竹叶。

我看见小狗在雪地里跑时,留下的脚印像梅花。

我看见小鸭在雪地里走来走去,留下的脚印像枫叶。

我看见小马在雪地里跑过,留下的脚印像天上的月牙。

师:同学们的想象力真丰富。老师听了你们的回答非常高兴。但是,你们读了课文后,知道还有一个小动物吗？它的名字是什么？

生:青蛙。

师:对了。可是,青蛙为什么没参加画画呀？

生:它在洞里睡着了。

师:它为什么睡觉呢？这是一种什么现象呢？（教师讲解"冬眠"）

讨论至此,教师要做一个讲解。请你为教师设计一段讲授语,这段讲授语要将自然科学学科与语文学科结合起来。

4. 为《田忌赛马》中田忌调换马的顺序反败为胜的思维过程设计一段讲授语。要求理清思维线索,语言通俗易懂,使学生受到思维训练。

第四节 提问语及其训练

知识目标
掌握提问语的类型和要求。
能力目标
1. 能够根据课程内容设计提问语。
2. 能结合提问语进行教学。

善于运用提问语,几乎是所有优秀教师教学艺术的共性。引导之法,贵在善"问"。

要发展学生的智力,研究"问"的艺术很有必要。

提问语是教师依据教材和学生的问题而提出的询问,是教学口语中使用最广泛、最普遍的用语。广义的提问语包括教师的问语、答语以及教师对学生问答语的评价。

课堂教学离不开提问。提问语是教师以发问的形式唤起学生进行思维活动所表达的口才交际,是教师个性化的创意表达。好的提问是深化知识的阶梯,是触发灵感的引线,是感情升华到理性的契机。

一、提问语的类型

(一) 根据提问的形式分类

1. 独立式提问语

这类提问语的发话形式就是一个问句,没有前言后语。如"你们看,作者是以什么样的心情来迎接春天的?""为什么说总理永远活在我们的心里呢?""怎样理解'他讲得似乎挺容易,我全懂'?""'耐心'与'细心'互换位置可不可以?"等是独立式提问语。提问语的问句形式有特指问句、一般问句和选择问句等。常见的语言标记有"怎么样""为什么""哪儿""什么""什么时候""吗""呢""是……还是……""是不是"等。这类没有前言也没有后语的提问内容一般都比较简单,通常为常规性提问,在课堂上的使用量很大。

2. 铺垫式提问语

这类提问语本身并不能独立,或者说,如果单听这样的提问,对问题内容的理解可能不太完整,因此需要在提出问句之前做一些铺垫。其实这也是教师常用的提问方法。

案例 3-21

学习《忆江南》时这样导入:在《上春山》的背景音乐中,教师向学生展示一幅图景并描述:太阳从江面升起,把江边的鲜花照得比火红,碧绿的江水绿得胜过蓝草。描写江南春景,别出心裁地从"江"为中心下笔,又通过"红胜火"和"绿如蓝",异色相衬,展现了鲜艳夺目的江南春景。同学们,你们根据这幅图景和这首歌曲,能不能猜到老师今天要讲什么?

因为《上春山》是同学们都很熟悉的流行歌曲,歌词化用了《忆江南》中的"日出江花红胜火,春来江水绿如蓝",所以预习了的学生迅速就猜到了教师要讲《忆江南》。

3. 解释式提问语

这类提问语往往是先提出问题,再说明和问题有关的情况,或注释说明这个问题。

案例 3-22

数学知识点"加法的交换律和结合律"的导入:

师:同学们来算一下这个算式:36+27+54+73。在算之前先看一看有没有什么简单方法?看哪个和哪个的个位数相加得10?把它们结合一下。

分析

这类提问语中的问句所问的内容一般比较难,所以常需要教师的解释和提示。许多教师并不大使用这类提问语,常常把这样较难的问题分解,先从一些具体的问题问起,然后再进行总结。这两种方法各有千秋。如果直接问出较难的问题,往往会造成一种突然的感觉,能激起学生探究的欲望,学生在探究的过程当中锻炼了分析、综合的思维能力,当然其不足之处也就在于往往提出问题之后教师要进行说明或提示。如果化难为易,教学过程会显得轻松愉快,但学生思维活动的程度也会有所降低。

4. 总分式提问语

总分式提问语是一组提问语:教师先提一个总问题,紧接着再提出这个问题之下的分问题。

案例 3-23

教《认识正方体和长方体》时,教师提出了以下问题:"同学们,长方体有哪些特点?他有几个面?面和面之间有什么关系?它有几个顶点?有几条棱?棱和棱之间有什么关系?"

分析

长方体的特点学生不知从何说起,于是教师提出下面几个分问题来对长方体的特点进行拆解,分解问题的难度。

语文课当中用这种总分式提问也能很好地把握文章的总体脉络。

案例 3-24

教授《皇帝的新装》时可以提问:"这篇课文揭示了怎样的主题?有几个人物?人物的性格分别是怎样的?刻画人物性格的手法有哪几种?人物的性格是怎样刻画的?"

分析

这一组问题中,第一个问题是总问题,后面几个问题都是分问题。这些分问题都是围绕总问题的。在教学中,这样的问题设计很重要,有了这样一个问题体系,教学就有了方向,课堂上不管是讲授也好、谈话也好、讨论也好、辩论也好,师生之间有了这样的问题体系作为教与学的目标,就不至于乱套。那么是不是将这组问题一口气提出来呢?我们可以考虑在课件中展示这几个问题或说后把问题写在黑板上,也可以先提出总问题,暂搁置一旁,然后从分问题入手,逐个在教学谈话中提出,再回头回答总问题。这便是同时出现和会话续现的方法。一组问题绝不能一次提出后,就请学生开始讨论,那样,学生可能无法厘清各个问题是什么,更不清楚问题之间的联系。

5. 连锁式提问语

连锁式提问语也是一组提问语:教师往往事先设计好了,先预测学生会有什么回答,再根据学生的回答继续提问。有的教师比较机智,可以临时提出一组连锁式提问语,这样的课堂气氛当然就非常活跃了。

案例 3-25

师：《枫桥夜泊》是大诗人张继落榜以后写的，如果同学们考试不及格，你们的心情是怎样的？

生（分别回答）：发愁的、失落的、不高兴的。

师：那你们猜大诗人当时的心情是怎样的？

生：忧愁的。

师：从哪个字看出来的？

生："江枫渔火对愁眠"的"愁"字。

师：很好，在作者的诗中我们看到了什么？又听到了什么？

生（分别回答）：看到了霜、枫树、渔火，听到了乌鸦的叫声和寺庙里的钟声。

师："霜"给你的感受是什么样的？

生：冷的。

师：在漆黑的夜里，乌鸦的叫声、寺庙里的钟声给我们的感觉是不是凄冷的、空旷的？

生：是。

师：所以，一个人在发愁的时候，他看到的景物都是冷的、凄凉的。如果一个人是高兴的，那么他看到的景色也是明快的、清新的。所有的景色都带着我们的主观感情色彩。

分析

通过抓住诗眼"愁"这个字，一步步地将诗的意境分析出来。

（二）根据内容分类

1. 判断性问句

判断性问句是一种常见的问句形式，属肯定或否定的是非问，语言上的标志是"对不对""是不是"，它的目标是对是与非进行判断，但对思维活动的要求较低。如小学语文人教版第九册《鲸》在教学时提问："鲸是不是鱼类呢？"这种问句属于较低层次，如要将它再往上提升一档，教师就可以予以追问："为什么不是呢？从课文的哪些地方可以找到根据呢？"从而转向述理性问句。

2. 述理性问句

新课程标准强调要培养学生探究问题的能力。因此，教师在课堂教学中就应在提问上精心设计述理性问句。述理性问句最典型的标志是"为什么"。它的目标是学生讲清道理、说明理由，要求学生不仅知其然，而且要知其所以然。这一目标的实现可以使学生产生一个从感性认识到理性认识的飞跃，是能力培养的较高层次。

案例 3-26

学习小学人教版第三册中的《父亲与鸟》后，组织同学讨论：为什么说我真高兴，父亲不是猎人？如果父亲是猎人，会怎样？

根据学生的讨论得出结论：如果父亲是猎人，他会根据他所了解的关于鸟的知识去捕鸟,我很高兴父亲不是猎人,我们可以与鸟和谐相处,做好朋友。

分析

通过学生的合作探究,激发学生爱鸟护鸟的感情。

3. 叙述性问句

新课程标准还强调培养学生准确的叙述能力。因此,教师在提问时,有时需要运用叙述性问句。叙述性问句典型的发问是"是什么",要求学生对所提出的问题做较完整、准确的叙述性回答。在语文教学中,对阅读的故事作内容梳理或主题概括时,往往需要运用叙述性问句,为进一步做深层次的理解奠定基础。如阅读课《谁搬走了我的乳酪》可将学生分成四组,每组分别读文章的一部分,读完后小组讨论自己阅读的这部分内容的大意是什么,并派代表写下来。

二、运用提问语应注意的问题

1. 提问语要适时

在学生有思、有疑,正要发问而又不知怎样发问时提问。缺少教学经验的教师往往喜欢一个劲儿地发问,或者不该问时发问。

2. 提问语要适度

提问语的难度与深度要适度。既不能深奥得让学生答不上来,又不能简单得让学生失去思考的兴趣。

案例 3-27

一位教师在上《轴对称图形》课时提问:"什么样的图形是轴对称图形?"学生回答:"长方形、正方形、等腰三角形……"教师的预想答案是:"对折后两边能完全重合的图形叫轴对称图形。"教师继续引导:"它们有什么共同的地方?"学生仍然没有回答出预想答案。

分析

小学四年级的学生对轴对称图形的认识只是停留在感性的认识层面上,对概括出什么是轴对称图形这样定义性的语句还有一定的困难。因此这样的课堂提问并不能拔高学生的水平。看似容易的问题,对低年级的学生来说并不容易。特别是一些定义性比较强的概念性语句。这样的语句应该由教师来概括:"它们折叠起来是不是能完全重合?"这样就降低了问题的难度,学生就会恍然大悟。教师可以让学生完整地复述一遍,以加深印象。

极简单的问题包括:"是不是""对不对"之类的选择问和照课本的填空问,如"作者是谁""小猴子来到了哪里呀"等。这类问题没有任何思考价值,学生不假思索即能对答如流,并没有真正动脑筋去思考问题,这样不仅无助于思维能力的锻炼,而且在表面成功的背后,会养成浅尝辄止的不良习惯。作为教师,必须端正思想,彻底消灭语文课堂教学中的这种热闹假象。

那么,如何把握住问题的难易程度呢?简言之,要做到从实际出发。一方面,要从教材的实际出发。教师要钻研教材,认清教材的知识内容,把握教材特点,明确教学要求,确定教学目标和重难点。因为好的提问是紧扣教学目标和重难点提出的,它绝不是课文内容的简单重复,而是以领会知识和运用知识为前提的,具有一定的难度。当然,这个难度是学生通过努力能够跨越的,是跳一跳才能摘到的果实。另一方面,要从学生的实际出发。教师要通过各种途径和方法(最常见的是作业情况的反映)来了解学生已有的知识积累和实际能力(如阅读、口头表达等),从而根据学生的学习实际来确定问题的难易程度,不致偏难或偏易。

3. 提问语要适量

如果教师在课上只是一味地问,随意地提问,就会使学生产生厌问、厌答的消极心态。提问的总量不宜过多,提问语出现的频率应大体分布均匀,如刚好能够将课文的内容串联起来,并且在结尾有适当的延伸、拓展。一般在课堂开始,教师会提出与本节课主要内容相关的问题,让学生对本节课的学习有整体的把握。在课堂中间也会有意识地提一些问题,因为这时候可能有些同学听累了、走神了,结合课堂内容提出问题让学生讨论,放松一下,之后再总结问题,回到课堂上,劳逸结合。在课堂快结束时再针对本节课的主要内容提一些问题,以达到反馈、了解的目的。

4. 提问语要注意策略

一是面向全班,而不是先把某个学生叫起来提问,这样调动不了全体同学的思维。二是因人而问,要切合学生的答问能力。为了让上课回答问题不积极的同学或学困生也能参与到课堂上来,而不是只做"看客",可以针对他们提一些较简单的问题,加上适当的引导,使他们能够大致回答上来,并适时地给予鼓励、表扬。这样有助于提高他们听课、思考的积极性,使课堂气氛活跃起来,课堂就不再仅仅是教师和几个活跃分子的舞台了。三是不可逼问,要给学生留下思考的时间,可以把问题重述两遍,再请学生作答。教师以和蔼、鼓励的目光注视学生,并用话语诱导:"别着急,想一想再说""我相信你是能回答的""怎么,一时记不起来了?一会儿想起来再说好吗?"四是语气要把握好。提问时语速不宜过快,语音要清晰,问语声声入耳;可以运用追加、反复等提问技巧。

那么,怎样才能做到面向全体呢?

首先,可以在问题的难易程度上做文章,利用问题的系统性,由简到繁,由易到难,设计阶梯式的问题,不仅让学习比较困难的学生当堂能积极思考,而且给他们指出攀登的途径,激励他们攀登的勇气。

其次,可以变换训练的方式。不能总是教师提问,学生举手回答。教师可指答,学生可齐答、轮流答、重复答、跳答,采用多种多样的训练方式,目的是让全体学生的脑子转起来、动起来,以培养和训练其思维能力。

5. 教师还应做好提问中的评价工作

提问中的评价,如"三明治"一般,上面一层是夸奖,即答语中合理的部分;中间是问题所在;第三层则是鼓励,是努力改进的方向。之后教师还应复述一遍完整的答案,不能用学生的回答代替教师应做的工作。最后无论是赞赏还是批评,都要对事不对人。有的教师在学生回答之后,就让其坐下,并立即转入另一项活动,有的甚至不请学生坐下,使学生处于尴尬境地。而学生到底回答得对不对、好不好,只有教师自己知道。还有的教师在评议时常常涉及学生的个性品质,喜欢与其他学生作比较性评价,这就有可能给提问带来事与愿违的后果,使被比较学生的自尊心受到伤害。因此,在课堂提问中,教师要保护学生回答问题的积极性,从而进一步调动学生学习的积极性。除此之外,还应做到:① 以表扬为主。即使批评也要体现爱心,不能出现伤害学生自尊心的字眼。在课堂提问中,常常会遇到会说想着说、不会说抢着说的现象,也许一个抢答的学生根本就未答对,还干扰了正常教学秩序,对此教师也不应怒形于色,而应循循善诱。② 鼓励求异。应允许学生有不同的见解,不要轻易下"不正确""错误"等结论,即使课堂不允许深入探究,也应该在课后对学生有所交代。③ 帮助学习有困难的学生。学生站起来说"不会",情况是复杂多样的,有时是对题意没有正确领会,有时是由于紧张而无从说起,有时是虽基本掌握但还不够满意,因而不敢回答……面对种种情况,教师不应马上叫学生坐下,可以再复述一遍问题,鼓励作答;也可以改变提问的角度或添加辅助性的问题引导作答。作为一位有爱心和责任感的教师,不应该放弃回答问题的任何一个学生,即使多次启而不发,也可请学生先坐下,先听听别人的回答,然后请其复述一遍。这种评价的做法对大面积提高教学质量是大有益处的。

6. 提问时应设计好问题的限制条件

案例 3-28

教师在讲授《猴子捞月》的时候,这样提问题导入:"同学们,你们猜猴子们在月圆之夜会干什么?"这个问题就太宽泛,学生的回答五花八门:吃东西、睡觉、玩耍,和预想答案"捞月"一点不沾边。其实这篇课文可以这样提问题导入:"一群小猴子在月圆之夜玩耍,它们无意中发现月亮在井里,那得赶紧捞呀。它们是怎么捞月亮的?最后月亮捞上来了吗?我们就带着这两个问题来学习这篇《猴子捞月》。"

案例 3-29

教师在讲授《赤壁之战》时,这样提问:"同学们,在古代历史中,有个总拿着一把扇子、很厉害的人,是谁呀?"结果同学们说:"济公。"本来的预想答案是"诸葛亮",为什么相差如此之远? 因为问题没有限制前提条件"在《三国演义》中"。

另外,切忌提问语简单机械,急于求成,没有启发性,毫无创造性。如:"你们猜这节课老师要讲什么?"应尽可能地增加述理性问句和发散性、求异性问句的比重,努力使所有提问都成为培养能力、开拓智力的有效提问。

7. 教师的答问语,也要恰到好处

(1) 答问语应从鼓励学生积极探索的角度来说。

(2) 答问语也要有启发性,不仅要说出答案,还要说出寻求答案的思路和方法;可以

提供多种类似的答语,让学生比较、筛选。

(3) 答问要留有余地。即答案"不封口",如"是不是只有这种讲法对呢?大家还可以从另外的角度想一想"。

◆ 实　训

一、阅读材料,回答问题。

1. 一位教师在讲授《笋芽儿》时,提出以下问题引导着学生去探究课文:

(1) 谁在呼唤笋芽儿?雷公公是怎样呼唤笋芽儿的?笋芽儿听了是怎样表现的?

(2) 这时竹妈妈是怎样做、怎样说的?

(3) 笋钻出地面需要哪些条件?

(4) 齐读最后一个自然段,想想这一部分主要讲什么?在全文起什么作用?

(5) 通过课文的学习,你明白了什么道理?从中受到了什么启发?

说一说,这样提问对讲课有什么好处。

2. 第七届教学大赛特别奖获得者黄丽华讲阅读课《谁搬走了我的乳酪》结尾时,对课文进行了拓展、延伸:

师:同学们,读完这个故事我们有什么启示?

生:改变就能成功。

师:说说看,你们生活中遇到过哪些难题呢?你们又是怎样去做的?

生(讨论总结得出):遇到困难不要着急,应该静下心来想一想。

师:人生不可能是一帆风顺的,我们总会遇到或大或小的困难,当我们遇到困难时想一想老师给你们讲的这个故事,也许你们会受到一些启发。

想一想,你在讲课的时候有没有和生活实际相联系。

3.《惊弓之鸟》里有这样一句话:"更赢并不取箭,他左手拿弓,右手拉弦,只听嘣的一声响,那只大雁直往上飞,飞了两下,从半空里直掉下来。"教师提了两个问题:

(1) "更赢并不取箭"这句话中不用"并"也能讲通顺,现在用上"并"起到了什么作用?(让学生领会作者用"并"是加强语气,强调更赢不取箭只拉弓就射下大雁,从容自若,成竹在胸)

(2) 两个"直"字在不同的句子里,有什么不同的意思吗?("直往上飞"是说大雁听到弦响一个劲儿往上飞,飞得急;"直掉下来"是说大雁一点儿也不能飞了,掉得快)

试分析教师这样讲的好处。

二、要发展学生的智力,研究"问"的艺术是很有必要的。教师教学时,"问"要问得适时、问得适度、问得适量、问得明确。请你按照这些要求设计阅读课《小摄影师》的提问语,要求用提问语组织教学。

三、分数是数的概念的一次扩展,比较抽象,学生接受有一定难度。教学时,教师要善于运用各种提问语,把学生一步一步引入新的知识领域,使他们很快掌握"分数"这个概念。请你续讲对话中教师的话,要求针对学生的回答,用提问语的方式来讲解。

师:4块饼干,2块饼干,1块饼干(板书:4、2、1),这些都是整数。(举起掰开的半块饼干)请说说,这半块饼干的"半",是不是整数?

生:"半"不是整数!

师:"半"不是整数,那是什么数呢?

生:"半"是半个数。

师:"半个数",说得多别扭呀!那么,这"半个数"是怎么得来的?

生:是"1"平均分成两份得来的。

师:说得好,是平均分成两份得来的。那么＿＿＿＿＿＿＿＿＿＿＿＿。

第五节　过渡语及其训练

> **知识目标**
> 1. 掌握过渡语经常运用的方式和应注意的问题。
> 2. 了解过渡语的作用。
>
> **能力目标**
> 1. 能够巧妙地设计过渡语。
> 2. 能够巧妙地运用过渡语。

一堂课作为一个有机的整体,是可以进行分割切换的。也就是说,一堂课是由教师对几方面知识内容的传授组成的。之所以能形成一个有机的整体,是因为在这几方面内容的组合衔接上常常有其独到的妙处——简洁明确、自然得体、紧密连贯。因此,在课堂上起到衔接组合作用的过渡语如果说得好,对于提高课堂教学质量,增强课堂教学效果,将起到有益的作用。

过渡语即课堂上教师讲完一部分内容后,讲下一部分内容时说的过渡性的话语。

一、过渡语的作用

1. 穿针引线

在教学目标这条主道上,一个个教学环节好比是一颗颗珍珠,而各个环节间的过渡语则是串联珍珠的丝线,缺少这条线,再好的珍珠也成不了美丽的项链。

案例 3-30

一位教师执教绘本阅读《爱心树》，开篇直接导入：

今天给大家讲个故事：从前有一棵树，这是一棵什么树呢？（出示画面，学生想象）后来，这棵大树喜欢上一个男孩，这个男孩怎么样？……大树看到自己喜欢的男孩发生了什么变化？男孩每天跑到树下采集树叶，给自己做王冠，想象自己成了森林之王，想象一下男孩还会做些什么？

分析

这样逐步引入，激励学生去思考、去想象。就这篇课文整体来看，教师设计的过渡语串起了阅读学习的主线，且语言优美生动。

案例 3-31

《普罗米修斯》一课中设计这样的过渡语："他曾经说过这样的话……他不仅这样说，他还这样做……尽管遭受着苦难，他还是这样说……他之所以这样做，是因为他曾这样告诉自己……"

分析

这种穿针引线的反复方式，将英雄的言行巧妙融合，引导着学生层层深入阅读英雄的话语，走进英雄的内心世界，将课文的情感推向高潮。

2. 激发学习兴趣

教师的过渡语在课堂教学中起着举足轻重的作用，是课堂教学成功的保证。

案例 3-32

一位教师在教学《桥》这一课时，引导学生学习感受洪水的句子后说："村庄惊醒，人们惊慌失措，东面、西面没有路，只有北面有座窄窄的桥！这时人们能渡过那窄窄的桥吗？"（生回答）"同学们，在这万分危急的时刻，他们是如何渡过这座桥的呢？"于是引出下面的内容："老汉清瘦的脸上……像一座山。"接着引导："是啊，排成一队就得有先有后，如果你在那儿，你想排在哪儿？为什么？老汉也想到这一点，于是老汉说……"

分析

学生根据教师的引导很快进入了下文的学习，抓住了问题的关键，也就能找出答案了。这样既能调动学生的学习兴趣，又给学生的学习指明了方向。

3. 使学生进入情境

名师的课总是令我们拍案叫绝，其中很大的一个原因是他们的语言表达充满了神奇的魅力：他们可以用寥寥数语勾画出一幅幅生活的图景，使你浮想联翩；只言片语中，创造出一个美妙的天地，掀起你情绪的波澜。

案例 3-33

特级教师于永正在教《新型玻璃》一文时，是这样巧设过渡的：

于教师问："同学们，这五种新型玻璃有什么特点，有什么用途呢？请带着这些问题默读课文,边读边想。"然后于教师请大家互相交流,看想得是否准确。于教师适时过渡说:"五种新型玻璃的特点和作用都弄明白了吗? 不过,我不打算让你们说了,我想让你们写。写什么呢?"(于教师在黑板上写下了"自述"两个字)"'自述'是什么意思? 对,就是自己介绍自己。现在我把全班分为五组,第一组写'夹丝网防盗玻璃自述',第二组写'夹丝网玻璃自述',第三组写'变色玻璃自述',第四组写'吸热玻璃自述',第五组写'吃音玻璃自述'。现在你们都是新型玻璃了,请把你们各自的特点、作用写出来,为自己设计一个广告。看谁会夸自己。当然喽,要实事求是,不要吹牛。"

分析

由读到写,过渡自然,入情入境。

二、过渡语的常用方式

1. 直入式

直接导入接下来所要讲授的内容,用语简短,干净利落,内容鲜明,入题迅速,给人以明确的提示。

案例 3-34

在学习《晏子使楚》一课时,教师在讲解第一部分内容后说:"晏子出使楚国并不是很顺利,楚王是怎么侮辱晏子的? 晏子又是如何反驳的? 我们接下来重点分析一下。"

2. 提问式

通过富有艺术情趣的问题,将学生从一个浪尖带到另一个浪尖上去,以实现课堂教学内容的转换,使课堂整体结构安排合理、紧凑。

案例 3-35

于漪老师在讲授《雨中登泰山》时是这样导引过渡的:

于老师:"你们看到雨中的泰山是怎样一幅景色? 过岱宗坊后首次映入眼帘的又是怎样的一幅奇景?"

学生通过阅读把虎山水库奇景尽情欣赏一番后,于老师又往前推进:"尽管黄锦、白纱的奇景美不胜收,但'雨大起来了,不得不拐进王母庙后的七真祠'。为什么叫七真祠呢? 祠中最传神之作是什么呢? 怎样传神?"

············

于老师:"会当凌绝顶,一览众山小。绝顶又是怎样的风光呢? 让我们带着胜利的喜悦,来欣赏这仙境般的美景。"

分析

当于漪老师用这一系列富有情趣的设问语言把学生安然地从一个浪尖送到另一个浪尖上时,一节课不知不觉地就过去了。

3. 粘连式

利用语言材料之间的内外联系,通过联想、类比,进行粘连,以起到紧密衔接的作用。

案例 3-36

一位教师在讲授《刻舟求剑》时说：

同学们，老师给你们讲个故事：从前，有个楚国人很喜欢练剑，一天，他和他妹妹在山上练剑，一不小心，宝剑掉到山谷中了，这时天色已晚，他就在宝剑坠落的地方做了个记号，第二天在做记号的地方下山去找，果然就找到了他的宝剑。有一天，这个楚国人坐船出门，这个人真不小心，这一次他又把剑弄掉了，掉到哪里了呢？掉到水里了，我们来看这次他是如何做的，有没有找到他的宝剑。

分析

两次同样是掉剑，这个人采取了相同的措施，结果却不同，为什么？经过学生的讨论，就水到渠成地得出结论："情况变化了，解决问题的措施也应该相应地改变。"

三、运用过渡语应注意的问题

1. 过渡语忌冗长

教师课前精心准备了过渡语，不管课堂如何变化，也舍不得放弃，犹如背诵一般，滔滔不绝，但学生一时记不住内容，也不理解意思，既浪费了课堂时间，也无法达到预期的效果。

2. 过渡语忌随意

教师课前没准备，课上想说什么就说什么，有时说得入题，有时就跑题了，没有注意前后内容的衔接。学生不明确下一步学习的目标，课程内容显得凌乱，缺乏整体感，影响课堂效率。

3. 过渡语忌贫乏

教师语言能力不强，没什么可说的，课堂平淡无奇，没有生机，教学内容单薄。教师失去了应有的引领和提升学生学习的作用，不利于学生的发展。

4. 过渡语忌平淡

教师没有激情，过渡语缺乏情感、生动感，吸引不了学生，激不起学生学习的欲望。课堂如平静的湖面，没有涟漪。

5. 过渡语忌激情澎湃

教师在课前进行了精心设计，上课时满怀激情，讲课仿佛在表演，过于激动的情绪并没有打动学生，反而脱离了教学的实际。

◆ **实　训**

一、阅读材料，回答问题。

1. 于永正老师在上《我爱故乡的杨梅》一课时，有一个教学环节请了一位同学朗读课文第二自然段："细雨如丝，一棵棵杨梅贪婪地吮吸着春天的甘露……端午节过后，杨梅树上挂满了果实。杨梅的形状、颜色和滋味,都非常惹人喜爱……没熟透的杨梅又酸又甜,熟透了的就甜津津的,叫人越吃越爱吃……"

课文中的汉字变成了有声有色有韵味的语言,从该名同学那清凉甜美的嗓音发出,同学们仿佛被带进了静谧的果园。这时,于永正老师指着另外一位同学说:"他最投入了,他在看书的过程中,使劲地咽过两次口水。"学生先是一怔,但很快就回过味来,发出一阵咯咯的笑声。于永正老师接着说:"课文中描写的事物肯定在他的脑海里变成了一幅幅鲜明生动的图画。他仿佛看到了那红得几乎发黑的杨梅,仿佛看到了作者大吃又酸又甜的杨梅果的情景,仿佛看到了那诱人的杨梅正摇摇摆摆地朝他走着,于是才不由得流出了哈喇子……如果读文章能像他这样,在脑子里过电影,把文字还原为图画,那就证明你读进去了,而且证明你读懂了。"

说说于永正老师所讲的哪一部分是过渡语,过渡到了哪方面的内容。

2. 一位教师在讲授《游子吟》时这样设计过渡语:

我想正是母亲那密密的针线,阵阵的担忧,感动了你,也感动了我,这件衣服中融入了母亲多少无言而深沉的爱!那么生活中我们的母亲又是怎样关心我们的呢?有没有一件令你感受很深的事情?

想一想,我们还可以在哪一类课文里设计相似的过渡语?

二、为《爬山虎的脚》每一段之间设计恰当的过渡语。

第六节　应变语及其训练

> **知识目标**
> 掌握应变语的要求和种类。
> **能力目标**
> 能够随机应变地处理课堂的突发事件。

课堂教学是师生双向交流的过程,不可能完全按照教师预先设计好的教案进行,总有这样那样的"小岔路"出现,处理好了,教师就能另辟蹊径,别有一番洞天;处理不好,教师就会陷入被动、混乱的境地。

应变语是教师在课程讲授过程中,风趣幽默、机智灵活、恰到好处地应对意外出现的情况的言语。它是教学机智和语言机智的表现,是教师渊博、机智、幽默的教学风格和热情、专注、求实的教学态度的凝聚点,是教师自觉发挥口语优势的着力点,又是教师启发学生领悟、激发他们求知欲的临界点。高质量的应变语应该蕴含教师的事业心、品德修养、创造性思维品质、言语表达功底、课堂民主作风、积极参与意识等诸多因素于一体。

一、应变语的要求

1. 有利于教学

化教学不利因素为有利因素,化学生学习的消极情绪为积极情绪,化不良情感为良性情感,化学生的对立为友善,化逆反为配合。

2. 有利于学生的身心健康

教师使用应变语要有一定的分寸,切忌使用讽刺、挖苦、嘲笑、刻薄等言辞。虽然它们也都具有应变的功能,但并不利于学生的身心健康,会使学生形成自卑、胆怯、逆反等不良心理和个性。

3. 新颖别致、出其不意

教师使用应变语切忌千篇一律,这样会使学生感到索然无味,甚至认为教师没有机智的才能。使用新颖别致、出其不意的应变语,会更吸引学生,也会使学生更佩服教师的才智。

二、应变语的类型

(一) 幽默风趣式应变语

苏霍姆林斯基说:"所有智力方面的工作都要依赖兴趣。"风趣幽默的语言是教师们颇爱使用的语言,因为它能引起学生的兴趣和注意,且可缓解课堂气氛。

案例 3-37

一位数学教师发现学生总是把小数点末尾的"0"保留下来,讲了多次都不见效。一次当一个学生上黑板演算时,将 4.82+1.68 的和写成 6.50,他从讲桌下拿起一把明晃晃的大剪刀,并问学生:"谁知道我要用这把剪刀做什么吗?"学生们都愣住了。教师接着说:"我要给这个得数剪尾巴了。"这时学生才恍然大悟,在会心的笑声中对根除这一毛病有了深刻的印象。

分析

这位教师面对学生屡教不改的毛病,并没有恶言以对,而是通过运用风趣、幽默的应变语言,机智地把学生的注意力集中在教学任务上,使学生对所犯毛病有了深刻的印象,从而促使其根除这一毛病。

(二) 自嘲解围式应变语

在课堂上,教师对于自己偶尔的失言失态,可以以轻松的心态看待,以轻松幽默的方式为自己解围。

案例 3-38

一位数学教师,普通话很不标准。在给一个新班级上第一节数学课时,他说了句:"我打个比方……"全班同学就立刻哄堂大笑,原来他把"我打个比方"说成了"我打个屁放",这位教师面对大家的哄笑显得十分尴尬。好在他十分灵机,调侃道:"打个屁放,大出洋相,各位同学,莫学我样,说好普通话,朋友满天下。"

分析

这位教师在对待自己普通话失误时,没有逃避,也没有掩饰,而是大胆地运用自嘲式的调侃,巧妙地引申发挥,这样做既挽回了自己的面子,又教育了学生莫学自己,要努力学好普通话。当然,教师运用自嘲能否收到好的效果跟教师平时的个人魅力有关,如果这个教师平时对学生冷嘲热讽的,那这时学生对教师也可能是嘲笑的态度;如果这位教师平时很有亲和力,对学生很关心,师生关系融洽,那学生也会报以友好的笑,觉得这个教师不摆架子,心里会跟这个教师更亲近。

(三)因势利导式应变语

课堂教学有时会受到来自环境的干扰,例如噪声。这时,学生往往不能自制,容易转移注意力,有时环境的干扰甚至会导致教学无法进行。遇到这种情况,教师应保持清醒的头脑,随机应变,巧妙地利用环境来实现教学目标。

案例 3-39

一位小学教师在上《小蝌蚪找妈妈》一课时,天上突然飞过一架飞机,孩子们的目光便同时转向窗外,看得手舞足蹈,嘴里还发出"轰轰"的叫声。这位教师非常冷静,她也和大家一起看飞机,等飞机过后,孩子们都把目光转向她时,她才说:"这飞机真棒!你们知不知道中华人民共和国成立前我们国家连汽车都造不出来,更不要说飞机了。明天,我就给你们讲造飞机的故事。现在,我们继续帮助小蝌蚪找妈妈……"

分析

这位教师在课堂教学受到环境干扰时,临乱不慌,始终跟孩子们保持着亲切感。如果她不是因势利导,而是强行制止,不仅整个教室会乱成一团,孩子们的好奇心也会受到挫伤,即使他们勉强坐下来听讲,也会心不在焉。但如果是另外一种情况,教室外面在上体育课,让学生看完了再制止显然就不现实。这时可以用或奖或罚的办法将学生的注意力吸引到课堂上来。

(四)顺水推舟式应变语

使用谐音是常用的相声手法,因为谐音往往能给人以幽默的感觉。如果教学中在适当的时机使用这种方法,可以使语言更风趣、幽默,增加教学言语的生动性。

案例 3-40

一位姓缪的教师精神抖擞地走进教室,给新班级上第一堂课。他先做自我介绍:"同学们,我姓缪……"他正要板书"缪"字时,不知从哪个座位上传出一声猫叫"喵……"于是引起哄堂大笑。面对这一恶作剧,缪老师没有发怒,他神情自若地说:"同学们,先别忙着夸我'妙'啊,从今天起,咱们一起学习一段时间后,你们再来评价我'妙不妙'。"同学们随即安静下来,"暴风雨就要来临"的惊恐消失了,课堂上一片和谐的气氛。

分析

这位教师在课堂上遭遇学生的恶作剧时,并没有冲动地发怒,而是机智地运用谐音这种教学语言,顺水推舟地化解了学生的恶作剧,进入了讲授的正轨。

(五)旁敲侧击式应变语

课堂教学中,教师经常采用旁敲侧击的应变语暗示学生的出格行为,也就是说,不正面批评学生,而是抓住合适的讲授机会,点到学生会意即止,使其警醒,认识并改正错误。

案例 3-41

语文课上,教师正讲得津津有味,教室里响起了打呼噜的声音,同学们都笑起来,教师不得不停下来解决打呼噜的问题。他看了看打呼噜的同学,决定还是继续讲下去:"描写生动,要使用象声词,绘声绘色地描写事物的声音形状。绘声,就是用象声词模仿声音。比如,睡觉的酣态,就可以用现在的声音来描摹。请你们注意倾听。"教师作出倾听状,同学们都笑了起来,睡觉的同学也被笑声笑醒了。教师接着说下去:"那么你们的笑声又该怎么临摹呢?对,酣睡声是刚才×××发出的响亮的'呼噜'声,笑声就是大家发出的'哈哈'声。"

分析

这位教师始终没有正面批评那位上课睡觉的同学,但是已经在讲课中旁敲侧击批评了他的错误。这样做,既没有中断教学,又不会太刺激学生。

(六)以退为进式应变语

在课堂上,某些调皮的学生可能会提出稀奇古怪,甚至是故意刁难的问题。遇到这类情况,教师可以不必急于回答,而是巧妙地反过来把问题抛给学生回答,把直接解答的机会变为启发学生思考问题的机会,最后再综合学生的解答及教师自己的理解得出结论。

案例 3-42

一位女教师讲授课文《从百草园到三味书屋》时,正分析到"美女蛇",一个男同学举手问道:"教师,有美男蛇没有?"此时班上的同学都哄堂大笑。这位教师没有直接回答这位学生的问题,而是机智地说:"这个问题问得有趣,谁能来回答呢?"然后组织学生讨论。

当学生讨论完毕时,这位教师说道:"好,大家接着学习,看看作者的思路是什么就能回答这个问题了。作者的思路不像×××同学那样对美女美男感兴趣,而是在美女和蛇的对比上。美女是迷人的外表,'蛇'是害人的本质。'美女蛇'比喻披着画皮的坏人,在当时暗指自称'正人君子'的现代评论派陈西滢之流,他们可算是正儿八经的'美男蛇'。所以'美女蛇'和'美男蛇'都一样,都是害人的蛇,都是容易骗人的害人虫。这样从现象到本质去思考,才能理解'美女蛇'的寓意。"

分析

这位教师面对这出其不意的问题时,并没有措手不及。她用以退为进的方式把学生的习难问题抛给学生自己,化解了自己的尴尬,顺利地进入了讲授内容。

总之,应变语是教师应急的必备"武器"。善于运用应变语来恰当地处理各种各样的教学"变故",是一位教师语言艺术和教学艺术达到高层次的标志。每一位教师都应当在教学实践中不断磨炼,努力掌握这种难度较大却十分重要的教师口语技巧。

◆ 实 训

一、《手术台就是阵地》的课堂上,教师在讲到形势特别危急,白求恩大夫仍然争分夺秒救治伤员时,问学生:"白求恩大夫为什么不离开手术台呢?因为他知道这时候时间就是什么?"学生脱口齐答:"时间就是金钱。"作为教师,你将如何继续教学呢?请设计一段应变语。

二、有位语文教师在作文讲评课上对学生说:"描写人物应该抓住他的外貌特征和性格特点以及习惯……"这时有位学生提出:"老师,请您用一段话描写一下您自己可以吗?"如果你是这位教师,你将如何作出回答并较好地满足学生的要求呢?

三、一位教师教小学语文《鸟的天堂》,已在电脑储存了录像片配合教学,但上课时教师放错了录像片,画面出现的都是鸟语花香的黄山风光。学生看了一小段很感兴趣,要求接着看。教师随机应变说:"等会儿一定放给大家看。"后来,教师教到课文中的一段,用了一段应变语,既结合了教材,又配合教学看了录像片。请仔细研究这篇课文,并根据这个教学情境,设计一段有新意的应变语。

四、一位教师教《小壁虎借尾巴》时,教学中出现了一段对话,请帮助这位教师作应变性表达。

师:大家还有什么要问的吗?

生:小壁虎吃蚊子,那蛇为什么咬它的尾巴?

师:这个问题提得很有趣……

生:我知道。那蚊子是蛇的好朋友,壁虎吃蚊子,蛇就替蚊子报仇,就咬壁虎的尾巴了。

师(做应变表达):_____

五、一位教师教《春晓》,讲到"夜来风雨声,花落知多少"时,问学生:"你们猜猜诗人写上面两句诗的时候在什么地方?"学生答"在窗前","在屋里","在床上","在花树下"。教师:"不管在哪里,诗人看到落花的景象了吗?"大部分同学说没有,是作者刚刚醒来时的联想。但有一位学生坚持说诗人是在树下看到了落花,才说不知别处"花落知多少"。如果你是这位教师,该怎样应答这位学生呢?

第七节　结束语及其训练

知识目标
掌握结束语的类型和应注意的问题。
能力目标
能为一堂课设计恰当的结尾。

漂亮的退场与闪亮的登场同样重要。那么,如何才能拥有漂亮的退场呢?

结束语指教师讲完一部分内容或课堂结束时所说的话。成功的结束语会留给学生深刻的印象。一堂成功的课,不仅要有引人入胜的导入和环环相扣的讲授,还应有精致的结束语。

一、结束语的类型

根据不同的用途可以将结束语分为以下几种风格类型:课外引活水、卒章升感情、悬念诱思考、对照促理解、总结炼精华和作业巩成果。

(一)课外引活水

语文教学,除了在课堂上向学生传授知识,还应把学生的视野由课内引向课外,使学生自觉地去课外寻求知识,以弥补课堂教学的不足。因此,教师宜在课堂教学临近尾声时,用简短的话语向学生介绍与课文有关的内容,引导学生由课内向课外延伸、扩展。

案例3-43
讲完《少年闰土》一文,教师可以这样结尾:
同学们,你们想知道闰土后来的命运吗?感兴趣的同学可以在课下读一读鲁迅的《故乡》。

分析

课文教学虽然结束了,但探索并没有结束。如果所选文章是出自篇幅较长的小说,教师也可以把与课堂内容有关的内容简单地介绍给学生,使学生对这篇文章的前因后果、发展脉络有个较完整、全面的了解,从而拓宽学生的知识面。

(二) 卒章升感情

在教学终了之时,教师运用准确精练的语言,对课文的精要之处进行点化、揭示,激发学生的思想感情,升华文章的主旨。德国的民主主义教育家第斯多惠曾说:"教学的艺术不在于传授本领,而在于激励、唤醒、鼓舞。"作为语文教育者必须既教文,又育人;既是科任教师,又是生活导师和品德引路人。

案例 3-44

学了《游子吟》这首诗,我们仿佛看到了一位为即将远行的儿子缝着衣服的母亲那无言而深沉的爱。生活当中母亲又是怎样对我们表达爱的呢?请大家讨论一下。(学生讨论)我们的母亲给予我们这么多,那我们又是如何回报母亲的呢?(学生讨论)教师今天布置一个作业,回到家后,为爸爸妈妈做一件事情,表达对他们养育之恩的感激之情。

分析

教师在讲课的同时,很好地对学生进行了德育的渗透,让学生学会了感恩,升华了课堂的主题。

(三) 悬念诱思考

苏霍姆林斯基曾说:"能够把少年拴在你的思想上,引他们通过一个阶梯走向知识,这是教育技巧的一个重要特征。"课堂教学的结尾也应像文章的结尾一样,讲究意在笔后、悬念迭出、回味无穷,给人一种课已结束而意未尽的感受。因此,若在课堂教学结束时,采用巧设悬念的方法收尾,有机会收到"欲知后事如何,且听下回分解"的艺术效果。

案例 3-45

《皇帝的新装》第一节课结束时教师说:

同学们,你们想不想知道皇帝的新装做成了没有?做成了什么样子?皇帝"穿上"后是什么样的效果?咱们下节课接着讲。

分析

设置悬念,诱导学生去阅读后面的故事情节,同时为第二课时的教学做好了铺垫,使前后课时互相关联,形成一个整体。

(四) 对照促理解

有比较,才有鉴别。这种结束课堂教学的方法,就是在课堂教学结束之际,从内容、结构、语言等方面,有所侧重地将课文与以前学过的其他课文进行对照比较,同中求异,异中求同,从而加深学生对课文的理解。

案例 3-46

讲完李白的《古朗月行(节选)》后,可以将其与《静夜思》进行比较。

师:同学们,我们以前还学过李白哪一篇关于月亮的诗?

生:《静夜思》。

师:谁能背一下《静夜思》?

(生背诵。)

师:这两首诗的内容有什么不同呢?

生:这节课描写月亮像白玉盘,又像瑶台镜,而《静夜思》写的是作者思念故乡。

师:这节课对圆月做了美好的想象和比喻,而《静夜思》则是从"月圆"联想到"人没圆",想到不能和家人团圆,而开始思念故乡的。

分析

同一位诗人描写同一事物的两首诗放在一起比较,能够让学生对两首诗的区别和侧重点有更清楚的认识,同时也很好地复习了以前的知识。

比较的教学方法可以广泛地运用在课堂上,使学生对相近、相似的知识有更准确的辨别和区分,从而帮助理解和记忆。比如数学中同一形体的面积公式和周长公式、表面积公式和体积公式等。

(五)总结炼精华

这是最常用的一种结束方法。一节课讲完了,学生掌握得如何,通过提问式的总结能够很好地反馈这一信息。如:"通过这节课你学到了什么?大家来说一说。""你喜欢课文的哪一部分,说说理由,并有感情地给大家读一读。"让学生总结可以知道他们掌握了多少,掌握到了什么程度。然后教师再做整体的评价、总结,使学生对课堂有较整体的把握。数学课上,一种运算定理、法则在经过一堂课各种形式的练习后,在学生已经理解、掌握的基础上,可以让学生自己来总结法则,这比教师写出来,学生再死记硬背效果要好得多。

(六)作业巩成果

一堂课讲完了,学生掌握得怎样,教师心中往往是没什么底的,这时需要通过提问、测验等手段来调查实情。因此,在课堂教学即将结束时,抓住一堂课或一篇课文的教学重点、难点,设计一些精巧的问题,学生通过动脑、动口、动手,强化和巩固所学内容,以实现知识和技能的迁移。

二、运用结束语应注意的问题

运用结束语应注意这些问题：

（1）忌拖沓。结尾语如果小题大做、啰嗦、杂乱，用语不简洁、不明确，必然让学生感到厌烦，影响教学效果。

（2）忌仓促。临下课时慌里慌张地讲几句，草率收场，不能起到小结、巩固、强化的作用。

（3）忌平淡。平淡有两种情况，一是结束语语调平淡，没给学生留下深刻印象；二是结束语总是一个模式，例如："好！今天的课就上到这里，下课！"应当根据教学目标与教学语境的需要，变换结束语。除前面介绍的以外，结束语还有点睛式、引申式、含蓄式、检验式等。有的结束语如撞钟，戛然而止；有的结束语含蓄委婉，课虽尽而意无穷。成功的结束语，是教学口语艺术中的精品。

总之，好的结束语可以起到画龙点睛、水到渠成的效果，往往能让人觉得余音绕梁，不绝如缕。教师应该像重视导入语一样重视结束语。

◆ 实 训

一、一位教师讲完《威尼斯的小艇》后，进行总结：

（1）状物的文章常用按事物的几个方面分段的方法。

（2）运用这种方法分段的步骤是：先理解课文描述了事物的哪几个方面；接着按几个方面将自然段进行归并，给课文分段；最后看看每部分是怎样记叙事物的某一方面的。

请运用相似的手法为《猎人海力布》设计一段结束语。

二、教师讲完《画风》，这样对课堂进行拓展延伸：

师：文中的三个孩子画出了风，同学们，你们想画风吗？准备怎么画风呢？把自己的奇思妙想告诉你的学习伙伴吧！

（1）小组讨论画风方法。

（2）全班交流画风的方法。

（3）完成下面的对话：

教师问："你想怎样画风？"

学生说："＿＿＿＿＿＿＿＿。"

三、针对语文学科的不同领域，选择识字、阅读和作文各一课，分别写出它们的结束语。

四、一节课临近结束时，因为学生讨论问题而占用了过多的时间。作为教师，此时你将如何设计这节课的结束语?

五、假设你现在是给学生讲语文课《北京》,下节课将讲授《我们成功了》。请你在讲完《北京》之后的结束语中,运用"拓展延伸式"将两篇课文巧妙地勾连起来。

六、请设计一节综合实践课的结束语,并说明你的结束语与课程主要内容之间的关系,以及这样的设计是否达到了本节课的教学目标。

第八节 教学技巧的综合运用

> **知识目标**
> 掌握教学中的各种教学技巧。
> **能力目标**
> 能运用各种教学技巧讲一节比较完美的课。

提高课堂教学效率,把学生从沉闷的课堂中解放出来,使其在享受中获得发展,一直以来都是课堂教学改革中的重要问题。课堂要从教师进行知识传授与学生接受知识的场所逐渐转变成学生主动发现、获取知识并增长能力的地方,教师不仅要转变观念,也应讲究教学方法。具体而言,要想讲好一堂课,教师应该从以下几个方面锤炼自己。

一、上好课的愿望

上好课的愿望是一堂课的首要前提,没有把课讲好的愿望,必然难有精彩的课堂。因此教师必须具有这种愿望,要以积极负责的态度去备课,要考虑到每一节课之间的联系;要让学生感到你对所讲的东西信心十足,你对所传授的知识很有把握;要减少口头语,如"嗯""你知道""这个"等;要把自己训练成一个出色的讲演者。

二、恰当的语言语调

教师讲课的语言应清楚流畅、精练朴实、通俗易懂、幽默风趣,讲课的语调要抑扬顿挫、绘声绘色。对重点内容或公式、定理应加重语气,重复语气1~2遍,这样能集中学生的注意力,调动学生的学习积极性。否则语言平淡呆板,只能成为催眠曲,使学生昏昏欲睡。

教师讲课的语速要适中,若语速太快,学生反应不及,难以消化,会抑制学生的积极思维,产生消极影响。教师语速要始终与学生的思维协调。

教师是通过语言把知识传授给学生的,因此教师良好的语言表达能力至关重要,有关资料已总结出教师的语言应具备"六性":

(1) 叙事说理,条理清楚,言之有据,全面周密,具有逻辑性。
(2) 描人状物,有声有色,情景逼真,细腻生动,具有形象性。
(3) 范读谈话,情真词切,平易流畅,真挚感人,具有感染性。
(4) 借助手势,穿插事例,比喻新颖,生动有趣,富有趣味性。
(5) 发音准确、吐字清晰,措辞恰当,寓意贴切,富有精确性。
(6) 举一反三,弦外有音,留有余地,循循善诱,富有启发性。

每一位教师都应具备一定的语言修养,在讲课时最好带一点演员的风度。

三、合理的时间分配

一节课中各部分内容大致需要多长时间,教师应心中有数。重点和难点需要的时间要长些,讲的力度要深些,切忌主次不分,重点不清。时间分配要讲究科学,前松后紧或前紧后松都会影响教学效果。有的教师讲课时怕学生听不懂,反反复复,絮絮叨叨,把精讲变成了繁讲,到后来一看时间不够了,便任意删减授课内容,"草率收兵";还有的教师随意拖堂,下课铃响了半天,还在不停地讲授,室外"喧闹四起",室内"无心听讲"。"草率收兵"或"随意拖堂"都是不良的教学习惯,应努力克服。

四、适当的课堂举例

一堂课 40 分钟,若教师总是滔滔不绝地讲述,势必得不到理想的效果。适时穿插一些妙趣横生的实例,往往会将一堂平淡的课变得生动、富有情趣。课堂上举一个好的例子,可以达到一箭双雕的目的,不但使学生们学得懂、记得牢,还能活跃课堂气氛。但举例也不能太随意,以免得到相反的效果。

五、抓住学生的注意力

教师要上好课,最关键的是要抓住学生的注意力。抓住学生的注意力有以下两种办法:

(1) 在开始讲课前,花几分钟时间让学生定下心来。如果一开始就讲重要问题,学生很可能因注意力不集中而产生遗漏。因此在开始讲课时,可以先讲几句导入语,向学生示意已经开始讲课了。

（2）尽量让学生知道教师的讲课内容、讲课时间以及所讲内容跟学生的关系。教师可以先提示讲课要点，这样学生即使遗漏了某一点，思路也能跟上讲课进度。

六、激发学生的兴趣

怎样才能使学生对课程内容感兴趣呢？有几种办法非常有效：

（1）讲课材料适应学生的情况。讲课前教师要对学生的情况做一番分析，使所讲的内容能引起学生的兴趣，并使他们能够理解，不要讲深奥的、学生不能理解的内容。

（2）教师不要急于把掌握的全部知识都灌给学生，因为学生不可能一下子理解全部知识。

（3）最好把讲课内容中的要点讲深讲透，而不是把所有的问题都讲得很细。讲课内容集中，学生才感兴趣。要知道，学生不可能把所有的问题一下子全记住。

（4）采用多种讲课方式方法激发学生的兴趣。大部分教师都知道，在一连串的数据、冗长的历史或事实的灌输下，学生很难集中注意力。反之，如果教师能尽量多收集、使用一些生动的例子、图片、数据以及简洁而生动的故事，则能收到很好的效果。因为即使是很好的说书人，也不可能把平淡的故事讲好，因此讲课内容十分重要。还有几点需要注意：

① 不要只顾着向学生讲课，还要适时地向学生提出一些问题。

② 不要老是站在一个位置上讲课，要适当地在教室内走动。

③ 可以运用一些直观的教具协助讲课，如黑板、图片、地图、图纸表。有的学生宁愿看一堂课，不愿听一堂课。

④ 运用电视、幻灯、录像等电化设备丰富课堂内容。

⑤ 运用幽默也是一种教学技术，但要运用得当。生搬硬套反而会使学生失去兴趣。

七、姿势的辅助作用

姿势是指讲话时的动作。通过一定的姿势，可以使学生集中注意力、提高学习兴趣，反过来又会促进教师实现自己把课讲好的愿望。

（1）要表现出胸有成竹，讲得有条不紊。

（2）目光要与学生有互动，使师生感情融成一体。

（3）要在学生面前走动，但不要作出分散学生注意力的动作。

（4）动作要自然，不要做作。

（5）要落落大方，能应付课堂上可能发生的一切。

附录一　教师课堂用语 50 句

[听]

1. 谢谢大家听得这么专心。

2. 大家对这些内容这么感兴趣,真让我高兴。

3. 你们专注听讲的表情,使我快乐,给我鼓励。

4. 我从你们的姿态上感觉到,你们听明白了。

5. 我不知道我这样说是否合适。

6. 不知我说清楚了没有,说明白了没有。

7. 我的解释不知是否令你们满意,课后大家可以再去找有关的书来读读。

8. 你们的眼神告诉我,你们还是没有明白,想不想让我再讲一遍?

9. 会"听"也是会学习的表现。我希望大家认真听我下面要说的一段话。

10. 从听课的情况可以表明,我们是一个素质良好的集体。

[说]

1. 谢谢你,你说得很正确,很清楚。

2. 虽然你说得不完全正确,但勇气可嘉。

3. 你很有创见,这非常可贵。请再大声地说一遍。

4. ××同学说得还不完全,请哪位同学再补充一下。

5. 老师知道你心里已经明白,但是嘴上说不出,我把你的意思转述出来,然后你可以再说一遍。

6. 说,是用嘴来"写",无论是一句话,还是一段话,首先要想清楚,想好了再说,把自己要说的话在心里整理一下就能说清楚。

7. 对!说得很好,我很高兴你有这样的认识,很高兴你能说得这么好!

8. 我们今天的讨论很热烈,参与的人数也多,说得很有质量,我为你们感到骄傲。

9. 说话,是把自己心里的想法表达出来,与别人交流。说时要想想,别人听得明白吗?

10. 说话,是与别人交流,所以要注意仪态,身要正,不扭动,眼要正视对方。对!就是这样!

[读]

1. "读"是我们学习语文最基本的方法之一。古人说,读书时应该做到"眼到、口到、心到"。我看,你们今天达到了这个要求。

2. 大家自由读书的这段时间里,教室里书声琅琅,大家专注的神情让我感受到什么叫"求知若渴",我很感动。

3. 经过这么一读,这一段文字的意思就明白了,不需要再说明什么了。

4. 请你们读一下,将你们的感受从声音中表现出来。

5. 读得很好,听得出你是将自己的理解读出来了。特别是这一句,请再读一遍。

6. 读应该分出层次。首先是通读,将句子读顺口,不认识的字借助工具书读准字音。对于这一点,我们同学的认识是清楚的,态度是重视的,做得很好。

7. 听你们的朗读是一种享受,你们不但读出了声,而且读出了情,我很感谢你们。

8. 默读时,贵在边读边思考。现在我们将默读的思考心得交流一下。

9. 默读,要讲究速度。现在我请大家在10分钟内看完这段文字,并请思考……

10. "读书百遍,其义自见",我请各位再把这部分内容多读几遍,弄懂它的意思。

[问]

1. "学贵有疑",问题是思考的产物,你们的问题提得很好,很有质量,这是善于思考的结果。

2. 你们的问题很有价值,看来你们读书时用心思考了。

3. 这里有同学提出了这样一个问题,请大家看看是否有答案。

4. 你们现在真能问,能问在点子上,能抓住要点来提问。

5. 我们同学的思想变得很敏锐,这些问题提得很好。

6. 这个问题提得很有意思,让我试着回答,也不一定准确。

7. 今天大家的提问已远远超出了课文的范围,反映出同学学习的积极性和强烈的求知欲望。

8. 有些问题我们可以先问自己,自己有能力解决的,就不必向别人提出,让我们试试看,刚才新提出的问题,哪些是自己有答案的?

9. 有一个问题,是我要请教大家的,谁能帮我解决。

10. 我从同学们的提问中,看到的是思维的火花,非常灿烂,与其说是我在教你们,不如说是你们在教我,你们的学习能力正在提高。

[写]

1. 同学们养成了良好的学习习惯,作业本很干净,书写也端正。我很高兴,感谢大家。

2. 请同学们看(用手扬起一大叠本子),我今天要表扬这么多同学,让我来介绍他们的名字。这些同学的作业字迹端正,行款整齐,很少有错别字,文句通顺,进步很大。

3. 同学们写下了自己的所见、所闻、所思,我也写了一点,现在我念给大家听,希望大家能喜欢。

4. 写文章的目的是与别人交流,将自己的感情和思想用文字表达出来,让别人了解。我们的作文也应该有读者,有读者群。我建议大家互相交流。看完后将自己的体会,用一两句话写下来,互相鼓励。

5. 优秀的作文是全班的财富,应该让大家来共享,请大家出出主意,如何使这些财富充分地发挥作用,让每一位同学得益,特别请这些财富的创造者出出主意。

6. 用自己的笔写自己心里的话,这一点很重要。我们班××同学做得比较好,他的作文虽然也有缺点,却给人一种真诚的感受。

7. "有纳才能吐",有积累才能够表达。我们有些同学作文中的词语很丰富,看得出他们课外有丰富的阅读量。

8. ××同学从生活中寻找写作材料的本领很大,即使一件不起眼的小事,他也能留心观察,并作为原始材料积累起来,他的写作材料总是那么新奇、独到。

9. 刚刚过了××节,同学们一定还有深刻的印象,就以"××节"为题,写一篇作文,好吗?

10. 文章写完了,自己最好能小声读两遍,注意有没有词句的毛病和写错、写漏的字。

附录二 教学案例——《皇帝的新装》说课稿

一、教学目标

1. 通过分析故事情节,把握人物的性格特征。
2. 理解童话故事的寓意:做一个诚实、有勇气说真话的人。

二、教学重点

通过分析故事情节,把握人物的性格特征。

三、教学难点

理解童话故事的寓意:做一个诚实、有勇气说真话的人。

四、教学流程

(一)复习导入

同学们,这一节课我们继续学习《皇帝的新装》这一篇课文。上一节课,我们已经了解了故事的主要情节,这一节课我们则要通过分析故事情节,把握人物的性格特征。

我们先来复习一下上节课的主要内容……

(把头像一个个贴在黑板上,让同学们看主要人物的头像并问这是谁。)

上一节课,我们已经知道故事情节都是围绕新装展开的:

皇帝对新装情有独钟,是<u>爱</u>新装;皇帝让骗子<u>织</u>新装;皇帝让臣子去<u>看</u>新装;皇帝穿上新装,在国民和孩子面前<u>展</u>新装。

(二)展开新课

这节课我们将通过故事情节把握人物的性格特征。

1. 看课文,找句子

我们知道,人物的性格特征是通过人物的对话、心理、活动、动作表现出来的。下面请同学们阅读课文,把描写人物对话、心理活动、动作的地方,用不同的符号标出来,试着揣摩人物的性格特征。

2. 走进故事情节,走进人物

步骤一:教师试着和同学们讲故事。

从前,有一个皇帝对什么都不感兴趣,只喜欢穿着漂亮新装到处炫耀。有两个骗子知道了,便对皇帝宣称他们可以织出世界上最漂亮的新装。但是,这个新装有一个特点:凡是愚蠢和不称职的人都看不到这种布料。过了几天,皇帝很想知道他的新装织得怎么样了?但一想到凡是愚蠢和不称职的人都看不到新装,于是,他决定派他最诚实最称职的老大臣去看新装。

老大臣究竟有没有看到新装呢?新装又是什么样的呢?

步骤二:学生扮演角色。

请四位同学分别扮演皇帝、两个骗子和老大臣,展现第三个情节"看新装"。

步骤三:教师补充完故事情节。

皇帝想到很快有新装穿了就特别高兴。皇帝盼啊盼,新装终于织好了,皇帝要穿上新装到他的国民面前展示他独特的新装。其实,皇帝也看不见他的新装,但是他害怕别人知道他是愚蠢的、不称职的,便掩饰自己。就这样,皇帝光秃秃地走在大街上。国民都没有看到新装,但都一个劲地赞新装漂亮。这时有一个小孩勇敢地说出来"他什么也没有穿"。

3. 玩游戏——贴人物性格卡片

我们的故事讲完了,这个故事的人物性格特征是怎么样的呢?教师手上有一些卡片,上面写着人物的性格,请两位同学上来把它们贴到人物的右边。

问题设计一:谈谈是如何得出人物的性格特征的。

问题设计二:谈谈你喜欢哪个人物,并说明原因。

小孩子天真,有勇气说真话,是诚实的,与其他人形成了鲜明对比。引导学生要向小孩学习,做一个有勇气说真话、诚实的人。

(三)布置作业

请同学们回去把这个故事讲给父母听。

五、板书设计

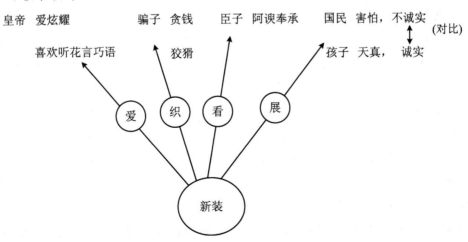

六、教学反思

(1) 目标清晰,重点突出。

(2) 采用多种教具,教学方法生动新颖,符合童话故事趣味性。

(3) 教师的语言活泼生动,注重学生的主体性与参与性。

附录三　教学案例——《观潮》说课稿

《观潮》是人教版小学语文第七册第一单元的一篇讲读课文。作者向我们描绘了浙江省海宁市盐官镇钱塘江大潮的壮观景象。课文结构清楚,作者按潮来前、潮来时和潮来后的顺序和大潮声、形由远及近的变化,介绍了钱塘江大潮气势磅礴的景象,使人读后不禁发出感叹:"钱塘江大潮不愧为天下奇观。"作者还介绍了观潮的人数之多、热情之高,从侧面表现了钱塘江大潮之奇。选编这篇文章的目的,一是为了让学生通过学习课文体会大自然给我们带来的奇妙感受,激发学生热爱祖国大好河山的思想感情;二是让学生一边读书一边想象画面,通过重点语句段体会文章表达上的特点。

一、教学目标

(1) 认识7个生字,会写13个生字。

(2) 有感情地朗读课文,背诵课文第三、四自然段。

(3) 边读内容边想象画面,联系上下文体会词语表达上的含义。了解本文的写作特点。

(4) 通过学习本篇课文,让学生感受大自然的壮观,受到自然美的熏陶,能把自己的阅读感受与他人交流。

二、教学重点

感受钱塘江大潮的壮观景象,受到自然美的熏陶。

三、教学难点

体会文中一些语句,想象课文中描绘的钱塘江大潮的景象。

四、教学方法

四年级的学生好奇心强,求知欲日益增加,但他们的认知能力有限,对文字描写的景象难以形成深切体会,因此可采用创设情境法进行教学。如上课时播放钱塘江大潮壮观景象,让学生结合文中的文字描写深刻感受。

阅读教学中,朗读是最重要、最经常的练习,因为在朗读的过程中可以理解课文内容,体会作者的思想感情,还可以培养语感。因此,还可采用以读代讲法进行教学,组织学生进行朗读比赛,读一读、议一议,看谁能把潮来时的那种"浩浩荡荡、山崩地裂"的气势读出来。

在新课程标准的理念中,学生是学习和发展的主体,教师是学生学习的组织者和合作者,教师的任务不仅仅是教给学生知识,更重要的是教给学生学习的方法,使他们在自主能动的学习过程中发现学习的快乐。因此在这堂课中可以采用自主探究式学法。"钱塘江大潮,自古以来被称为天下奇观",为什么这么说?"奇"在哪儿?让学生结合课前收集的资料说说自己对钱塘江大潮的了解。语文课堂应是开放而有活力的,因此还可以采用合作交流式学法,组织学生之间互相交流自己的独特感受,议一议文中的哪些词和句用得好。

五、教学程序

《观潮》这篇课文结构非常清楚,作者分别按潮来前、潮来时和潮来后这三个方面向我们详细介绍了钱塘江大潮的壮观景象,课文的第一自然段为总写,重点描写了潮来时的景象。这篇课文不仅可以让学生积累好词佳句,还是一篇写作的好范文。为了使本课的工具性和人文性统一,设计了几个教学环节,详见《实训》。

◆ 实 训

一、质疑导入,激起探究兴趣。

导语:"同学们,今天我们来学习《观潮》这一课。"(教师板书课题后提出问题,什么是观,什么是潮?师生交流后回到课文教学中。)请同学们齐读课文第一段"钱塘江大潮自古以来被称为天下奇观",提问"读到这儿,你们有什么要问的?"学生会质疑"为什么说钱塘江大潮是天下奇观,奇在哪儿?"让学生展示课前收集的资料,再结合课后的资料说说钱塘江大潮形成的原因。(意图:让学生主动参与到学习活动中,激起学习新知识的欲望,为下一步的学习做好铺垫。)

过渡语:"同学们,我们知道了这儿的潮水是由于特殊的地形而形成的,那它究竟是什么样的呢,我们一起走进课文去感受感受。我们先把课文的障碍——生字扫除掉。"

二、初读文章,整体感知。

1. 学生4人为一小组朗读课文,在读的过程中找出不理解的词、句,小组成员合作解决问题。

2. 小组成员讨论作者是按什么顺序来介绍钱塘江大潮的,重点写了哪一部分?(意图:小组之间互相讨论交流,有助于带动学生的思维,在文中找出问题,发现问题,共同解决问题,也促进了成员之间的团结。)

三、品读课文,深入感知。

这篇文章结构非常清楚,学生在教师的引导下很快就可以明白文章是按潮来前、潮来时和潮来后的顺序写的,教师就按照这个顺序来组织教学。

1. 指名朗读课文第二自然段,说一说这一段给我们介绍了什么?潮来前江面是什么景象?结合课文插图看一看人们都在干什么?这么多人都来看潮水说明了什么?他们现在是怎样的心情?如果你也在场会是什么心情?"这么多人来观看潮水,我们也来亲眼看一看。"

2. 播放潮来时录像,师生之间交流感受后再回到课文。学生自由朗读第三、四自然段,想一想作者又是按什么顺序描写潮来时的景象的,抓住了哪些特点来具体描写的?引导学生体会作者是按由远及近的顺序和声、形变化的特点来描写潮水来势汹涌的。指导朗读第三、四自然段,特别是第四自然段。指名让学生读,小组齐读,比赛读,看谁能把那种山崩地裂、万马奔腾的气势读出来。

再播放潮来时录像,请学生当解说员,按照顺序和声形变化介绍潮来时的景象。评一评,哪位解说员解说得最好。

3. 霎时,潮头就奔腾西去,这时江面又是怎样的景象?潮水西去后有什么变化?人们此时又会是怎样的心情?你要发出怎样的感叹?(意图:利用影像资料进行直观教学,给学生留下深刻的印象,这是其他教学手段无法比拟的。第一次播放录像让学生有初步印象,在这个基础上结合课文学习,使学生很快地把刚才看到的画面在头脑中重现一遍,从而更深入地理解课文内容。第二次播放录像,让学生不看书,直接对照画面做现场解说,利用孩子好胜的心理,积极调动孩子的思维,使课堂气氛活起来。)

4. 总结:钱塘江大潮为什么被称为天下奇观?(学生在学完课文后很快就能回答上来。)

四、回顾课文,加深印象。

这个环节让学生在文中找出自己喜欢的部分朗读,并给予时间展示。这样既巩固了学生的感受,又进一步激发了学生学习的积极性。

五、课后练习,拓展运用。

1. 把今天看到的钱塘江大潮的景象和感受讲给家长听,既锻炼了学生运用词汇的能力,又培养了学生的口头表达能力。

2. 让学生以《观潮》这篇课文做范文,按照一定的顺序写一处你印象最深刻的景观。学习到的写作方法应及时运用,有利于学生写作水平的提高。

六、板书设计。

观潮

潮来前　平静

潮来时 { 声:闷雷滚动　越来越大　山崩地裂
         形:一条白线　横贯江面　两丈水墙 }

潮来后　平静　涨水

第四章　教育口语训练

相传这样的一个教育案例：

有一位私塾先生，特别偏爱一个学生，特别讨厌另一个学生。有一天，两个学生读书时，读着读着就都趴在课桌上睡着了。先生看见他喜欢的学生趴在书上睡着了，笑眯眯地说："多好的孩子呀，连睡觉都想着学习。"当他转身看见他讨厌的学生也趴在书上睡着时，气得大骂："一读书就睡觉，真是孺子不可教也。"后来，他喜欢的学生中了进士，成为朝廷官员，为朝廷做了不少事；他不喜欢的学生只是个秀才，一生碌碌。由此可见，不同的教育语言会对人产生不同的影响。

第一节　教育口语概述

知识目标
1. 了解教育口语的含义和作用。
2. 了解教育口语的基本特征。
3. 了解教育口语的类型。
4. 掌握教育口语应用要求。

能力目标
1. 能熟练地使用教育口语。
2. 能运用教育口语处理课堂突发事件和对学生进行思想教育。

一、教育口语的含义

学校教育的目的是帮助学生健康成长，一方面通过学科教学向学生传授知识，运用教学语言传承人类文明发展的成果；另一方面则通过教育活动对学生进行道德、理想、情操的培养与引导。简单地说，就是教学与育人。而要实现育人目标，就要借助各种教育艺术,教育艺术体现在教育的方方面面。口头语言艺术包括教学语言艺术和教育语言艺术,本章重点讨论教育语言艺术,即教育口语。

教育口语,是教师根据党的教育方针,对学生进行思想品德教育、行为规范教育过程中所使用的具有说服力、感染力的工作用语。教育口语与教学口语一样,是每个教师必备的基本功,是完成教育任务不可缺少的工具,对学生思想品德的形成、智力的开发、人际关系的处理都有着重要作用。

二、教育口语的基本特征

(一) 针对性

教育口语的针对性,即教师在进行教育时,针对学生的个性特点、教育目标和教育情态,选用恰当的教育语言,以便取得最好的教育效果。

1. 根据对象选择内容和形式

即因人施言,根据学生的个性心理特征和接受能力选择话语内容和形式。

案例 4-1

朱老师板书后,转过身发现赵明亮(化名)和他的同桌正弄手打脚,课堂秩序大乱,影响很不好。赵明亮性格开朗活泼,聪明好动,而他的同桌何明(化名)胆小文静。于是朱老师严肃地对赵明亮说:"赵明亮!趁老师不注意就搞小动作,捣乱课堂秩序,这是严重违反课堂纪律的行为!"下课后,朱老师把何明叫到教室外面,用平和的语气说:"老师平时挺关注你的,真心希望你的成绩能赶上来。这次上课与同桌弄手打脚,不但自己无心上课,而且影响了其他同学。请你自尊自爱,不要令老师失望。"这以后两位同学上课都非常认真。

分析

在这个案例中,朱老师根据教育对象的个性特征,分别采用了不同的教育口语和教育方式:对性格外向,心理承受能力强的学生采取公开批评的方式;而对胆小内向的何明,朱教师则采用说理疏导的课外谈话方式。

2. 根据目标选择内容和形式

即因事施言,根据说话要解决的问题和达到的目的,恰当地选择和组织教育话语。教师在介入之前要摸清情况,确定要解决的问题和达到的目标,在此基础上确定教育话语的内容、态度与语气。

案例 4-2

二年级有一位小同学站队时总是拖拖拉拉不想站,他不是在教室里磨蹭,就是跑到一边玩。

一天,放学站队时,那位小同学在后面磨蹭,这时一群大雁从头顶飞过,教师把那位同学叫过来,拍着他的肩膀说:"小强,你看见了吗?这群大雁排队排得多整齐啊,它们一会排成个'人'字,一会排成个'一'字,没有一个不守纪律的。你知道它们为什么没有一个不排队的吗?"小强说:"不知道。"教师接着说:"因为那样会脱离集体,会掉队,掉队就会迷失方向,遇到危险。"小强渐渐明白过来。从此,他排队再也不磨蹭了。

分析

小强排队磨蹭,本不是很严重的问题,但长久如此,也会养成拖沓的坏习惯。所以能够把小强排队磨蹭的坏习惯改掉就达到教育目的了。于是,教师借大雁排成整齐的队列从空中飞过的情形教育小强,既使小强明白了道理,又体现出教师教育话语的贴切、自然。

3. 根据态势选择内容和形式

即因势施言,抓住引发学生思想转变的时机,见机而言,因势利导。教育时机一般有三个阶段:问题爆发之前的苗头期,问题冲突之中的高潮期,问题发生之后的尾声期。其中,苗头期往往是最为理想的教育时机。教师及时发现苗头,及时跟进,才能取得最佳教育效果。

案例 4-3

有两个同学在教室里打架,他们互相抱着头,瞪着眼,喘着粗气,憋足了劲,准备较量。看着他们俩那样子,教师风趣地说:"喂,你俩干什么呢?是在亲热拥抱吧!"

"哈哈!"同学们一阵哄堂大笑。

他俩松开了手,红了脸,互相瞅瞅也笑了。

分析

两个学生的"战斗"一触即发,教师幽默的话语使得事态马上发生变化,不但事态没有恶化,而且双方还化敌为友,化干戈为玉帛。取得这样的效果与教师把握的时机和运用的教育口语分不开。

4. 根据场合选择内容和形式

即因地施言。教育的地点、场合对谈话的效果影响很大,教师选择学生能够坦然释怀的场合进行教育谈话,有利于学生思想转化。

案例 4-4

教师上课时发现一个女生在低头看一本杂志,当该生知道教师在注意她时,慌忙把杂志塞进课桌里。下课后,教师叫她到办公室去一趟,可教师在办公室左等右等却不见她的身影,只好返回去找她,发现她局促不安地站在楼梯口。教师把她叫到一边,问她:"为什么不到办公室去?"她对教师说:"怕你当着这么多老师的面批评我。"望着这位女生涨得通红的脸,这位教师改变了主意,就在楼梯口与她进行交谈。学生认识到了自己的错误,表示一定改正。

分析

学生是很在意教师教育自己的场合的,因为这关系到自尊。这位教师刚开始并没有意识到这点,准备在教师办公室对上课看杂志的学生进行教育,当学生说"怕你当着这么多老师批评我"时,教师马上更换教育场合,并取得良好效果。

(二) 说理性

说理,就是用摆事实、讲道理的方式说明是非得失,让学生明辨事理,并把这种认识内化成素养,自觉地指导自己的行为方式。经验丰富的教师常常采用说理的方法,帮助学生改变错误看法,接受正确观点。这既是教育学生的有效手段,也是教师思想水平、理论修养、道德修养的集中体现。

案例 4-5

学生向教师请假去参加表姐的婚礼。教师问道:"告诉老师,你去能给表姐帮什么忙?抬东西吗?要不就是管理事情?"看着学生直摇头,教师温和地说:"老师知道,去吃你表姐的喜酒是你期盼已久的事情。如果她在节假日结婚,我们不用上课能去当然好。可是现在情况不同,明天数学、语文都是新课,连你们活动课教师也说,明天活动课还要搞小制作比赛。你要是不来上学,那损失有多大呀!假如你只是想去凑热闹,就太不划算了;想吃好东西,可以让你爸爸妈妈给你多捎些回来。"学生站在教师面前,眼睛里有泪珠在滚动。"这样吧,老师已帮你把事情分析了,对你请假的事,教师不说行,也不说不行。至于怎么办,你今晚回去好好考虑考虑。"第二天,学生按时来到学校上课。(张玉梅的《给孩子出道选择题》)

分析

在这个案例中,教师就不赞成学生请假参加表姐婚礼进行说理。理由有三:一是学生去参加婚礼帮不上什么忙;二是明天数学和语文都上新课,活动课有小制作比赛,参加婚礼就错过了学习机会,得不偿失;三是想吃东西可以叫大人多带点回来。教师帮学生分析了请假参加表姐婚礼的得失,说服了学生,"第二天,学生按时来到学校上课"。

(三) 诱导性

诱导就是教师运用启迪、引导等方式,循循善诱,因势利导,发挥教育机智,促使学生自我转变。

案例 4-6

有位学生私心较重,常因个人利益与其他同学斤斤计较,他的班主任一直关注着他的言行。一次,班主任发现他在给水仙花换水,便问他为什么喜欢水仙。他说:"水仙花青葱可爱,开花雅淡清香。"教师顺势诱导说:"对!水仙花青葱可爱,开花雅淡清香,它只要一点清水和一点点养料,给大家带来的是清新花香和美的享受。这正是水仙花惹人喜爱的原因。人是万物之灵,当然会比水仙花更可爱了。"这位学生点点头,说:"老师,我明白了,做人也要像水仙花一样,不要一味索取,要奉献,要大方。"

分析

这位教师没有直接批评这位学生斤斤计较,而通过讲述水仙花只要求人们一点点,就给予人们清新的空气和美的享受的品性,引导学生做人要像水仙花一样,不要只想着得到,应想着奉献。学生从话中听出了弦外之音,内心受到触动。这样的教育话语不仅减少了直言的刺激性,而且避免了"揭短"之嫌,使学生自省自悟,达到了教育的目的。

(四) 情感性

情感性也称为感染性,是指教师运用充满感情和具有感染力的语言激发学生的感情,学生在充溢感情的氛围中受到感染,内心受到触动,从而自觉接受教育。此谓"晓之以理、动之以情、以诚相待、以情感人"。当然,这种感情是积极的、健康的,包含平等、真诚、信任、爱护和关心等情感。

案例 4-7

小郑是一名调皮捣蛋的学生。不但上课捣乱,破坏课堂秩序,课后也经常惹是生非。教师多次批评教育他,收效甚微。这年的5月,他父亲因为车祸离开人世,母亲打击过大,整天以泪洗面,变得神志不清。小郑既要忍受失去父亲的悲痛,又要照顾犯病的母亲,压力非常大。他在学校里无精打采,常常躲在角落里哭泣。班主任罗艳老师了解到郑强的不幸之后,并没有因为以前他的表现不好而放弃对他的教育。罗老师在班里发动了一次募捐,希望能多在经济上给予援助,并把他叫到办公室,抚摸着他的头,饱含感情地说:"对于你家的遭遇,我和同学们深表同情,我们也非常悲痛。失去亲人,是人生的最大痛苦。"小郑禁不住放声大哭,待他情绪稍微平静,罗老师接着说:"事情已经发生,我们要积极面对。你父亲在天之灵肯定希望你坚强;你母亲也需要你的笑脸,看到你勇敢坚强,你母亲会感到快乐,看到希望,会很快好起来的。我和全班同学永远与你一起,永远支持你。同时希望你以后认真学习,学有所成,做一个对社会有贡献的人。"罗老师还先后三次找他,用充满感情的话安慰他。小郑的情绪逐渐好起来,学习认真多了,成绩有了明显的进步。

分析

小郑是一名调皮捣蛋的学生,一般情境下对他的教育较难收效。罗老师利用他家遭受重大变故之机,先在经济上援助他,继而用饱含感情的话语安慰他、鼓励他,既使他摆脱了不良情绪,又使他改掉了以前的毛病。

三、教育口语类型

教育口语主要有如下几种类型:启迪语、暗示语、说服语、劝导语、激励语和批评语等,后面几节将详细介绍。

实 训

一、教育口语的针对性。

某校六年级学生朱发财娇生惯养,一次他请来七八个要好的同学到一家豪华饭店摆生日宴席,一口气点了700多元的菜肴,服务员惊呆了。"怎么,怕我付不起钱?我银行存款比你干两年的工资还要高。"小寿星从口袋里抽出8张百元大钞,叫道:"还不快点上菜!"针对这样的小顾客,服务员怎么说?

1. 训练方法:10人一组,进行情景模拟。1人扮演朱发财,1人扮演服务员,其余众人扮成朱发财的同学。

2. 训练要求:针对朱发财选择恰当的教育口语,既帮助服务员摆脱这种尴尬局面,又好好教育朱发财。

3. 训练评价:帮助服务员摆脱了尴尬,教育了朱发财。

二、教育口语的说理性。

在课外活动时,甲、乙两位同学发生了争执。甲在情绪激动时动手打了乙一记耳光,旁边的同学赶紧把他俩拉开。乙认为自己被打了耳光,既丢了面子又吃了亏,十分恼怒,准备寻机报复。你作为班主任了解情况后,怎样对乙说理,打消其报复的念头。

1. 训练方法:2人一组,先由A扮乙同学,B扮教师,再互换。

2. 训练要求:A、B两位扮演教师时要积极主动。

3. 训练评价:扮演教师的同学能把道理说得有条理,能使乙同学服气。

三、教育口语的诱导性。

二年级的学生邢洁习惯随手扔垃圾,有一次把吃剩的粥倒在地板上,一位同学不小心踩在上面摔了一跤,头上鼓了个大包。邢洁对此却不以为意。教师想通过这事诱导她改掉这个毛病。假如你是班主任,你怎么对邢洁说?

1. 训练方法:3人一组,1人扮演邢洁,1人扮成教师,第3个人做评委,3人循环练习。

2. 训练要求:诱导语内容、语气要恰当。

3. 训练评价:能依据邢洁的个性选择恰当的语气,使其明白随手扔垃圾的危害。

四、教育口语的情感性。

说一段充满感情的话。

1. 训练方法:两人一组,面对面说一段话。

2. 训练要求:所说的话充满感情,用感情打动对方。

3. 训练评价:对方被话语所感动。

第二节　启迪语、暗示语训练

知识目标
1. 了解启迪语和暗示语的含义及意义。
2. 了解启迪语和暗示语的基本要求。
3. 了解启迪的类型,掌握相应启迪语的应用。
4. 了解暗示的类型,掌握相应暗示语的应用。

能力目标
能根据实际情形正确使用启迪语和暗示语。

一、启迪语训练

(一) 启迪语的含义及意义

启迪,就是开导启发,启人心扉。启迪语是教师开启学生的情感和认识,促进学生积极思考、进行自我教育,并按正确原则行动的教育口语。启迪语具有引导学生自我践约;帮助违规学生进行自我反省;诱导学生形成正确观念,激发他们的内驱力并付诸行动等功能。

(二) 启迪语的基本要求

1. 切合实际,直观生动

运用启迪语要因人而异,针对不同个性的学生,以及不同的问题、情况,选取学生最易接受的、灵活生动的语言,使学生积极思考,认识错误,改掉毛病。

案例 4-8

小丽是一名性格开朗、聪明好学的学生,且外表美丽,水灵秀气,很多男同学都努力讨好她。她与隔壁班的一位男生频繁接触,上课时经常走神,成绩迅速下降。班主任意识到姚丽早恋了。为了避免小丽产生抵触情绪,班主任在学校的桃李园与她谈话:"你看,这棵桃树,因为春天到了,开始发芽了。多好的春天啊,给万物带来了生机!你看,一棵芽,以后就是一朵桃花,再以后,就是一颗又大又甜的桃子呀!"班主任又指着一株桃树说:"怎么搞的,这里已开了一朵花? 哎,开早了些,现在还没到开花的季节,没到开花时候开的花,是一种不结果的花呀!"小丽听到这里,心里似乎被猛敲了一下。班主任又说:"争春,不一定提前表露;早柳提前发芽,但春天刚到,就开始枯黄,成了飘落无情的柳絮;而竹笋,春日将头埋在土里,吸收着丰富的水分和营养,然后拔地而起,直冲云天……"班主任讲完话后,小丽先用惊恐的目光望着教师,继而低下了头。

分析

班主任针对敏感而又不好处理的早恋问题,不是单刀直入,用大道理进行说教,而是利用"没到开花时节开的桃花不结果","提前发芽的柳条春天刚到就枯黄,成了飘落无情的柳絮","竹笋吸收丰富的水分和营养,然后拔地而起"的自然现象启迪小丽:植物违时,没有好结果;人不到恋爱时候恋爱,也不会有好结果。这种教育语言生动含蓄,能引起学生思考,同时避免了教师因正面说教而产生的尴尬。

2. 易于联想,便于对比

启迪语要能够由联想产生对比,学生通过对比认识自己的错误或不足。因此所选取的语言要能引发联想,联想到的事物与教育内容具有可比性,从而使学生在对比中领悟到其中的道理。

案例 4-9

一名转学生的作业潦草,教师把他叫到办公室,拿出一本字迹工整的作业给他看,说:"你看这位同学作业写得怎样?"他看了一眼,没说什么。教师又拿出一本字迹不工整、错误较多的作业给他看,再问他:"你看这本怎么样?"这位同学看了后说:"跟我差不多。""你看看两本作业本的名字。"这回这位学生疑惑了:"都是李林的?"教师抓住时机,诚恳地说:"差一点的是李林以前的作业,另一本是他现在的作业。"教师又亲切地补充:"李林同学经过半年的努力,写出了工整漂亮的作业。因此,做什么事只要努力去做,都会有进步。"这位学生听了教师的话顿时明白了:"老师,我知道我的作业字迹潦草,总改不掉,现在,我终于有信心了。"果然,他后来写的作业工整多了。(张景《例谈教师说服学生的技巧》)

分析

学生作业字迹潦草总是令教师头疼的,这位教师既没用大道理对学生进行说教,也没有直接指出学生字迹潦草,而是借用其他同学字迹的前后变化,使学生联想到自己的作业,进而认识到自己的不足并决心改正。

3. 赞扬为主,促进转化

赞扬是有指向的启迪,积极评价学生的思想转化,能增强学生内心的愉悦情感,促使他们行动。

案例 4-10

小影这次英语测验得了91分,拿着试卷到处展示。英语老师纳闷了:小影的英语成绩一向不及格,这次居然得了91分!经过调查了解,这次测验之前,小影把测验单元的单词全抄在一张很小的纸片上,考试时把纸片放在试卷下面,趁监考教师不注意就偷看,最终靠这种"小聪明"取得高分。教师了解情况后,在班会上说:"小影同学英语进步很大,上课踊跃回答问题,作业好多次都是良好。身为班干部,做事认真,敢于负责,偶尔做得不对,也敢于承认错误。"班会后,小影主动找到教师说:"老师,我错了,英语测验我不应该作弊,以后我一定好好学英语。"

分析

教师在班会上并不直接批评小影考试作弊,而是肯定他英语有进步(当然并不是指这次测验分数高),而且表扬他是一位做事认真、敢于负责的班干部,偶尔做错事也敢于承认,启发、引导他做错了事就要敢于承认并改正。在教师的启发下,小影认识到自己的错误,表示要好好学英语。

(三)启迪的类型及相应启迪语的应用

1. 提问

根据谈话目的,有针对性地向学生提出问题,引导他们对事物作出肯定或否定的评价,以改变以前的错误认识。要注意的是提问不是责问、盘问、追问和逼问。

案例 4-11

一次校会,邻班同学损坏了我班一把椅子,虽经修理后还能用,但一不小心它就嘎嘎吱吱地"呻吟"。这天全校锯炉柴,操场上摆满了各班的椅子。回到教室做劳动总结时,教师发现那把坏椅子不见了,而多了一把新椅子。同学都推说不知道,班长也支支吾吾。教师明白了:一定是有同学趁机用坏椅子换了邻班的新椅子。

教师正在琢磨该怎样教育学生时,一位一年级的小学生拖着一根炉柴进来了。"老师,这是你们班的炉柴,我们班的同学不小心拖错了,现在给你们送来。"教师心里一动,连忙拉住她问:"你为什么要把炉柴送回来呀?""因为炉柴是你们班的,我们不能要。"教师故意问:"假如我们班的同学以前故意拖过你们班的炉柴,现在你们发现错拖了我们班的炉柴后,你们还会把炉柴送回来吗?""那我们也会把炉柴送回来的。""为什么呢?""因为……因为我们应该这样做。"她大声回答。于是教师转向自己班的同学:"大家说她回答得好不好?""好!"教室里响起一片掌声。一些同学此时明白了教师的用意,不自然地低下了头。下课后,班长和几位同学一起搬起那把新椅子,向邻班教室走去。(米字永《两把椅子与一根炉柴》)

分析

在这个案例中,班里的学生以坏椅子换邻班的新椅子,教师发现问题后不是马上批评学生,而是认真琢磨怎样教育学生,刚好一年级小同学还炉柴,教师利用这种机会对学生进行教育。教师向小同学提出三个具有启发性的问题,小同学的回答刚好成了教育本班学生的材料,在此基础上,教师反问本班学生"她回答得好不好",不露痕迹地让本班学生在肯定小同学行为的同时否定了自己先前的做法。教师没有批评,没有长篇说教,利用小同学自觉归还别人东西的小事巧设问题,启迪本班同学。

2. 分析

由于小学生认知水平较低,社会阅历较肤浅,他们很难通过表象看清本质,这直接影响了他们对问题正误的判断,教师常常通过事件分析来提高学生的思想认识,以对客观事物作出正确评价。

案例 4-12

小衡的嘴巴总是说个没完,但令同学厌烦的是他喜欢给人起绰号,并且课前课后总叫绰号。有个学生小景肤色较黑,身材较胖,且背有点驼,就给起了个绰号"屎壳郎",且很快在班里传开了。小景因害怕同学叫他的绰号,几天没来学校上课了,并且扬言要叫几个人狠狠揍张衡一顿,好好教训他。教师了解情况后,找到小衡说:"很多历史人物都有绰号,对人民、国家作出贡献的人,人们给他起褒义的绰号,后人永远记住他;对损害国家利益、鱼肉百姓的人,人们给他起贬义绰号,后人永远唾弃他。现在大家都认为,给人起绰号是不文明的,给人起不雅绰号更是不道德的。我们学校也有些同学喜欢给人起绰号,但有些绰号是侮辱人的,结果,有的同学因为有了不雅绰号在同学面前抬不起头来,产生了自卑心理,不但影响学习,严重的甚至影响心理健康。"小衡说:"教师,我给同学起绰号是闹着玩的,没想到对小景同学造成这么大的伤害。明天我到他家向他道歉。"第二天,教师和小衡一起来到小景家,小衡向小景表示了深深的歉意。最终两个人和好了。

分析

教师从很多历史人物有绰号入手,分析了绰号的功用——褒贬人物,进而指出现在给人起绰号是不文明、不道德的行为,再谈到起不雅绰号的危害:使人产生自卑心理,影响学习,严重的影响心理健康。通过教师的分析,小衡明白了给小景同学起绰号是不对的,并主动向他道歉。

3. 举例

对于认知能力和思维水平不高的小学生,用大道理进行说教,效果可能不理想,选取易于理解而其中包含类似道理的例子,更直观,教育更有效。

案例 4-13

二年级(5)班的学生小铭,各门功课都不好,对学习失去了信心,产生了厌学情绪。班主任认为他智力发展是正常的,只是学习方法不对。于是,班主任找到他说:"你知道童第周吗?""不知道。""你愿意听他的故事吗?"一听教师要讲故事,小铭顿时来了兴趣,说:"好啊!"于是班主任把童第周在做剥青蛙卵实验时怎样失败,怎样面对失败,最后取得成功的经过作了生动的讲述。谈话结束时班主任语重心长地说:"人们做事总不会是一帆风顺的。"班主任看到小铭情绪激动,只听小铭说:"老师,我一定要向童第周爷爷学习。"后来,班主任在学习方法上给予了小铭一定的指导,他的成绩有了起色。

分析

对于成绩不好、失去信心的学生,这时候说大道理是很难听进去的,教师用生动的名人故事启发、鼓舞他,收到了明显的效果。

4. 设譬

设譬所阐释的道理比一般的举例要含蓄、深刻得多。直观、生动的设譬常常被教师作为对学生进行思想教育的手段。

案例 4-14

体育课进行中长跑训练,很多同学跑到一半,就累得气喘吁吁了,说:"太累了,实在不想跑了!"教师听到后大声说:"困难像弹簧,你强它就弱,你弱它就强。战胜弹簧!战胜弹簧!"很多同学终于坚持下去,完成了训练。

分析

在大家都跑得气喘吁吁时,讲大道理大家是听不进去的,教师用生动的比喻启发、鼓励学生,使学生坚持完成训练,既提高了学生身体素质,又培养了学生的意志品质。

5. 类比

教师列举类似的事物,讲清道理,学生明白了道理,也能提高认识。这种教育语言可以使抽象变具体,模糊变清晰,还可以比较出两种事物的异同,对抽象思维水平不高的低年级学生更为实用。

案例 4-15

阿楠给小刚起外号,小刚把阿楠的书包扔在地上。为此教师找小刚谈话。

教师说:"一个人走路时被石头绊了一脚,脚好痛。他生气极了,又用脚狠狠向石头踢去。你看他聪明吗?"小刚说:"傻瓜一个!""他傻在哪里?""脚已经痛了,再踢不是更痛吗?""那怎么办啊?""绕开走不就得了。""别人也会被绊跌跤呀,最好的办法是什么?"小刚想了一想,说:"把石头搬到墙角或垃圾箱里。""对!这样做,脚既不痛,又做了好事。"

过了一会儿,沉思后的小刚说:"教师,阿楠给我起外号是错的,好比石头绊了我的脚。我扔他的书包,就好像踢石头。这样既伤害了他,又伤害了我。我找阿楠谈心去,共同把这块'石头'搬掉。"

分析

小学生,尤其是低年级学生,逻辑思维能力还不强,所以在对他们进行启迪教育时,应当尽量避免哲理性太强的抽象说教,而采用类比的方法,道理就很容易被他们接受,教育效果才会理想。

二、暗示语训练

(一)暗示语的含义及意义

暗示语是指教师不直接明白地表示教育的意图,而采用委婉含蓄的语言让学生悟出教育意图,从而达到教育效果的口语形式。

教师把教育意图故意隐藏起来,或说得不显山露水,而学生能明白教师的意图。这种教育语言既能解开学生的思想疙瘩,又能使师生关系更为和谐。

(二)暗示语的基本要求

1. 旁敲侧击,点而不破

含蓄、间接是暗示语的特点,教育者的观点也就比较隐蔽。因此,使用暗示语时,要把握分寸,晦涩难懂听不出意旨,或直白表露不点已破,都失去暗示语的意义。

案例 4-16

在课堂上,个别学生对任课教师不尊重,甚至起哄,扰乱课堂秩序。得知情况后,班主任找那些闹得凶的学生谈话:"我打算开一次尊师演讲会,请你们当演员,给大家来场精彩的表演。"几个人听了脸红了,感到难为情,最后主动向任课教师认错。

分析

班主任没有用严厉的语言训斥学生,只是从侧面暗示了学生上课吵闹,不尊重教师。既含蓄地揭示了学生行为性质,又批评教育了学生,言微力重。

2. 诙谐含蓄,不露锋芒

使用暗示语时要注意使用含蓄而又生动的言辞。

案例 4-17

班主任了解到班上有不少学生抽烟,但他并未横加指责,也不点名批评,只是诙谐地讲了几句话:"今天,我给大家讲讲吸烟的好处。"一句妙语开场,如石击水。班主任接着讲道:"第一好处是吸烟引起咳嗽,夜半尤剧,可以吓退小偷;第二大好处是咳嗽导致驼背,可以节省布料……"

分析

这种诙谐含蓄的语言,暗示吸烟的危害,使学生在笑声中感受到和理解了教师的用意。

3. 把握心理,顺势而为

使用暗示语,有时是为了侧面敲击学生的思想,保护学生的自尊心,避免伤害学生面子;有时是为了提醒不觉悟的学生认识错误。教师依据学生的心理和情态,运用暗示语进行教育,往往能收到良好的效果。

4. 用语文明,彰显爱心

教师在使用暗示语时用语要文明、生动、优雅,杜绝粗俗,既彰显教师的素养,也体现对学生的关爱。

案例 4-18

教师在讲台上讲得神采飞扬,一位学生却伏在课桌上睡着了,教师的目光注视他时,同桌赶紧推醒他,教师委婉地说:"我讲的内容不太难懂,没必要低下头去沉思啊,纲要性的板书用笔记下来才记得更牢。"那位学生重振精神,边听边记。

分析

教师对上课睡觉的学生并没有恶语相向,而是用委婉的方式暗示学生边听边记,多种感官并用,"才记得更牢"。既顾及了学生的面子,又教给了学习方法。

(三) 暗示的类型及相应暗示语的运用

暗示有直接暗示和间接暗示两种。

1. 直接暗示

直接暗示是把事物的意义直接提供给人,使人迅速而无意识地受到暗示。直接暗示常用直陈式的说明。

案例 4-19

个别学生早读迟到,教师说:"明日早读进行纪律检查,各小组评比。"

分析

语言虽少,但直接暗示早读迟到是违纪行为,且有学生早读迟到,那么有这种行为的学生听到后会自觉改正。

2. 间接暗示

间接暗示把事物的意义间接地借助其他事物或行为提供给人,使人迅速而下意识地加以接受。间接暗示常借用故事、寓言、笑话、赠言(格言、名言、警句)等进行表述。

(1) 类比暗示

运用类似的事物或道理,不显山露水地对学生施以教育。

案例 4-20

一位生物教师在帮助一位曾受学校纪律处分、萎靡不振的学生时说:"海参遇到污染和不良环境,难免要把毒素吸到内脏去。海参吸入毒素,一经发作,身躯就会发生强烈的收缩,甚至把中毒的内脏全部或部分排出体外。有的海参为了排出毒素,把身体裂开,排出内脏。待游到适宜生存的良好环境时,再重新生长或长好,继续生活下去。"教师看了看这位学生,语重心长地说:"一个人有了缺点错误,就应该学习海参的精神。"在教师的暗示教育下,这位学生很快振作起来,第二学年还被评为"三好学生"。

分析

教师以"海参在不良环境难免会吸入毒素,却能通过身躯的收缩排出毒素,游到适宜生存的环境中,继续生活下去"作类比,暗示人难免会犯错误,认识并改正错误,就能"重新长好"。这位学生从教师的话中悟出了深刻的道理,内省不已,自排"内脏",最终还评上了"三好"学生。

(2) 笑话暗示

即用引人发笑的故事暗示,在笑声中使被批评者摆脱难堪,保持自尊,愉快地接受批评。

选择的笑话要有教育意义,既是非分明又充满善意。由于受暗示的是学生,笑话不能选冷嘲热讽的,也不能选包含低级趣味的。

(3) 寓言暗示

寓言往往隐含着劝喻或善意的讽刺,给人以启迪和教育。暗示教育所选用的寓言往往只叙述故事,寓意留给听者体味。

案例 4-21

眉眼口鼻争能

今年校运会,三年级(5)班得了团体总分第一。班上很多同学争功都说自己贡献大,有个别同学还居功自傲。班主任说:"我给大家讲个故事,叫《眉眼口鼻争能》。眉毛、眼睛、嘴巴、鼻子四种器官,都有灵气。有一天,嘴巴对鼻子说:'你有什么能耐,位置反而摆在我的上面?'鼻子说:'我能够辨别香臭,然后你才知道什么可以吃,所以摆在你上面。'鼻子对眼睛说:'你有什么能耐,位置反而摆在我的上面?'眼睛说:'我能够辨别美丑,瞭望四方,这功劳不小,应当摆在你上面。'鼻子又说:'你说得对,但眉毛有什么能耐也摆在我上面?'眉毛说:'我也不跟各位争论位置。不过,如果我生在眼睛和鼻子底下,那不晓得脸庞放到哪里去呢?'这时脑袋说话了:'你们各有各的用处,谁也离不开谁。只有大家团结起来,力量才最大。'"同学们听了这个寓言都低下了头。

分析

班级取得团体总分第一,是大家共同努力的结果。对有些学生争功甚至居功自傲,如果采取批评的方式,可能会挫伤学生为班级做事的积极性。教师运用寓言暗示,既肯定了学生为班级所做的贡献,又达到了教育学生的目的。

(4) 赠言暗示

针对学生存在的问题,运用能启发的名言、格言、警句等进行暗示。

运用赠言暗示要注意时机的选择,且与对方的认识能力相适应。赠言要简洁,富有哲理,能引发学生思考。

案例 4-22

某校初二有学生早恋。早恋的两位学生功课都挺好,在班里的威信也比较高,如果教育性话语不当,会伤害他们的自尊心,甚至会使他们抬不起头,或双双走失,效果肯定不好。怎么处理?这位教师是这样做的:在教室后边黑板的"每周班训"专栏里写出11个醒目的大字:"中学生早恋是进取的坟墓。"第二周又写出11个醒目的大字:"中学生早恋是人生的悲哀。"连续两周的班训都与早恋有关,给了有早恋行为的学生很大的暗示。

分析

这位教师采用不点名不道姓的赠言形式,语言简洁,含义丰富,点明了中学生早恋的危害,达到了教育的目的。

◆ **实　训**

一、提问式启迪语的应用技巧。

上学路上,一位学生边走边拍球,差点被车撞到。教师吓出了一身冷汗。假如你是那位教师,用提问式的启迪方法教育这位学生,应该怎样说?

1. 训练方法:把下面横线填充完整。

教师回到教室,找到那位同学,问:"_____。"

2. 训练要求:设计几个问题,启发引导学生认识到在马路上玩球的危害。

3. 训练评价:设计的问题能提高学生在马路上玩耍危险性的认识。

二、类比式启迪语的应用技巧。

有一位学生抄了别人的作业,还振振有词说:"他是我们班的学习尖子,向他学习还有错?"请你用类比的方法来启发他,使抄别人作业的学生认识错误。

1. 训练方法:两人一组,互相用类比法启发对方。

2. 训练要求:能够列举相似的事情或道理来类比。

3. 训练评价:列举的事情或道理与描述的情景具有可比性。

三、赠言暗示语的应用技巧。

柳颜和周劲是非常要好的同学,小学就要毕业了,以后就可能各奔东西了,一段时间柳颜情绪低落。周劲想赠言启发他不要有这种不良情绪。但不知道怎么写这赠言。请你帮助周劲设计赠言。

1. 训练方法:每人写5句赠言,互相评价。

2. 训练要求:赠言言简意赅,不得少于5条。

3. 训练评价:能起到暗示劝慰作用。

第三节 说服语、劝导语训练

知识目标

1. 了解说服语和劝导语的含义及意义。
2. 了解说服语和劝导语的基本要求。
3. 了解说服的类型,掌握相应说服语的应用。
4. 了解劝导的类型,掌握相应劝导语的应用。

能力目标

1. 能根据情景正确使用说服语和劝导语。
2. 能运用说服语和劝导语处理教育过程中出现的问题。

一、说服语训练

（一）说服语的含义及意义

说服，即通过摆事实、讲道理的方式，使听话者接受某种意见或观点。说服语是教师在教育活动中，通过讲述生动的事例，阐明正确的道理，影响、改变学生原来的观念和立场，引导其行为趋于预期目标的口语形式。当代中国说服教育方法经历着由传统的"注入—征服"模式，到"传递—信服"模式，再到"选择—诚服"模式的演变。这种方式的演变体现了人们说服教育观念的变化，即从忽视被说服者的道德主体性，或忽略被说服者的道德动机，到强调被说服者在说服教育中的主体作用，重视被说服者道德内化的过程。现代的说服教育，注重发挥学生在教育活动中的主体作用，注重说服活动中学生对道德的认知和内化，因而说服语成为对中、小学生进行思想道德教育的重要形式。

（二）说服语的基本要求

1. 目的明确，量体裁衣

说服不是教师的"独白"，而是师生相互影响的过程，说服的目的是使双方达成共识，解决问题。了解情况、理解学生是"说服"成功的前提条件。因此，在"说"前、"说"中，教师都必须深入了解说服对象的情况和心理，对症下药，采取满足其需要、适应其接受特点的说服方式，"投其所好"，"量体裁衣"。

案例 4-23

有一个中学生才思敏捷，从初一开始就在英语竞赛中屡获殊荣，由于表现出色，当地电台曾报道过他的事迹。众人的赏识，使他慢慢滋生了骄傲自满的情绪，上课不认真，课后不按时完成作业，有时还迟到和早退，成绩迅速下降，教师和家长都非常着急。班主任了解情况后找他谈话："你的外语水平在全年级是最好的，大家都为你高兴，老师也因你而骄傲。"学生默不作声，脸上露出得意神色。班主任接着说："据同学反映，近段时间你有时迟到，有时早退，上课不认真，成绩也下降了，特别是英语，成绩下降很快，有些简单的词语的用法你也不能辨认。"这时学生脸色微红，感觉不好意思。班主任严肃地说："恕我直言，你现在有一种自满情绪，这种自满情绪阻碍着你的成长和进步。人一旦骄傲自满，就会认为自己很了不起，丧失奋斗的动力，从而裹足不前。老师和同学都期待你能为班级和学校争取更大的荣誉，成为杰出人才。"这位学生低下了头。

分析

这位班主任了解情况后，针对学生骄傲自满的症结，对症下药：先肯定这位学生以前取得的成绩，接着指出目前的状况，最后分析骄傲自满的危害，说服了学生。

2. 就事论事，以理服人

在说服学生的过程中，应当根据具体事情，就事论事，再通过讲道理，使学生口服心服。

案例 4-24

某校学生晓京，上初二时，就在省内外几家报纸、杂志上发表过 10 多篇散文、诗歌，获得好几次征文奖。去年暑假他创作的《一个中学生的故事》的电视剧本，又被省电视台选用了，正准备开拍。消息传开，他觉得自己身价倍增，洋洋得意。然而，这个学期，他写的作文，语文教师却连续三次叫他重写，评语是"文不对题，离题万里"。晓京因此气愤不已，在背地里说教师要么没水平看他的文章，要么是眼红他，扬言要向教师公开摊牌。

教师了解情况后，找到晓京，用平和的语气说："你以前确实在文学方面取得了一定成绩。但是，你注意你现在的心态没有？你心里只想着以前取得的成绩，而没脚踏实地夯实基础，努力提高。就说你写的这三篇作文吧，你花了心思吗？你是在应付。我认为我的评语是恰如其分的，并没贬低你的意思。以前并不代表现在，现在不努力提高，那是在原地踏步啊。你不进步、提高，别人会迎头赶上，那样你就要落伍了。古代有个叫江淹的文学家，当年多有才气，由于满足现状，不思进取，落得'江郎才尽'的下场。"晓京渐渐抬起了头，望着教师不断地点头："我懂了。我这就回去认真修改。"

分析

为什么短短几句话，就把学生说服了？第一，就事论事，针对作文中存在的问题进行说服教育；第二，抓住了问题的症结，即满足以前的成绩，不思进取；第三，用"山外有山"和不进则退的道理进行说服教育。

3. 把握时机，态度诚恳

说服的最终目的，是使学生放弃自己原来的错误观念，改正错误做法，心悦诚服地接受正确的意见和建议。因此，在说服过程中，教师应以诚恳的态度，推心置腹地与学生交谈，切不可简单粗暴。

同时，还要把握时机，如果对方正在气头上，或者对方的抵触情绪正强烈的时候，直接争辩是很难收到良好效果的。这时，说服者就要稍作让步，设身处地，换位思考，待对方情绪稳定时，努力获得对方的信任和理解，再晓之以理，动之以情。

4. 语言中肯，不说空话

在对学生进行思想教育时，大话、空话、套话连篇，不但不能使学生信服，还会令学生反感，效果适得其反。

案例 4-25

许多学生做事总是畏畏缩缩，放不开手脚，李老师问他们这是为什么。学生说："事后闲言碎语太多，口水淹死人。"李老师抓住时机对学生进行说服教育："我先给大家讲个故事。一天，祖孙二人骑驴去赶集，路人议论说：'两个人骑一驴过于残忍。'于是爷爷下来让孙子骑。路人纷纷议论说：'孙子不孝。'孙子赶紧下来让爷爷上去。路人又说：'老人心肠太硬。'后来两个人都不骑了。路人又说：'你看有毛驴不骑是傻瓜。'"学生们都笑起来。李老师又问："大家说说，这祖孙二人该怎么办？"学生们都会心地笑着说："走自己的路，让别人去说吧。"从此，爱议论别人的学生不再议论别人了，做事畏畏缩缩的学生也不计较别人的议论了。

分析

李老师在说服学生时话语不多，只讲了一个故事，这故事包含着深刻的道理：每做一件事总有人评说，那就让他们说去吧！故事简短，含义隽永，既鼓舞了做事的人，又教育了评头论足的人。

（三）说服的类型及相应说服语的应用

说服分为直接说服和间接说服。

1. 直接说服

直接说服，也称为正面说服，即说服时正面摆事实，讲道理，不绕弯子。正面说服是说服最基本的方式，它要求教师对所要处理的事件摆事实、讲道理、指危害、提要求，使学生明白错误根源在哪里，放弃陈见或错误做法，以实际行动改正错误。直接说服的方式有开门见山和层层推进两种。

（1）开门见山

就是教师在说服学生时直奔主题，指明利弊，提出改正方法。

案例 4-26

两位同学为了一点小事，由互相谩骂发展至拳脚相加，在操场上扭成一团，其他同学强行将他们拉开，只见高个的学生鼻口流血，显然吃亏了，同学们劝他不要再打了，可他火冒三丈："你们别管，今天没完。"说完弯腰捡起两块砖头准备再打。

这时老师赶来了，把他们叫到办公室。了解了事情的真相，查看了高个子学生的伤情并无大碍后，老师说："你们怎么不想想？为了这么点小事就动手打人？好在没造成更严重的身体伤害，如果事情进一步恶化，真用砖头砸下去，后果不堪设想！不但要遭受肉体疼痛，把你们送到医院，老师、家长都不得安宁，住院治疗一个月，一两万元就不见了。学校还会视情节的轻重对你们进行处分，如果把你们开除了，那多冤啊！为了这一点点的小事，就葬送了自己的求学生涯。你们看怎么办呢？"两人明白了事态进一步发展的严重后果，赶紧说："老师，我们错了，回去我们好好反省，改过。"

分析

教师直陈用砖头打人可能造成的严重后果，两位打架的学生认识到事态的严重性，承认了错误，并表示要好好反省。

（2）层层推进

改变学生陈见和错误做法的过程是反复的、复杂的，并不能一蹴而就，教师在运用说服语进行说服时要循序渐进、层层推进，才有可能取得预期的教育效果。层层推进体现在两个方面：其一，体现在说服谈话的安排上，可将谈话分为几个阶段或几个层次，循序渐进，逐步深入问题的实质；其二，体现在说服的过程当中，言语信息具有层次感，逐步推进认识，通过启发、引导，让学生实现自我说服。

案例 4-27

班主任发现一名女生有早恋苗头，连续找她谈了三次话。第一次在充分肯定其长处的前提下让她自己谈优缺点，女生回避了敏感问题。过几天的第二次谈话中，班主任明确表明了早恋不好的观点，征询女生的意见，并问："你觉得咱们班有早恋的同学吗？"对于班主任的探查，女生用模糊语言回答。第三次谈话时班主任直截了当，说："今天就想谈谈你的事。"并指出其早恋行为。女生在班主任许诺保密的前提下从头到尾讲述了其交朋友的经过。班主任趁机帮她分析早恋的危害。最后女生接受了教师的"让感情冷冻一下"，"绝对不要一对一地来往"的建议。

分析

班主任对早恋女生的说服教育分三个阶段：第一阶段肯定优点，回避敏感问题，为后面说服做铺垫；第二阶段初步切入早恋问题，并询问对早恋的看法，形成过渡；第三阶段指出其早恋行为并分析危害。经过这三个阶段，教师说服了早恋女生。

2. 间接说服

有时教师在说服时，言在此而意在彼，欲擒故纵，不正面摆事实、讲道理，而是迂回诱导，让学生自己感悟，这就是间接说服。

运用间接说服语与学生谈心，一般有引譬设喻、设疑诱导等。

（1）引譬设喻

为了使说服更能为学生接受，说服语中常常运用各种修辞手法，以增加说服的感染力。运用引譬设喻的妙处在于使说服语生动、形象、通俗易懂又易于接受。

案例 4-28

有位女学生经常化妆，非常爱打扮。教师约她到湖边，与她进行谈话。

"你喜欢这满湖的荷花吗？"

"当然喜欢啦。"

"它们这么美丽，是哪位画家把它们画成这样的吗？"

"不是，是它们自己长成这样子的。"

"对。它们的美丽正是来源于自然天成，没有斧凿之痕，没有任何人为的加工，才会这般美丽。"

"对！我就是喜欢这个！"她忘情地说了一句，然后注视着千姿百态的荷花，并没有意识到教师与她谈话的动机。

于是教师进一步启发道："如果拿起画笔给那朵荷花再添上几笔，你以为怎么样？"

"完全没有必要。"她毫不犹豫地说。

教师抓住时机,因势利导说:"是啊,你们正如这争妍斗奇的荷花,浑身散发出一种自然的、朴素的美。这种美是最高层次的美,什么人工美也比不了,如果化妆粉饰,反而会破坏自然美⋯⋯"

"老师,我上您的当了。"还没等教师说完她便狡黠地说,说完扮了个鬼脸。

分析

案例中的教师根据教育内容精心选择谈话地点,创设出一个非常合适的教育情景,淡化了说服教育的痕迹,然后以荷花比喻青少年,在学生毫无戒备心理时引导其理解和认同教师的观点,因而当教师点破说服教育的主题,引出"美在自然"的道理时,学生接受教师的教育就水到渠成了。

(2)设疑诱导

设疑诱导,即以设下疑问的方式,吸引学生的注意力,然后在引导学生解疑的过程中,给学生以教育。这样的说服方式自然是先"心服",再"口服"。教师对要解决问题的疑问设计一定要不露痕迹,水到渠成,才能抓住学生注意力,激发其兴趣。问题解决后要及时阐明道理所在,以强化设疑说服教育的效果。

案例 4-29

汤老师担任班主任的班级,一直是全校的优秀班集体。可是在汤老师住院治疗期间,这个班的成绩明显滑坡了。尤其是在段考中,全班53个同学竟有4两人严重舞弊。面对这种严重的局面,汤老师出院后的第一件事就是开班会。下面是汤老师在班会上的一段讲话:

师:你们知道,最近中央电视台正在开展什么活动吗?

生(齐声回答):质量万里行。

师:为什么要搞这个活动?

生:因为市场上的伪劣产品太多。

师:你和你家人看了这些电视报道以后,有什么感想?

生:对伪劣产品很气愤。

生:非常赞成中央电视台的做法。

生:我家的那台进口彩电就是假的⋯⋯

师:你们说得很对。伪劣产品危害我们每个家庭,更重要的是危及我们这个国家,我们这个民族。如果工厂老出伪劣产品,市场上到处是假货,我们这个国家、我们这个民族还能生存下去吗?工厂出产品,学校出人才。产品和人才,孰轻孰重?产品不行,抓一抓就可以上来,人才不行,可是一生一世,一代人。你们可是祖国的未来,民族的希望所在。如果你们在学习过程中也掺假,也出伪劣产品,国家和民族就没希望了。未来的世界是高科技的世界,科学来不得半点虚假。同学们,你们懂这个道理吗?

汤老师的话刚落,42名同学刷地站起来了,低下头。汤老师深情地望了大家一眼,又说了一句:"我以一个中国公民的身份感谢你们,感谢你们今天的诚实,感谢你们意识到了一种责任。"说完,她庄重地向学生鞠了一躬。全班同学无不热泪盈眶。从此,这个班的同学,不管在什么情况下,再也没有出现过舞弊现象了,该班级继续保持优秀班集体的光荣称号。

分析

教师的话不多,却说服了全班同学,而且延伸到他们的行为中。为什么?原因就在于这位教师巧设疑问,在诱导学生解答疑问时晓以大义,使学生懂得了一个道理:考试舞弊比工厂生产的伪劣产品带来的恶果更严重。全班没有一个学生不被教师的道理折服。

二、劝导语训练

(一) 劝导语的含义及意义

劝导,即劝说、诱导。劝导语就是教师在学生遇到困难,情绪低落或言行有错时进行劝说、诱导所使用的教育语言。有效的劝导语能化解、消除学生的消极情绪,能缓解矛盾、协调关系,还能消除误会、纠正错误,对学生的教育能起到事半功倍的效果。

(二) 劝导语的基本要求

1. 情为先导

劝导语不仅要动之以情,晓之以理,还应因势利导,使劝导如和风细雨般滋润学生心田。

案例 4-30

小李喜欢体育运动,是校篮球队的主力队员,但由于参加了过多的体育活动,学习成绩明显下降。为此,班主任几次找他谈话,提醒他处理好学习与体育的关系,但作用不大。

教育无效,班主任便去争取家长配合。建议家长对他采取紧急制约措施。家长接受了班主任的建议,对小李约法三章:退出篮球队;除上体育课不准到操场;禁止参加体育比赛。从此,小李在运动场上消失了。这下总该专心学习了吧?可课堂上小李总是一副失魂落魄的样子,学习更不认真了。任你怎样批评,他一言不发。平时对老师们敬而远之、逃而避之。班主任又找了他谈话。这次班主任不用命令的口吻,而是以朋友的身份,先从球谈起,谈中国女排的精神,谈中国篮球。慢慢地小李脸上露出笑容,高兴地插起话来。交谈中,班主任问小李:"近日你怎么不打球了?"小李长叹一口气,讲起了家里对他实行的"约法三章",委屈地说:"不让我打球,心里急得痒痒的,哪有心思学习呢!"班主任趁机说:"这不能怪你家里,主要责任在我。"接着班主任把过去的想法以及对家长的建议,坦率地告诉了小李。最后班主任恳切地说:"我和你父母的动机是好的,是想让你全面发展,别荒废了学业,然而做法是不妥当的。"

小李听班主任说得诚恳,有些激动起来,眼睛里涌出泪花,抢过话说道:"不,怪我自己学习不安心,辜负了教师的一片心意……"班主任接着说:"在不耽误学习的前提下,老师还是希望你积极参加各项体育活动。家长的工作我去做,希望你努力做到思想、学习、身体全面发展。"他连连点头,一蹦一跳地走了。

从此,小李又活跃在操场上,学习也认真起来。他学习一有进步,班主任就及时鼓励,渐渐地他对学习数理化的兴趣也像打篮球一样浓厚起来。一次,小李高兴地找到班主任说:"现在每当我弄懂一个概念,攻下一道难题,高兴的心情就像打球时投篮得分一样,心里甜滋滋的。"就这样,小李不仅在体育比赛中夺得了好成绩,期末考试也获得了班上总分第二名。

分析

刚开始时,教师采用教师、家长双重压制的方式强迫小李努力学习,但适得其反。教师再找小李谈话时,先不谈学习,谈他感兴趣的话题,继而用恳切的口吻告诉他"我和你父母的动机是好的"、"是怕你荒废了学业",让小李感受到教师对他的爱。在此基础上,劝说小李处理好体育运动与学习的关系,最后小李接受了教师的劝说。

2. 应因人而异

对待不同个性的学生要采用不同的劝导语,才更有可能收到预期效果。

案例 4-31

高大的赵蒙(化名)经常欺负个小的吕进(化名),吕进个子虽小,却很倔强,报复心理强。这天,吕进值日,看到赵蒙的书包还在课桌下,就把赵蒙的书包丢进垃圾桶里。他的一举一动被值班的班主任看到了。于是,班主任把他叫进办公室,问:"你为什么要这样做?"吕进说:"赵蒙老欺负我,我打不过他,我把他的书包丢进垃圾桶,他上课没课本,教师就会批评他。"教师说:"你去把他的书包捡回来。"吕进不太情愿,于是教师对他进行了劝导:"赵蒙欺负你,是赵蒙不对,你可以向教师反映情况。但你把赵蒙的书包丢进垃圾桶,你不对。赵蒙以后上课没课本,没作业本,那多麻烦啊,这个学期赵蒙学习要是退步了,作为同学你忍心吗?再说了,这事很容易调查清楚,当大家都知道了真相,你多尴尬啊!你以后怎么与同学相处啊。"吕进磨磨蹭蹭把书包捡回来,教师看他心里还有疙瘩,于是又说:"明天我找赵蒙谈谈,叫他不许欺负同学,他欺负你,我叫他向你认错。"听了这话,吕进的眉头才舒展开来。

分析

吕进是位倔强的学生,教师在劝导他时先分析丢书包的利弊,然后叫他把书包捡回来,他还不怎么情愿,最后教师抓住他担心赵蒙再欺负他的心理,进行劝导,解开了吕进的思想疙瘩。

3. 话语婉转

劝导的话语婉转,是为了避免刺激学生,同时使学生易于接受劝导,妥善解决问题。

案例 4-32

一次测验,部分学生因没考好情绪低落,把试卷揉成一团,扔进垃圾桶。教师为此劝导学生:"有一次,师傅教两个徒弟扎灯笼,他们同时做了半天,但都做不好。大徒弟气得把灯笼摔在地上,用脚踩,还边踩边说:'这么难做,我不做了!气死我了!'可是二徒弟特别认真地拿自己的灯笼和师傅做的样品反复对比,终于找出问题所在,最后做出了个比师傅做的样品还漂亮的灯笼。各位同学,我们该怎么吸取经验教训呢?"

分析

考试考砸了,学生心里肯定不好受。为了不再次刺激学生,同时劝导他们,教师讲了一个故事。故事说明:正视问题,找出症结,就能解决问题。因此教师用这个故事委婉地劝导学生:考试考砸并不可怕,只要找出问题,吸取教训,肯定能学好。

(三)劝导的类型及相应劝导语的应用

1. 借题发挥

借题发挥指借某件事情表达自己真正的意见或主张,以此来教育学生。借题发挥一般有预设和应变两种。预设的发挥更为深刻和严谨,应变则是随手拈来,灵活机智,常在诙谐的自我调侃中寓于深刻道理,使自己从困境中解脱出来。

案例 4-33

高老师应邀到市工读学校讲一堂人生道德课。

上课铃响了,高老师推开门,正要踏上讲台,一不留神,"扑通"摔了一跤,这下惹得同学们哄堂大笑。有的吹口哨,有的尖叫……教室后边的老师们吃惊之余,忙站起来,准备维持课堂秩序。

高老师从地上站起来,拍了拍身上灰土,扶正眼镜,不慌不忙地说:"同学们,请安静。这也是我给大家上的第一课。"一句话,大家都愣住了。"人生的旅途上,谁能保证不摔几次跤呢?我跌倒过,你们也跌倒过。跌倒了不怕,哪里跌倒,就从哪里爬起来!"高老师的几句话字字震动了这些曾失足过、饱受冷嘲热讽的少年……

在热烈的掌声中,高老师在黑板上写下了将要讲的题目:《人生的路应该怎样走》。

分析

在这个案例中,高老师借自己不小心摔了一跤作为契机,说明"我们都跌倒过",并教育曾经失足的工读学校的学生"哪里跌倒就从哪里爬起来",既帮助自己摆脱尴尬,也起到了一定的劝导作用。

2. 巧移概念

巧移概念指通过重新诠释概念,改变概念的性质,从而起到劝导作用。

案例 4-34

赵老师给小华补习功课。教师不厌其烦地讲解,可小华还是没完全听懂。站在一旁的家长指着儿子的鼻尖训斥道:"你真是一块顽石,你真是一块顽石!"儿子听了父亲的训斥,顿时变了脸色,自尊心受到极大的挫伤。赵老师拾过话头说:"是的,人生来都像一块顽石,但是,只要能够自觉地接受能工巧匠的凿刻,最终会成为一座雕像的。"赵老师的一席话使学生平静下来,气色好转,增强了信心,也使家长深受启发。最后学生完全听懂了赵老师的讲解,并领会了赵老师这段深含哲理的话语。他向赵老师保证:"今后一定要一刻不停地凿刻自己,塑造自己。"

分析

"顽石"用来比喻人,含有贬义,意指顽固不化。赵老师重新诠释"顽石",使他变成中性词,再用在学生身上,既帮助学生摆脱困窘的境地,又教育鼓舞了学生。

3. 引申启发

引中启发指引而不发,引导批评对象思考反省,进行自我教育,不包办代替,不乱扣帽子。学生扪心自问时,就会感到教师对他们的爱护和教诲,领悟到教师相信对他们的信任。

案例 4-35

饭厅里,有位来自农村的学生将一个肉包子一掰两半,啃掉肉馅后随手将包子扔进泔水桶里,扬长而去。班主任找他谈话:"这周的周记你就写丢包子这件事。如果你感到难写,我建议你想想下面几个问题再动笔:第一,你当时是怎么想的,过后有没有想过这件小事;第二,你父母是农民,如果他们看到了你刚才丢包子的情景,将会作出什么反应;第三,我今天建议你写这篇周记,你认为是否必要。"(周本清《通情方可达理——批评学生的语言艺术》)

分析

在这个案例中,班主任针对学生丢包子浪费粮食的事,设计了三个问题,引导学生进行自我反省,自我教育。

◆ 实 训

一、直接说服技巧。

学校举办了一次文化艺术节,初二班刘蕾的手工艺品获得了一等奖,大家都向她祝贺,并希望她在以后的竞赛中取得更好的成绩。可刘蕾不但不听,反而认为同学们是在讽刺她、妒忌她,对同学不理不睬。对她的做法,同学们也有意见,以致同学关系越来越僵。假如你是班主任,知道这个情况,直接说服刘蕾,怎么说?

训练方法:3人一组,1人扮成刘蕾,1人扮成刘蕾的班主任,1人做评委,班主任说服刘蕾。

训练要求:运用直接说服的方法说服刘蕾。

训练评价:说服语能够说服刘蕾,但不会打击刘蕾的积极性。

二、间接说服技巧。

张宇是班上的数学课代表,平时工作认真负责。可是,这学期却一反常态,同学们交给她作业本时不再认真检查。上课也心烦气躁,甚至连作业也不做。有一天,王老师找她谈话,了解到张宇家里十分困难,父亲得了重病,需要很多钱治疗,妈妈是个残疾人,照顾不了爸爸,张宇考虑再三,决定辍学,在家照顾父母。假如你是王老师,怎样婉转地说服张宇?

训练方法:2人一组,根据张宇的情况互相说服。

训练要求:运用间接说服的办法进行说服。

训练评价:能把张宇说服,但又不损张宇的自尊。

三、设疑诱导说服技巧。

小江的妈妈是名私立中学的教师,小江在市里一所普通中学上学。一次家长座谈会上,小江妈妈对小江成绩很不满意,当着许多家长和学生的面,小江妈妈指责教师没把孩子教育好,并说如果由她教育的话,孩子会变得越来越聪明……当时,教师觉得很难堪,本打算与她争辩,但她在稍作思考后说了一段话,使小江妈妈心悦诚服。

训练方法:4人一组,模拟当时情景,1人扮成小江,1人扮成小江妈妈,1人扮成小江教师,1人评价。如此互换角色。

训练要求:设计3~4个问题,在回答问题过程中说服小江的妈妈。

训练评价:能说服小江妈妈,又不会造成冲突。

四、巧移概念劝导技巧。

在上三年级的女儿回家后就钻进她的房间。爸爸叫她吃饭,她嘴巴撅得老高,就是不吃,眼里还有泪花。爸爸问她:"谁欺负你啦?"女儿气鼓鼓说:"我们班有同学叫我'小笨猪'。"你怎样帮助这位家长重新诠释"笨猪"劝导女孩?

训练方法:2人一组,1人扮成女孩爸爸,1人扮成小女孩,然后互换。

训练要求:赋予"笨猪"新含义,使它成为中性词。

训练评价:对"笨猪"的解释恰当,能起到劝导的作用。

五、婉转劝导技巧。

有一位非常敏感、胆小的女生,因为父母要求到教师那里背诵英语的任务未完成,担心受到父母的责怪,就自己在书上照教师的笔迹写上"A+"。回家后虽然瞒过了父母,可心里总是忐忑不安,最后还是鼓起勇气向父母承认了错误,而父母为此很生气。于是她把这件事写在了日记里。日记的最后一句是:"不知老师知道后会不会批评我?"假如你是这位女生的老师,该怎样婉转劝导这位女生?

训练方法:每人做一回这位女生的老师,在练习本上写下委婉的劝导语。

训练要求:针对女生的个性,设计婉转的劝导语。

训练评价:能消除女生忐忑不安的心理。

第四节 激励语、批评语训练

知识目标
1. 了解激励语和批评语的含义及意义。
2. 了解激励语和批评语的基本要求。
3. 了解激励的类型,掌握相应激励语的应用。
4. 了解批评的方式、类型,掌握相应批评语的应用。

能力目标
1. 能正确、灵活应用激励语和批评语。
2. 能够运用激励语和批评语处理生活、学习中遇到的问题。

一、激励语训练

(一)激励语的含义及意义

激励,就是激发和鼓励。中小学生正处于发育、成长阶段,这一时期,是他们人生观形成的重要时期。由于不容易认识自我,目标方向不稳定,所以在遇到困难和挫折时往往容易悲观失望、自暴自弃。遇到这种情形,教师就应使用激励语,教育、鼓舞学生,激励他们努力向上,使他们焕发出青少年积极奋进的勇气,自觉地为实现目标而努力奋斗。激励语就是教师用来鼓舞学生、振奋精神、激起斗志的教育语言。有效的激励语能够提振精神,唤起斗志,产生巨大的前进动力。

(二)激励语的基本要求

激励是教师管理、教育学生,促进其全面发展的重要手段,激励语的基本要求有以下五点。

1. 把握好"强度"

所谓"强度",是指保持稳定性的数量界线,超出这个界线,就会出现"越限效应"。教师对学生施以激励语时,要根据学生的不同情况和心理状态进行激励,否则,会引起学生不耐烦或逆反心理,"欲速则不达"。

案例 4-36

一则著名的轶闻：有一次，美国著名作家马克·吐温在教堂听牧师关于募捐的讲演。开始，他很感动，从衣袋里掏出所有的钱准备捐献。可是牧师还是讲个不停，马克·吐温气得把钱又塞回了自己的口袋。最后，当牧师终于结束了那个冗长的讲话时，气愤难忍的马克·吐温从盘子里偷了两元钱走了。

分析

这个牧师在使用激励语时没有把握好"强度"，超过了激励对象所能忍受的界限，适得其反。试想，一个心理素质很好的名人尚且忍受不了如此强烈的刺激，何况心理处于半成熟状态的青少年学生呢？

2. 选择好角度

在对学生进行激励时，师生之间感应敏锐，随时会发生心理上的交流和撞击，产生多种效应。因此，教师要选择好激励的角度，巧妙地寻找学生的最佳接受点。

案例 4-37

一位男生，平时爱搞恶作剧，经常在女同学课桌里放一些小麻雀、蟑螂、小昆虫等，同学们都很讨厌他。可是，当班上一位家境贫寒的女生得了重病，住进医院时，他也和班上同学一起捐献了 50 元钱，并给这位女生送了些营养品。班主任抓住这个契机，在班会上表扬了他，并进一步激励他做一个招人喜爱的孩子。这位男生很感动，不但改掉了爱捉弄人的毛病，还经常帮助同学修车、修桌椅。

分析

喜欢恶作剧、作弄人的学生身上不一定没有"闪光点"，班主任正是抓住这位男生表现出的短暂的积极向善的一面，进行表扬激励，结果彻底改变了这个男孩。

3. 及时激励

教师在平时的工作中多观察了解学生，对其"闪光点"及时表扬激励，能强化学生的思想认识。

案例 4-38

某学生在中学物理竞赛中获得了二等奖，教师马上组织主题班会，对她进行奖励，并让她向全班同学谈学习体会，号召全体同学向她学习，激励她再接再厉，取得更好的学习成绩。在教师的激励下，这位学生信心更足了，学习更刻苦了。第二年她又获殊荣。

分析

打铁趁火旺，激励要及时，不要等学生已淡忘其"辉煌"，教师才施加激励。那时，效果将大打折扣。

4. 掌握好程度

激励学生还要根据学生的年龄、性格等不同特点，在一定的场合，恰当地进行激励。有的可大张旗鼓，有的则要点到为止。对于肯定、赞扬等正面强化激励，不易过高过频。学生自我评价能力有限，若激励过分，会使他们以为自己什么都比别人强，产生认知失调和虚荣心；也不能搞以差衬优、厚此薄彼式的对比激励，这样会伤害学生的自尊心，也不利于同学之间的团结。

案例 3-39

一个非常调皮的学生，上课时喜欢大声嚷嚷，往往使发言的同学无法继续说下去。开始，教师用最平常的教育方法，如他嚷嚷时，点他的名，或敲敲他的桌子，或下课后严厉地批评他，但效果都不太理想。一次，教师很认真地把他叫到身旁，在他耳边说："上课时，如果你先认真倾听别人的意见，那么你的发言会比现在更精彩，愿意试试吗？"他很惊讶地望着教师，然后点点头。下一节课开始了，果然他听得很认真，发言也有理有据。教师抓住时机再激励："赵同学的回答有理有据，条理分明，教师和同学都被你折服了，可见有理不在声高，相信你以后会进步得更快！"这次激励后，他每次回答问题总是先认真思考，厘清思路后才举手以平静的声音作答，再也不大声嚷嚷了。

分析

教师的话语，既是激励，又是方法指导，恰如其分。

5. 以情动人

"感人心者，莫先乎情。"实施激励教育，教师首先应从情入手，把爱心与温情化作清凉的细雨，以自己的亲切、和善感染学生，在师生间架起友谊的桥梁。

案例 4-40

有位学生经常偷拿扒窃、旷课逃夜、聚众斗殴。教师费了九牛二虎之力把他安排到课堂里学习，前逐步校正不轨行为。但由于积习较深，常有反复。有一次他又逃学了，好不容易才找到他，教师要带他回家，他不肯，说："我好不了啦，要改那么多毛病，太吃力。你不要管我了。"尽管教师找他累得筋疲力尽，但教师相信精诚所至，金石为开，责备无济于事。现在他最需要的是亲情、温情、勇气和力量。教师对他说："我还没丧失信心，你倒没信心了。你能知道自己不行，承认自己身上有不少毛病，分清是非的能力已经大大提高了。这是改过的实实在在的基础，也是进步的开始。我理解你的苦处，你想和同学们一起学习，一起前进，可总有一只无形的大手拖着你，要你跟它做坏事，你要摆脱它，没力量，苦得很。我们一起帮你摆脱，我们班有几十个人，力量大，肯定能打得过那只无形的手，最重要的是你要有信心，你不是已经改了不少坏脾气了吗？"这位学生哭了，泣不成声，说："老师，我知道你为我好，我改，我一定改！"（整理自于漪《卓越教师第一课》）

分析

爱是教育学生的基础，"没有爱就没有教育"。在实施教育之前，要让学生感受到教师对他的关爱，教育才更有效，激励也是如此。这位教师先肯定学生，继而设身处地与学生谈心，拉近师生心理距离，让他感觉到教师对他的爱，最后对他进行激励。

（三）激励的类型及相应激励语的应用

1. 目标激励

崇高的理想、远大的目标，能激励学生积极向上。运用目标激励，可以有效地激发学生的潜能,促使学生为实现目标加倍努力。

案例 4-41

有位后进生,学习不努力,经常翻墙逃学,虽经班主任教育,但转变很慢。一天,他翻墙进校被校领导发现送到班里,同学们议论纷纷。班主任了解到他来校迟到的原因:当时校门口正统计各班迟到人数,他怕影响班级荣誉,又怕耽误上课,就翻墙了。这时班主任就对全班同学说:"过去这位同学翻墙,今天又翻墙,但这不是简单的重复错误。过去他是向外翻,是逃避上课去玩;今天他是向里翻,是为了学习,这中间有进步。试想,这样下去,我们大家谁能不相信他一定会成为好学生?"教师的话使他激动得流下了热泪,以后上进的步子越来越大。

分析

激励性的语言往往能化消极因素为积极因素,后进生翻墙逃学和翻墙入学的行为的确是错误的,但教师绕开这一点,指出这次翻墙是怕影响班级荣誉、耽误上课,肯定了他的进步,进而以"成为好学生"作为目标激励他,使他产生改掉毛病、努力学习、成为"好学生"的巨大动力。

2. 榜样激励

榜样能影响学生的思想和行为,对学生能产生巨大的感染作用,特别是学生身边的先进典型,看得见、摸得着,有一种真实感和说服力,容易引起学生情感的共鸣,给学生以鼓舞、教育和鞭策。

3. 竞争激励

根据学生现状,结合年龄特点、兴趣、爱好和特长,合理地选择竞争内容与形式,鼓励学生构建多方位、多框架的竞争机制,是教育口语的又一种方式。

案例 4-42

高一(5)班学习气氛浓厚,同学们每天晚上很晚才睡觉。结果期末体育考试,大部分同学不及格。班主任针对这种情况,组织了一次班会,他对同学们说:"我很赞赏同学们刻苦学习的精神。学习是一项长期的劳动,如果没有好身体,学习再好也不是成功者,身体是工作、学习的本钱,你们要珍惜、爱护自己的身体。目前我们班大部分同学的身体状况不符合中学生身体素质标准和要求,从现在起我们班开展一项体育达标竞赛活动,看谁能在下学期的体育测试中完全合格,合格者将成为我们班精英团队的旗手!看谁能成为第一位旗手!"

分析

班主任针对全班同学体育测试不合格这个事实,及时组织了班会,并在会上激励学生:谁最先通过体育达标测试,谁就是精英团队的旗手。

4. 全员激励

所谓全员激励,是指用富有感召力和感染性的语言激励全体成员克服困难,取得成功。

案例 4-43

在学校开展的"学雷锋、学英雄,争做'四有'接班人"的活动中,班主任对全班同学作了这样的动员讲话:

"同学们,我们这个战斗的集体就是一支即将起航的舰队,我们将它命名为'雷锋号'舰队。舰队的宗旨是'学习英雄,团结奋进'。今后,我们的队员在学习和生活上碰到了困难,就像在海上行驶中遇到了风浪,大家要以英雄为榜样,齐心协力去战胜它!同学们,我们'雷锋号舰队'征途无港湾!让我们开足马力,扬起风帆,勇往直前,驶向那金色的海岸!"

教师这番话点燃了学生心中的一团火,全班同学群情激愤,斗志倍增,在活动中取得了可喜的成绩。

分析

这位教师用充满感情的、带有激励性的话语点燃了学生心中的一团火,增添了班集体的凝聚力和战斗力,从而有效地激发起学生奋发向上和勇于进取的精神,具有较强的号召力和感染力。

5. 反话刺激

反话,即正话反说,用反话刺激学生,使其自尊心从自我压抑中解脱出来,迅速奋起。在具体运用时有明激(针对学生状态直截了当给以贬低否定的语言刺激,激怒对方,促其奋起改变现状)、暗激(有意识地褒扬第三者,暗中贬低对方,激发学生超过第三者的决心)、导激(贬中有导,用明确的诱导性语言把学生的激情引导到所希望的方向)和自激(褒扬学生过去的优点和成绩,刺激其改变现状)等方法。但反话刺激并不适用于所有人,在使用时应注意:

(1) 反话刺激多用于心胸较开阔的人。

(2) 要把握时机。反话出言过早,易使人误解,出言过晚,难有收效。

(3) 注意分寸,不疼不痒起不到激将的作用,过于尖刻又使人反感。

案例 4-44

欧阳山美(化名)是个独生女,学习上进,就是有点娇气。班级组织爬山活动,大家都跃跃欲试,她却犹犹豫豫,想和体弱者一起坐缆车上山。班主任见状,走到她跟前,对这个女孩说:"山美,教师原来想给你一个任务,看你爬山发愁,就算了吧!""教师,什么任务?""这个任务啊,得让爬山爬得最快、最能吃苦的同学去完成,山都把你吓倒了,算了吧……""教师,我行!我一定完成任务!""真行?""真行!""好,那你参加尖兵组,给大家开路。是英雄是好汉,爬上山顶比比看!"欧阳山美被班主任一激,第一个爬上了山顶。

分析

教师针对欧阳山美怕苦怕累的心理,采用了明激的方法,刻意贬低她。欧阳山美禁不住教师的反话激将,产生了巨大的动力,率先爬上了山顶。

二、批评语训练

（一）批评语的含义及意义

"金无足赤，人无完人。"学生正处于成长时期，他们对许多现象还缺乏分辨能力，难免会出现这样或那样的问题，这就要求教师能及时发现他们身上的缺点和不足，予以指出，并指明改正的途径，由此提高学生对是非、美丑、善恶的辨别、判断能力，使他们健康成长。批评语是对学生的错误思想和不良言行予以否定评价，促使他们改正的教育语言形式。"长善救失"是教育的原则之一，批评语是"救失"的有效手段，为历代教育家所常用。有效的批评语能帮助学生辨别是非，提高认识能力，改掉自身毛病，使他们健康成长。

（二）批评语的基本要求

批评和表扬一样，是教师在教育活动中经常使用的一种手段。但是在教育实践中学生乐于接受表扬，而对批评常常表现出反感。所以，要学生口服心服地接受教师的批评，并不是一件容易的事。批评语的基本要求如下。

1. 尊重事实

当教师对学生进行批评教育时，应该先对事情进行调查了解，然后针对事情进行目的明确的批评教育，而不能不做调查研究，上来就是一顿劈头盖脸的训斥，这样就不能发挥批评语的效用。

案例 4-45

一位学生迟到了，刚好遇到值周领导到班检查学生到课情况。班主任脸上挂不住了。待领导走后，班主任马上找到迟到的学生进行严厉的批评："钟爽（化名）同学！你爽我不爽！全班同学也不爽！因为你的迟到，我们班被扣分！班级形象遭破坏！你这行为多恶劣！你到办公室写份检讨！"说完，狠狠瞪了钟爽一眼，钟爽满脸委屈。原来，他是因为送一位失明的老人才迟到的。班主任的话语严重伤害了钟爽，一个学期，他都萎靡不振，成绩还退步了。

分析

钟爽迟到确实在一定程度上影响了班集体，但班主任在批评之前，没弄清事情真相就不分青红皂白，劈头盖面地批评学生，是达不到教育目的的。

2. 真情诱导

苏霍姆林斯基说过："批评的艺术在于严厉与善良的圆满结合：学生应该在教师的批评中感受到的不仅是合乎情理的严厉，还有对他充满人情味的关切。"因此，教师在批评学生时,应饱含爱心,使用富有情感的语言,诱发学生情感中的向善面。

案例 4-46

一位五年级的女生,成绩平平,为了在期末考试时一鸣惊人,让教师和同学刮目相看,她想事先得到一张试卷,便在放学后打开办公室窗户跳进去找试卷。

一位教师听到声音后,便在敲不开办公室门的情况下,也从窗户爬了进去并拉亮电灯。女孩用双手紧紧把脸藏起来,顽强地守护着自己最后一点可怜的自尊。这位教师并没有拉下她的手,而是问她:"小姑娘,你是在这间学校念书的吗?"女孩点点头。"不要露出你的脸,也不要说话,你回答我的问题只点头或摇头就行。你来这儿,是要找你想要的东西吗?"女孩点点头。"这东西属于你吗?"女孩摇摇头。"不属于我们的东西,不管它的价值如何,我们都不应该拿,对不对?"女孩又点点头。"记住我的话,你走吧,小姑娘。明天你来学校的时候,依然是个天真可爱的孩子。"(傅道春《教学优秀案例分析》)

分析

学生偷看考前的试卷是严重违纪行为。但这位教师并没有采取严厉且公开的批评,只是教育学生"不属于我们的东西,不管它的价值如何,我们都不应该拿",并告诉她"你仍然是个天真可爱的孩子",就当事情没有发生。看似教师纵容了学生,其实是教师用爱去感化学生,教育学生。

3. 讲究策略

教师批评学生,目的就是要纠正学生错误的言行和不正确的思想认识。有时在特定的教育情境中,师生之间可能发生矛盾冲突,如果教师不能冷静思考,处理问题不讲策略,一味地去硬碰硬,"热处理",其结果可能会两败俱伤,难以收场,更谈不上达到教育目的了。

案例 4-47

老师在临近期末考试时教学生作文,有位学生不但不写,还向他发火:"现在还做啥作文?烦死人啦!"这位教师把他叫到办公室,和颜悦色地说:"你和我一样是在农村长大的。高中三年寒窗,远离父母,学习生活上吃了不少苦头。我希望你高考取得好成绩。但你历来语文就是短板,作文水平更差,再不多下工夫,就会被落下了。老师是为了你好,但可能对你要求过严了,你偶尔发发火也是正常的。我请你到办公室来,只想跟你谈心……"这位学生本来摆足了架势,准备与老师对抗的,现在被老师的话打动,承认了错误。

分析

面对火药味十足的学生话语,教师不是"硬碰硬",而把他叫到办公室后和颜悦色地跟他谈心,用自身的经历拉近距离,进而指出学生的不足。最后还向学生表达了歉意:可能对你的要求过严了。面对这样的教师,学生还能发火吗?在明白了教师的良苦用心之后,能不接受教师的批评吗?

4. 客观公正

一位合格的教师对学生的批评教育一定要客观公正,以鲜明的语言表明自己的态度。对学生的错误不夸大,不缩小。在分析问题、揭示危害和后果时不扣帽子、不打棍子,以理服人。

(三)批评的方式

1. 个别批评

个别批评是指针对个别同学存在的缺点或错误,通过谈话的方式进行的批评。它具有自由灵活、针对性强的特点,有利于保护学生的自尊心。一般地说,较轻微的、不具有普遍性的、不便于公开的问题,宜采用个别批评的方式。

案例 4-48

教师巡夜时发现某同学在离厕所不远的墙角大便。教师把他叫到办公室进行教育:"趁晚上黑灯瞎火在墙角方便,你方便了,同学们就不方便了。你作为高年级学生,应该有更高的公德意识。"同学赶紧说:"老师我错了,我趁黑把墙角弄干净。"

分析

随地大小便涉及学生的隐私,不能在众人面前批评。教师在办公室对这名学生进行批评,保全了学生面子,又教育了学生。

2. 公开批评

公开批评是指针对个别、部分或全体同学中存在的缺点或错误,在班级或全校集会等公开场合进行的批评。公开批评具有正规性和严肃性的特点,具有较大的教育面。一般来说,较为严重、影响面较大或具有普遍性的问题,宜采用公开批评的方式。

案例 4-49

考试时,有3位同学互相传递纸条,被监考教师抓到,拒不承认,态度恶劣。班主任在召开班会之前认真核对笔迹,确系3人所为,于是在班会上对他们进行了严肃的公开批评。

分析

对严重违反学校规定的学生采用公开批评的方式,既教育其本人,又警示了同学,是一种有效的教育手段。但公开批评后一般要做好疏导工作。

(四)批评的类型及相应批评语的应用

批评作为一种教育手段,运用时收效如何,很大程度上取决于教师批评的方式方法和批评语言的选择。俗话说"良药苦口利于病,忠言逆耳利于行"。讲究批评方式与批评语言,就像在苦口的良药外加上一层糖衣,使学生愿意"吃"。批评大致可以分为直接批评和间接批评两种形式。

1. 直接批评

直接批评,即直言警告。就是教师用非常简练的话语,直接点出学生存在的缺点或错误,以警告和提醒的方式,让其猛然反省。这是一种措辞比较尖锐、语调比较激烈的批评方式,适用于惰性强、依赖心理重、有侥幸心理的犯错学生。

案例 4-50

一位教师对一名智力较好但不求上进的即将毕业的学生批评道:"我真替你难过,一个堂堂的男子汉,有聪明的脑袋、充沛的精力,却没一点骨气,一点不争气!想想你的父母,辛辛苦苦地养育你,挣钱让你读书,难道你就这样回报他们吗?你以为出了校门就有用武之地了,就可以把任何事情干好了吗?干什么事情都需要有勤奋的态度、坚强的意志和必要的文化水平,我看你如果现在不好好学习,明天未必就是一名佼佼者……"

分析

教师用激烈的措辞,直接批评这位学生"有聪明的脑袋,却不争气",出去社会"未必就是佼佼者",从而促其奋进。

2. 间接批评

这是一种柔性批评的方法,带有弹性、情感性、可比性和知识性,运用得好,可以收到比直接批评更好的效果。间接批评语方式有很多,如谐语寓意、榜样激励、宽容法、以扬代抑等。

(1) 谐语寓意

谐语寓意是指教师以诙谐的话语或引用俗语、谚语等寄寓批评的含义,让学生在轻松幽默的氛围中接受批评。用幽默诙谐的语言批评,能缓和气氛,便于缩短师生之间的距离,使两者心灵交融,有利于学生接受教育。

案例 4-51

吃过早饭,几位男同学在宿舍闹着玩,把盛满水的塑料袋放在门上边,等着一位同学进门。就在这时聂老师去宿舍找人,门虚掩着,他随手推门而进,"哗"的一声,一袋子水顺身而下,早上换的衣服全湿了。宿舍里的学生都吓得目瞪口呆,静等聂老师训斥,谁知道他却笑着说:"今天是泼水节吗?我怎么不知道啊!再说我们这里是不过这个节的。"大家都笑了,那位往门上放水的同学不好意思地低下了头。聂老师抚摸着他的头说:"同学之间说个笑话是可以的,但不要这样。"(引自《教师语言艺术》)

分析

聂老师没有直接批评搞恶作剧的学生,而是用幽默的话语既摆脱了尴尬,缓和了关系,又对学生进行了教育。

(2) 榜样激励

榜样激励也是一种通过正面引导促其改过的方法,该方法通过表扬那些做得好的学生,或者是教师以自己的行动为示范,来为学生树立榜样,以激励代替批评,从而使学生自我纠正缺点或错误。

案例 4-52

有一位女学生找到刘老师,说大家都叫她"肥婆"。晨会上,刘老师问大家:"谁最先喊人家绰号的?自觉站起来,罚扫地一周!"学生异口同声地说:"是孙二愣!"接着就一阵窃窃私语。原来孙二愣叫孙二龙,因为上课总是走神,刘老师曾在班上说过:"还二龙呢,常在那发呆,叫孙二愣还差不多。"于是孙二愣的绰号就叫开了。此时刘老师知道已骑虎难下,就说:"我宣布一个决定,自本周起我扫地一周作为惩罚。同时,我向孙二龙同学表示道歉。"于是,刘老师每天第一个来到教室扫地,等到第三天时,刘老师来到教室,发现教室已被打扫得干干净净,黑板上还写着一行字:"老师,我们知道自己错了,我们再也不乱喊别人的外号了,教室还是让我们打扫吧。"从那以后,乱给别人起外号的学生没有了,学习风气也变得更好了。

分析

苏联教育家加里宁说:"教师仿佛每天蹲在一面镜子里,外面有几百双精明的善于窥视教师优缺点的孩子的眼睛在不断地监视他。"教师的言行对学生都有着潜移默化的作用,教师教育学生首先应从自身教育开始。

(3) 宽容法

案例 4-53

乔小彪(化名)没写作文,说是不会写。周老师给他几篇佳作参考,然后约定交稿时间。可到约定那天上午,他没交;下午,快放学了,仍没交。晚自习时,周老师语气很热切地问他,他才不慌不忙地说:"写好了,忘在家里了。"然后就沉默了。周老师只好说那么明天一定记住带来。

次日,他仍不主动交,问他,他说今天本想回去拿,后来想起他父母全不在家,他恰好没带钥匙。周老师嘀咕着:"记性这么差,什么时候才有把握交来?"他也露出很抱歉的神情,老半天才不爽气地回一句:"明早吧。"待他交来了作业。周老师请他坐下,温婉地说:"如果你我第一次约定是生意上的合同,你岂不是一而再、再而三地违约了?"他很冲地说:"我又不是故意的。""我正因为相信你不是故意的,才一再原谅你。其实你有更好的方法补救你的失约,比如告诉老师实际情况——仅仅是说一下而已,就能消除老师的误会和愤怒,你却始终不说,一味拖延。如果换成生意上的伙伴,人家肯由着你拖吗?如果你面对的不是肯原谅你的老师,而是刻板苛求的上司呢?"乔小彪不语。"你以后一定要记住:许多时候,错事本身未必有多严重,对待事情的态度却能给人留下深刻印象。因此一定要及时补救,切不可侥幸过关。"

分析

周老师用心体察学生的心态,不与之斤斤计较,传达出对学生的充分信任,同时对他的错误进行分析教育,指明改正的办法。这是宽容仁厚、与人为善、赢得尊重与配合的做法。

(4) 以扬代抑

恰当地运用表扬语与批评语,是教师的职责。绝大多数学生喜欢听表扬话,不愿听批评话,有的学生一听批评就产生逆反心理或抵触情绪,有个别学生在教师批评后还会旷课、逃学,甚至离家出走。因此,教师在批评学生之前,最好的办法是对学生最近一阶段的主要进步真诚地给予表扬,巧妙地夸赞其进步,代替直接批评其不足。

案例 4-54

陶行知在育才小学当校长的时候,有一次看到小同学王友用泥块砸班上的男同学,当即就制止了他,并让他放学时到校长室等他。放学后,陶行知来到校长室,看到王友已经等在门口准备挨训了。不想陶行知从袋里掏出一颗糖递给王友说:"这是奖给你的,因为你按时到了,而我却迟到了。"王友惊异地接过糖果。随之,陶行知又掏出一块糖果放到他手里:"这第二块糖果也是奖给你的,因为当我不让你再打人时,你立即就住手了,这说明你很尊重我,我应该奖励你。"王友更惊异了。陶行知又掏出第三次糖果塞到王友手里:"我调查过了,你用泥块砸那些男生,是因为他们不守游戏规则,欺负女生。你砸他们,说明你很正直善良,而又有跟坏人作斗争的勇气。应该奖励你啊!"王友感动极了,流着眼泪后悔地说:"陶……陶校长你打我两下吧!我砸的不是坏人,而是自己的同学啊!"陶行知满意地笑了。他随即掏出第四块糖果递给王友:"为你正确认识错误,我再奖你一块糖果,只可惜我只有这一块糖果了。我的糖果送完了,我看我们的谈话也该结束啦!"

分析

在这个真实的故事中,陶行知先生在与学生谈话时,通过调查了解学生动手的原因,从中看到学生具有正直善良的品行;他从学生按时来办公室,愿意接受教育的行动中,看到了学生愿意改正错误的良好本质,对其加以肯定;他不因为学生犯了错误来接受教育就歧视他,而是平等对待,以礼相待。他能发现学生身上的闪光点,一而再、再而三地肯定他的优点,加以表扬,激发了学生改正缺点的自觉性。

在教育实践中,有些教师看到学生犯错,往往气不打一处来,还会由此及彼,想到该生以往的种种缺点和错误,以致批评时,新账老账一起算,却根本想不到即使是犯了错误的孩子,也有值得肯定的地方。案例 4-54 的故事中,陶先生以表扬代替批评的做法值得我们好好学习。

◆ 实 训

一、榜样激励技巧。

小玲在班上成绩不算好,最近由于生了一场病,学习更是落下一大截,期末考试时拖了全班后腿,担心同学和老师歧视她,又担心成绩跟不上,心里很压抑,整天无精打采。请应用榜样激励法设计激励语。

训练方法:2人一组,把设计好的激励语说给对方听,然后互换,指出不足。

训练要求:在倾听对方的激励语时要配合,不要心不在焉。

训练评价:能解开小玲心中的疙瘩,并能振作精神。

二、反话激励技巧。

一名教师,这学期被分配到一个全校出名的差班当班主任,请用反话激将法激起学生的学习热情。

训练方法:3人一组,把设计好的反话激励语互相交流,指出不足,或提出修改意见。

训练要求:反话激励语恰当,不会使人感到的冷嘲热讽。

训练评价:反话激励语能鼓舞士气,增强信心。

三、间接批评技巧。

有这样一位学生,聪明、反应快,遇事比较敏捷,成绩不错,就是经常迟到。教师为了使他改掉迟到的毛病,经常在他迟到时批评他,结果引起了他的反感,毛病不但没改,还与教师闹起了对立,成绩一落千丈。请根据这位同学的特点,设计一段较婉转的批评语。

训练方法:5人一组,设计好后进行评比,优胜者到讲台与全班同学交流。

训练要求:小组选出优胜者,在小组内说服一位组员。

训练评价:设计的批评语不能激化矛盾,也不能使这位同学"破罐子破摔"。

第五章　教师交际口语训练

教师交际口语是教师职业口语的重要组成部分。作为一名新时代的人民教师，如何处理好与社会各阶层的关系，诸如家长、领导、同事的关系，使学校与社会、教师与家长保持正常的沟通，形成强大有效的教育网络，是一个不容回避的问题。这也是作为一名合格的人民教师必须具备的基本素质，对于教师在教育事业上取得成功至关重要。

第一节　教师交际口语概述

知识目标
1. 理解教师交际口语的特点。
2. 掌握教师交际口语的用语原则。

能力目标
运用教师交际口语进行口语交际活动。

一、教师交际口语的特点

教师交际口语，是指教师在与教育、教学工作相关的其他语言环境中，和非学生群体的交际对象，如与有关领导、学校同事、社区工作人员、家长等进行交际活动时所使用的口语。它属于职业交际口语中的一种类型，是职业交际口语在教育活动领域中的具体表现。

作为一种专门的职业交际口语，教师交际口语要受到教书育人这一特定交际目的和一定交际场景的制约。但无论怎样，教师在口语交际中都应该懂得借助语音的轻重、语速的快慢、语调的抑扬、腔调的刚柔等各种细微的差别，来表达复杂的思想感情。从语音、词汇、语法、语篇等方面来看，教师交际口语的主要特点可以从以下四个方面来把握。

（一）口语准确规范

对于任何一位教师来说，在口语交际中应尽量使用普通话，并力争做到每一个音节的声韵调、每一个词语中的语流音变、每一个句子中的语调变化等，都向普通话的标准音（北京语音）看齐，这是最基本的交际规范。如果教师在口语交际中发音不准确、吐字不清晰，可能会造成受话人听觉上的疲劳，进而影响受话人对内容的理解和把握。

此外，语速要适宜。语速适宜是指教师根据交际环境、交际对象和交际任务，合理地调整自己说话的速度。例如，交际场景比较正式时，语速要慢一些；交际场景较为随意时，语速可以快一点；交际对象为上级领导或年纪较大的同事时，语速要稍微慢一些；交际对象为关系亲密的同事或比较熟悉的家长时，语速可以稍稍快一点；受话人的心情比较激动、兴奋时，语速不妨加快一点；受话人的心情比较沉重、难过时，语速又要适当放慢一些。

再者，音量要适中。音量适中是指教师在进行口语交际时，要保证在场的每一个受话人都能清楚地听见。教师要能够随着交际场景大小的变化、受话人的多少，灵活自如地调整说话的音量，使自己的声音始终处于适中的状态。如果音量过大，声带容易疲劳，也会使听众出现听觉神经疲劳症状。尤其是当教师处于听众较多的环境中时，如在公开的场合作自我介绍、在座谈会上发言、组织家长开会等，教师更是要对自己的音量有准确的把握。

（二）用词专业文雅

虽然教师交际口语使用的语言环境多种多样，各不相同，但它们都与教育领域具有一定的关系。因此，教师交际口语不但会大量使用全民通用的词语，体现出词语运用的广泛性和通俗性，而且还会出现一些教师职业专用的词汇，如指称人的名词——校长、班主任、教师、学生、男生、女生、家长等，指称物的名词——教室、课程表、教材、课本、作业等，关于教师工作的词语——备课、板书、辅导、阅卷、监考等，关于学校活动的词语——开学、放假、班会、期中、期末、寒假、暑假等，这些都是词语的专业性和专用性的体现。从受教育的程度来看，教师一般都受过良好的教育，再加上国家目前还在不断提高对各类教师的学历、素质的要求，举办各种继续教育的培训班，所以教师队伍接受教育的程度是远远高于全民的平均水平的。这就导致教师交际口语所使用的词语在风格色彩上明显向书面语靠拢，较少使用口语色彩鲜明的语气词、叹词、拟声词等，表现出文雅、规范的风格色彩。

案例 5-1

下面是一名年轻教师在活动中与同事交流时说的话：

作为一名刚参加工作的年轻教师，我经常被学生的课堂纪律弄得非常苦恼。只要我一走上讲台，学生们就开始讲话、做小动作、看课外书、不听讲、不记笔记，整个教室乱糟糟的。我感觉自己几乎每堂课都是以失败告终的。一开始,我觉得可能是自己的学生与其他教师的学生不同。但经过比较,我发现学生们看上去都差不多,但别的教师的学生却非常遵守纪律。我不敢问其他教师是怎么管理学生的,因为我害怕被同事们认为我没有能力管理学生、讲好课。

分析

这段话中既有大量的全民通用词语,如"经常、弄、苦恼、乱糟糟、差不多"等,又有教育领域专用的特殊词语,如"教师、课堂纪律、讲台、教室、学校"等。整段话几乎没有使用什么通俗性的词语,风格文雅、规范。

(三) 用句完整简明

句子结构基本完整,多使用语义明确的陈述句和逻辑关系复杂的复句。教师交际口语在语句的语法结构规则方面,属于要求比较严格的一种职业交际口语。因为教师交际口语要受到各种社会规范的制约。从大的方面讲,要受国家政策法令、道德标准、教育方针、教学大纲等制约;从小的方面讲,要受到具体交际环境、各种类型的交际对象、不同交际目的和任务等制约。为了直截了当地表达自己的观点、见解和感情,教师交际口语所使用的语句就只能是结构完整、表意明确的陈述句。有时,为了便于表达各种复杂多样的逻辑事理关系,复句的使用也十分常见。

案例 5-2

下面是一名小学教师在教学工作经验交流会上的讲话:

在备课时,我如果遇到自己不太了解的内容,总会查阅有关的资料,或向同事请教,从不随随便便放过一个小问题。虽然我的教学对象是小学生,但他们通过报纸、杂志、图书、广播电视、互联网等途径,知道的东西非常多,在课堂上往往会提出一些你意想不到的问题。如果我在上课前做好充分的准备,对学生可能提出的问题事先作出估计,就能较好地回答他们的问题,满足他们的求知欲望。如果课堂上出现我没准备的问题,那我就会实事求是地告诉学生:这个问题我还在思考,等弄清楚以后再告诉你们。

分析

这名教师使用陈述句、主谓句或承前省略的主谓句对自己的教学工作进行了总结,观点明确,语义清楚,其中还使用了表示选择、转折、假设等逻辑关系的复句,突出和强调了话语的中心思想。

(四) 语篇结构完整

教师交际口语和一般交际口语不同,它是在交际目的、交际内容、交际范围、交际时间都明确的情况下产生的,具有比较集中的话题内容和相对完整的语篇结构。

案例 5-3

下面是一名班主任在进行家庭访问时与家长的对话:

班主任：你们家王黎黎(化名)向来是个好学生。在学校,尊敬老师、团结同学、乐于助人。每次考试,她的成绩总是名列前茅。

家长(微笑)：教师,您过奖了……

班主任：但是,最近这段时间以来,我们班的同学学习非常努力,成绩好的同学一下冒出了不少,而王黎黎同学似乎状态不大好,仍在原地踏步。你看,这次期中考试,她就落在了很多同学的后面。

家长：唉,这孩子真是的！什么都不跟我们说……

班主任：我希望你们多和孩子交流、沟通,鼓励她向班上刻苦、勤奋的同学学习,发挥学习的主动性和积极性。当然,也希望得到你们家长的配合和帮助,让王黎黎同学尽快跟上全班同学前进的步伐。

家长：好的,好的……

分析

在这段教师和家长的对话中,我们不难看出明确的交际目的、交际内容和交际对象。在家访中,班主任通过与家长沟通,让家长知道了王黎黎同学学习成绩下降的情况。交际时间不太长,交际任务一完成,交际活动即宣告结束。整个交际过程表现为一个轮流发言、结构完整的语篇,充分体现出教师口语交际活动的针对性和有效性。

二、教师交际口语的用语原则

(一) 诚信原则

所谓诚信原则,就是从真诚的意愿出发,坦率地与人交流和沟通,表明自己的态度,说明自己的想法,并用适当的方式表达自己的真实感受。诚信原则能赢得受话人的信任和理解,从而保证教师与他人进行的口语交际行为具有可持续性,具有特定的价值和意义,而不是一种欺骗性的、虚假性的无效的言语行为。

教师交际口语中的诚信原则,具体包括以下内容。

1. 保证信息足量

教师在使用交际口语时,要从特定的交际需要出发,注意使自己要说的话达到所要求的详尽程度,但不要使自己所说的话比所要求的更详尽。例如,你是一位教学经验非常丰富的语文教师,你所担任的教学班级的语文成绩年年都是全年级第一。当一位年轻的同事向你请教如何提高学生的语文成绩时,你就不能说"全靠自己瞎摸索,没什么经验好推广",或是"这个嘛,你教书的时间长了,也就自然明白了！",或是"多练习,成绩就上去了！"这些话语提供的信息量就很不充足,让受话人听了还是不明白应该怎样提高教学质量。

2. 保证信息真实

教师在口语交际活动中,不能说不真实的话,不要说缺乏足够证据的话,以免丧失受话人的信任和尊重。

案例 5-4

张老师到学生李明(化名)家里进行家庭访问。李明的父亲一看到张老师就抱怨自己的工作是如何如何忙,根本没有时间了解孩子的学习情况,而李明又总是贪玩,不努力学习。

张老师:您能够坦率地承认自己在对待李明学习上的失误和李明学习上的缺点,使我很受教育。有您这样的家长配合,我对教育好李明同学又有信心了。

家长:一定配合教师……

张老师:既然你这么坦诚,我也就直言不讳与你一起探讨几个问题。

随后,张老师便把李明学习上存在的问题,向家长反映并透彻地分析了这些问题产生的原因。

分析

张老师在尊重李明同学父亲的基础上,就李明的问题如实地与其沟通,态度诚恳,使家长相信教师提供的信息真实可信。

(二)礼貌原则

教师必须按照文明礼貌要求来进行语言活动,避免不得体的口语交际行为对受话人造成人格伤害,造成交际双方的情绪对立。

教师交际口语中的礼貌原则,主要包括以下内容。

1. 不考虑自己得失

教师应该时刻牢记自己职业的性质和功能,使口语交际活动自觉服从于教育、教学工作的需要。当然,这并不意味着教师在口语交际活动中,尤其是在进行家访、联络社区时,可以高高在上,摆出一副"教育者"的姿态,对受话人颐指气使;相反,教师应该多从受话人的角度考虑问题,客观、公正地与受话人进行交谈,尽量减轻受话人不必要的心理压力,不说让受话人感到尴尬的话。比如与学习成绩差的学生家长进行交谈时,不能当众呵斥或讥讽这位家长,而应该单独与之交流,态度真诚、客观而不失热情。

2. 多用热情的话语

案例 5-5

一位青年教师在家长会即将结束时,与学生的家长进行了如下口语交际活动:

教师:××同学的家长,散会后别走,你们家孩子那么不听话,整天骂人、打架,要不就逃学,要不就上课睡觉,再不跟你说说,恐怕变成"少年犯"了,你都不知道?

家长(表情十分尴尬):……

分析

这位青年教师不顾学生家长的面子,当众呵斥学生家长,让这位学生家长感到十分尴尬和难过,可能会导致后面的谈话进行得非常不顺利。

3. 多交流沟通

教师在与非学生群体的交际对象进行口语交际时,一方面要注意在尊重对方的前提下,掌握交际双方共同的交际需求,注重大家都能接受的交际结果,给出多种选择,保持交际的灵活性;另一方面,要主动与受话人沟通,不要轻率地给受话人或谈论的人和事下断语,如某某学生很懒惰、某某学生家长或社区工作人员不配合、某某同事反应迟钝等。因为假若受话人不同意这些话语,就会产生不满和对抗情绪。

如果教师希望自己在与他人交流时,既不伤害对方又让对方乐意听取自己的意见,那么就应该向受话人说明不同行为或事态产生的原因及其对交际双方的实际影响、自己对这些影响的感受等。这些方法无疑有助于教师在客观公正的基础上,达到使受话人乐于听取意见的目的,从而有效地增进受话人与教师进行交流、沟通的兴趣。

(三)合作原则

教师使用交际口语说到底还是为了与人进行交流和沟通,面对这种交流和沟通,最终目的在一定程度上是为了合作。教师如果在口语交际中能够做到照顾和维护他人,他人也会因此回报一份善意。所以,作为一名教师,首先要学会与人合作,而这种合作其实就是一种发自内心深处的善意、关怀和配合。

教师交际口语中的合作原则,具体包括以下内容。

1. 不答非所问

通常,教师的口语交际活动是由具体而明确的交际任务而产生的,这就要求教师在口语交际中语言流畅、层次分明、前后连贯、语义完整,不答非所问。

案例 5-6

教师甲听说学校今晚将邀请一位著名教育家来做学术报告,便兴冲冲地来到办公室,向正在办公室休息的教师乙说道:

教师甲:今晚著名的教育家要来我们学校做学术报告,你去听吗?

教师乙无话语回应,摇摇头。

教师甲:你有事?

教师乙无话语回应,只是点点头。

教师甲:你没空?

教师乙无话语回应,又点了一下头。

教师甲:……

分析

对于教师甲热情的话语交际态度,教师乙却没有用相关的表情,如高兴、激动、感谢等进行反馈,这就导致两人的口语交际活动出现了前后不能衔接的情况,以致教师甲因无法掌握教师乙的思想动态而中断口语交际。如果教师甲再说下去的话,就实在没趣,甚至显得很无聊了。

2. 说话避免歧义,要有条理

与日常生活中一般交际口语相比,教师交际口语在语义的完整性和逻辑性方面,明显要更为严格。在进行口语交际时,教师切忌说话啰嗦重复、颠三倒四、含混模糊,要用较少的话语传递尽可能多的信息。这样不但能提高教师口语交际活动的效率,而且还能给受话人留下深刻的印象,有利于树立教师良好的职业形象。

案例 5-7

一位男教师到一位学生母亲工作的单位婚姻介绍所进行访谈,开口就向婚姻介绍所的接待人员说:"我想找你们所长。"接待人员先是一愣,继而哈哈大笑,回答这位教师说:"您大概弄错了吧？我们所长可是有丈夫的。"

分析

婚姻介绍所的接待人员显然误会了男教师的本意(即我是××小学的教师,我的学生家长是这里的所长,我想跟她谈谈她孩子的事儿),但这却不能怪这位接待人员。因为在婚姻介绍所,"找"这个词有"找对象"的意思,这已成为接待人员的职业习惯。所以,男教师的交际口语产生了明显的歧义。

(四)角色变换原则

在现实生活中,我们每一个人都扮演着两种以上的"角色"。如家庭成员的角色、好朋友的角色、上下级或同事之间的工作角色等。这些角色不仅规定了一个人在社会生活中的行为模式,也规定了一个人的语言运用规范和语言风格规范。如果交际者不注意自己在特定交际环境中的话语角色,那么交际活动必然失败。

一般来说,教师在教育、教学活动中,口语交际的对象主要是学生。出于对自己的严格要求,教师会形成口语表达严谨的特点,体现出为人师表的风范。但是,当教师处于与教育、教学工作相关的其他语言环境中时,面对的交际对象是非学生群体,如有关领导、学校同事、社区工作人员、家长等,口语交际的双方处于平等的地位,因此,教师只有在口语交际活动中具备灵活转换社会角色的意识和能力,才能因为言语的规范典雅、态度的不卑不亢而赢得人们的尊重,而不会因为好为人师或清高孤傲而难以和周围的人很好地相处。

案例 5-8

一天清晨,王老师来到学校,走进办公室,看见新来的小陈老师一个人坐在办公室里,谁也不搭理。进进出出的老教师见小陈不主动打招呼,也就没理会他,忙着去上早自习了。王老师见时间还早,便主动对小陈老师说:"你好,小陈这么早就来学校?"小陈老师听到王老师的问候,皱着眉头说:"王老师,您早!"敏感的王老师马上就意识到小陈老师似乎遇到了什么麻烦,关切地说:"小陈啊,是不是哪里不舒服? 来,我给你倒杯开水!"小陈老师忙说:"谢谢您,王老师,不用了,我只是觉得头有点疼。"王老师仔细一看,小陈老师面色发红。伸手一摸小陈老师的额头,吓了一跳:"哟,这么烫手,你发烧了! 走走走,我送你去学校医务室!"经医生检查,发现小陈老师得了肺炎。事后,小陈老师对王老师十分感激,两人之间的交流也变得频繁起来,同事之间的友情也越来越深厚。

分析

在这个案例中,如果王老师认为自己是老教师,年轻教师不向自己问好就不理睬他,或是不注意观察年轻教师的神情,那么新来的小陈老师可能就会因为自己一个人坐在办公室不去学校医务室而耽误病情。王老师把自己和小陈老师放在同事这个要求相互关心、帮助、支持和理解的社会角色上,不但热情地与小陈老师沟通了思想和感情,而且还充分体现出老教师对年轻教师的关怀。

孔子曰"必也正名乎","名不正,则言不顺;言不顺,则事不成;事不成,则礼乐不兴……"。如果把孔子的这几句话放到教师的口语交际活动中,不妨把其中的"名"理解为教师在不同交际领域中所扮演的社会角色,把"礼"理解为附属于该角色的种种具体的言语行为规范。例如,当教师作为筹办教学经验交流会的主要负责人时,充当的就是组织者的角色;当教师与其同事进行思想感情的交流和沟通时,充当的就是交流者的角色;当教师着手进行教学改革和试验时,充当的则是革新者的角色;当教师面对家长、社区工作人员时,充当的又是咨询者,甚至是法律工作者的角色。这些社会角色规定了教师在不同的口语交际领域中,必须按照特定的言语行为模式进行交际活动,否则就会直接导致口语交际活动的失败。

◆ 实 训

一、请回忆给你留下深刻印象的两位教师,评价一下他们在交际口语方面的得与失、优点与不足。

二、主动向教师或同学了解他们对自己交际口语水平的看法,找出自己的交际用语与标准的教师交际口语的距离,从而不断提高自己的口语交际水平。

三、作为一位刚到学校任教不久的年轻教师,你将运用什么用语原则与同一教研室的老教师们进行口语交际活动?

四、作为一名班主任,你去一位学生的家里进行家庭访问,当到因家庭经济十分困难而产生自卑心理的家长时,你应该运用什么用语原则与他交谈?

五、说说你对教师在不同口语交际活动中扮演的社会角色的理解,并与班上同学一起组成不同的教师口语交际领域,模仿一下这些不同社会角色的言语行为,充分感受这些社会角色各自的特点和要求。

第二节　家庭访问的交际口语

> **知识目标**
> 1. 了解家访问的定义与原因。
> 2. 了解家庭访问的基本程序和基本要求。
> 3. 掌握家庭访问的技巧。
>
> **能力目标**
> 运用家庭访问的交流方法进行有效的家访活动。

一、什么是家访

家访是教师为了特定的目的到学生家中，与学生家长就学生的教育进行单独交谈的一种学校与家庭联系的方式，以实现教育学生、帮助学生健康成长为最终目标。家访以一种双向的谈话交流方式进行，对象是学生家长，地点一般在学生家中。

二、为什么要家访

（一）各方对家访的看法

1. 家长声音

对于家访，众多家长普遍持欢迎态度。有家长认为，家访不仅是学校和家庭沟通的桥梁，还是学校教育和家庭教育的延伸和发展。举一个简单的例子，很多事情通过电话沟通固然方便，但真正想让事情办得圆满，面对面的沟通可以起到意想不到的效果。

2. 学生观点

教师家访体现了对学生的关心和爱护，不管什么形式都是可取的。群聊式的新家访能节约双方时间，提高效率。个别性的辅导或建议，教师也可以在电话里完成，无须逐个见面。

3. 教师观点

教师只有真正走进学生的生活，才能真正地了解学生，才能在教学中真正做到对症下药。教师之所以进行"家访"，就是因为教师需要了解学生在家的真实情况，家长需要了解孩子在校的真实情况。有相当一部分问题,如家庭环境、学生个人发展前景等问题是无法在群聊或网聊中发现或讨论的。

三、家访的基本程序

教师与家长的共同话题多是关于学生在校的情况、学生在家里的情况、如何共同教育好学生等。围绕这些话题,教师与家长谈话的基本程序大体分三个阶段展开。

第一阶段,教师向家长介绍学校教育情况及学生在校表现,这基本上是以教师独自讲话的形式进行的。

第二阶段,教师向家长了解学生在家里的情况,包括学生家长的基本情况、家庭对学生的教育情况、学生在校外的情况等,这基本上是以教师发问的形式进行的。

第三阶段,教师与家长共同研究教育学生的措施与策略,这基本上是以双方交谈的方式进行的。这只是个基本的程序,由于每次家访的目的、谈话内容的侧重点不同,谈话的方式也是灵活机动的。

四、家访的基本要求

第一,准备充分。家访之前,教师必须做好这样几方面的准备工作:对学生在校的表现应该有一个全面具体的了解,优点有哪些,主要缺点是什么,应该加强哪些教育,做到有根有据,公正客观;对学生家庭应该有所了解,譬如家长的职业、家庭的基本状况、家庭教育等;还应该有向家长提出的要求。如果这些准备工作没做好,家访就很难得到预期效果。

第二,目的明确,访问及时。沟通学校与家长的联系,共同教育好学生,这是家访总的目的。具体到某一次家访,或者因为学生存在某方面的缺点而了解家庭原因,或者因为学生有某方面的特长,希望得到家长的支持,或者因为家长忽略了某方面的教育,使学生存在某方面的不足,建议家长采取措施。每次家访的目的都应十分明确,而且还必须及时发现问题,及时与家长联系,及时解决问题。

家访必须从关心和教育学生的角度出发,而不是向家长告状,也不是利用家长来整治学生。

案例 5-9

有位学生长期与班主任闹别扭,甚至公开顶撞,班主任窝着一肚子火。家访时,班主任当着学生的面向家长数落学生,最后向家长提出:"今天,我就看你做父亲如何教训教训你这个儿子!"结果家长把孩子痛打了一顿,导致了这位学生赌气退学了。

分析

显然这位班主任的家访目的是不明确的。现在也有个别教师为了讨得家长的好感,在家长面前瞎吹学生、不讲真话,不是为了教育学生,而是为了利用家长的社会地位、手中的权力来达到某种个人目的,搞不正之风,严重玷污和损坏了教师的形象。

五、家访的访问技巧

(一)寻找共同话题

家长中,有的性格开朗,有的内向;有的健谈,有的缄默寡言;有的高傲,有的谦和;有的怪癖,有的随和。家访就必须善于分析各种类型家长的性格、脾气、爱好、心理,找到共同话题,否则,不是天南海北瞎扯一通,就是坐了冷板凳扫兴而归,达不到家访的目的。

案例 5-10

有位家长,酷爱字画,从不与人交往。以往教师去家访,大多坐了冷板凳。新接手的班主任李老师,对家长的情况早有所闻。一见面,寒暄了几句之后,这位家长说了声:"教师,您请坐。"转身就进了书房摆弄他的字画去了。李老师起身也踱进了书房,看了看墙上挂的字画。突然对着王曦之书写的一副对联大声说:"唉呀,这幅作品几乎可以乱真呀!"家长一听,马上凑过来问:"这怎么会是赝品呢?我倒是想听听您的高论。"李老师便慢条斯理地说:"王曦之的字笔法圆润饱满流畅,极少有枯笔,这副字却是以枯笔为主;第二,晋朝还没有对联,即算偶然有,书写时也不置印,这副字又是对联又有印。依我看……"还没等李老师说完,家长频频点头称赞:"还是老师高明,这幅字的确是后人拼出来的。"于是两人重新坐下来,由字谈到了孩子,从而达到了家访的目的。

(二)创造谈话环境

"望子成龙"是所有家长的共同心愿,同时家长也希望孩子得到教师肯定性的评价。因此,家访时,教师应对学生给予充分的肯定,即使对有缺点、有错误的学生,也应如此。这样才能在较融洽的气氛中进行谈话。

案例 5-11

这天,张一丹(化名)向老师汇报说:"老师,齐茂盛(化名)又没有做家庭作业!"齐茂盛是个单亲家庭的孩子,父亲于几年前因故去世,他的母亲带着他艰难生活。因为母亲不识字,家里活计又忙,平时在学习上对他管教显得力不从心。可能这个原因,养成了他做事懒散的毛病,学习态度极其不认真,经常不认真完成作业,学习成绩比较差。这样下去不行,老师决定找齐茂盛的母亲认真谈谈。下午,齐茂盛的母亲来到了学校,老师将她请到自己的办公室交流。还没坐定,他的母亲就急着问:"齐茂盛是不是又没写作业啊?"看来他早有心理准备。"哪儿啊!"看她一脸无奈的样子,老师把到嘴边的话咽了回去,说:"是这样的,齐茂盛啊最近学习上挺有进步,看他学习劲头那么大,我就想给他补补课,把他以前落下的知识点给补上,可他手头有没有任何复习资料。我这不才把您请过来商量商量,能不能给他买一本复习资料啊?"齐茂盛的母亲听老师这么说,一下子高兴了起来:"您是说真的吗?齐茂盛最近真的进步了吗?"她嘴上虽然这么问,可看表情明显是已经相信了。既然如此老师就接着说:"确实是进步了,不过他的基础太差,还得好好给他补补课,只要把以前落下的知识都补上了,齐茂盛的成绩一定会上去的。""既然这样,那您多费心了!资料买什么啊?我也不懂。要不你帮我给他买一本吧。"说着齐茂盛的母亲就要掏钱,老师赶忙把她给拦住了:"您先别急,我先给您看看,有合适的我给您先买回来,您再给钱。不过这以后您可得在学习上多关心关心齐茂盛。我也知道您家里家外一大堆事都是一个人忙,挺辛苦!可我们辛苦为了什么呀?还不都为了孩子吗?您说我们在学习上不关心孩子,孩子学习不好,我们再辛苦有什么用啊?"齐茂盛的母亲听老师这么说,不住的点头称是,老师一看这效果达到了,就又说了些齐茂盛的优点,让她坚信孩子是好孩子,现在的重点是学习要跟上。最后齐茂盛的母亲若有所思地离开了学校。

从那之后,齐茂盛有了明显的变化,交作业积极了,而且字一天比一天写得好,老师也抓住机会对他进行表扬。到期末考试时,他的语文成绩居然超过了70分,这在以前可是想都不敢想的。

分析

做家长工作不易,在与家长交流时,创设环境进行交谈效果会更好,比如在谈论孩子的表现时,应先说孩子好的方面,再说孩子的不足或需要改进的方面,这样家长比较容易接受。其次,交流时可运用一些非语言的反馈,如教师在与齐茂盛的母亲交流时,通过观察她的眼睛和面部表情来了解她是否在接受信息。再次,沟通过程中,进行"角色换位"思考,有助于提高交谈的效果。最后,教师心平气和地与家长交流,多从为孩子着想的角度出发来探讨问题,可能会产生事半功倍的教育教学效果。

(三)控制谈话过程

家访谈话,有主动与被动之分。教师是谈话的发起者,要有准备、有目标、有策略。相对而言,家长就显得被动多了,家长只能被动地接收教师发出的信息,或按照教师的意向提供信息。有的时候家长会就一些普遍关心的社会问题滔滔不绝地说,越说越投机,越说越起劲。譬如,说到学生的不良表现,立即就与社会风气联系起来;谈到学生的学习成绩,又会与升学、就业、不正之风扯在一块;说到学生的理想、前途,自然又会说起这里如何、那里怎样。家访时,教师如果总是去迎合这些话题,不仅达不到家访的预期目的,也有失教师的身份。正确的做法应该是不失时机地接过话题,不偏不倚地控制谈话的全过程。

（四）维护教师尊严

现在在大力弘扬尊重教师的社会风尚,但不尊重教师的劳动、瞧不起教师的现象仍然存在,尤其是个别有钱有势的家长,表现出对教师不屑一顾的情绪,而这种情况又常常在家访中反映出来。有的家长只强调自己工作忙或事情多,而不把教师的来访当作一回事,讥讽、挖苦,甚至谩骂教师。面对这些情况,充分发挥教师的教育机智和语言机智,不仅是家访的需要,也是对教师正当权利的维护。

案例 5-12

有位学生的家长是一家大公司的总经理,在社会上称得上是一个呼风唤雨的人物。孩子上高中两年了,从来就没有过问过。家里的电话,全部由保姆接,一听是教师打来的电话,就说不在家。新接手的班主任王老师很想会会这位不可一世的家长。一天,上午8点刚过,她就把电话打到这位家长的办公室,说要来跟家长谈谈孩子学习的事情。这位家长一听,立即回答说:"唉呀,真对不起,今天上午我要与一家外商谈笔生意,下午要开会,晚上也做了安排。这样吧,孩子的事,您最好跟她妈妈谈,如果一定要找我,以后再打电话来吧。"

"您既然这么忙,我今天就不来了。不过,在我的工作安排中,也只有今天上午8点到10点,星期二下午2点到4点,星期天晚上7点到9点才能做家访,请您从这几个时间中作出选择,然后再打电话跟我约定吧。"

分析

王老师的做法就在于使家长意识到自己的责任,自己的事业重要,教师也同样如此。

实 训

一、根据下列情况设计与家长谈话的目标与步骤。

(1) 近一段时期以来,某同学经常迟到,上课时,要么打瞌睡,要么注意力不集中,神情忧伤。听说是因为父母正在闹离婚。

(2) 某同学平常穿着很朴素,各方面的表现也不错,可新学期开始后一反常态,西装革履,头发上还打摩丝,有时还打车上学。对此,同学们议论纷纷。班主任找他谈话,他说是爷爷回来探亲,私下里给了他不少的钱,让他自己花。

(3) 某同学偏科现象很严重,语文、历史学得有滋有味,看了大量文史方面的书,可对数理化一点不感兴趣,成绩也很差。班主任从他的学籍卡上注意到,他父亲是某高校一位很有名望的数学教授。

二、情境训练。

一位班主任来到一位学生家里,敲开门,孩子的父母正与两位朋友围着桌子搓麻将,兴致正浓,以致孩子领教师进去了,孩子的父母也没起身,只是抬起头瞧了一眼,说声

"请随便坐",便继续搓麻将。过了一会,觉得有些过意不去,又抬起头来说:"会搓麻将吗?来,一块搓几圈。"丝毫没有接待教师来访的意思。

面对这种局面,你认为下面哪种方式最能开始你跟这家家长的谈话?并模拟班主任的语气说出来。

(1) 教师觉得很尴尬,说了声:"你们玩吧,我下次再来。"起身准备回校。

(2) 教师见家长打了招呼,便说:"好吧,我就不客气了,陪你们玩几圈,也好边玩边谈谈你孩子的情况。"说完,便坐上去。

(3) 教师见家长玩得正起劲,也不想扫兴,于是挪动身子,边看他们玩麻将,边谈学生的情况。

(4) 教师很生气,站起来说:"你们是麻将重要,还是孩子重要?如果你们认为麻将重要,那么我今天就把孩子送回来了,从明天起,你们的孩子就不用到学校来了!"

(5) 教师见家长仍然一个劲地玩,站起来笑了笑说:"既然你们的玩兴正浓,那么我就只说两句话,自古说:子不教,父之过;教不严,师之惰。作为教师,我是尽到了责任;至于你们做父母的怎么教育自己的孩子,我可管不着。我今天安排家访的时间是1个小时。"他看了看表,接着说:"我还可以等37分钟。"

三、模拟训练。

某男同学一贯很随和,与同学关系十分融洽。可最近一反常态,特别厌恶女同学。只要哪个女同学撞了他,不是挨他的骂,就是挨他的打,甚至对年轻的女教师也不礼貌。班主任一打听,听说他爸爸半年前跟一个女人跳舞搭上了,最近竟然抛下他母子俩离家出走了。母亲很伤心,他很气愤,向妈妈发誓:一辈子不接近女人。为此班主任决定家访,与他母亲聊聊。请你代替这位班主任跟这位母亲完成家访谈话。

(1) 既要证实上述情况,又不要过分地引起做母亲的伤心。

(2) 既要安慰好这位母亲,又要开导她如何使孩子正确看待这件事。

(3) 把关键性的谈话说出来,不得超过3分钟。

第三节　接触领导同事的交际口语

知识目标

1. 掌握接触领导同事的交际口语类型。
2. 了解与领导同事相处的语言要求。

能力目标

运用教师交际口语有效地开展工作,较好地完成工作任务。

一、接触领导的交际口语

（一）接触领导的交际口语的类型

在教师的口语交际活动中,由接触领导而产生的交际活动主要有请示性口语交际活动、汇报性口语交际活动和配合性口语交际活动三种类型。

请示性口语交际是由教师请求上级指示工作而形成的口语交际活动。

汇报性口语交际是由教师综合相关材料向上级报告而形成的口语交际活动。

配合性口语交际是由教师配合领导主动找自己谈话而形成的口语交际活动。

在这三种口语交际活动中,前两种承担着教师谋求上级领导对其教育、教学工作的信任、理解、支持和帮助的交际目的;第三种则担当着教师配合领导了解自己的思想动态、工作情况的交际目的。通常,这三种口语交际活动的界限是比较清晰的,但有时也会出现两种不同的口语交际活动相混合的情况。

案例 5-13

下面是某校负责组织参加全省中学生篮球比赛的教师与校长的对话。

教师:校长,您好！您能挤出一点点时间审批一下这份报告吗?

校长(面有难色):这份报告好是好,可现在正是期中考试期间,这些学生每天要花这么多时间进行训练,学习任务怎么完成?

教师:我们已经和各科教研室主任商量过,请任课教师利用课余时间给这些学生补补课,绝对不让他们落下任何一门功课。

校长:但问题是你还要抽调部分后勤人员去做服务工作。学校的医务人员、驾驶员本来就不多,车辆也少,平时工作都已经很忙了;再说抽调后勤工作人员还涉及经费的问题,学校现在的经费很紧张啊！

教师:可这次比赛对于提高我们学校的知名度是很有好处的。在上个月的全市中学生篮球比赛中,我们学校独占鳌头,得了第一名,引起了全市的轰动。这次,我们代表本市参加比赛,对于我们的学生来说是一次重要的锻炼。抽调出来的后勤工作人员,只需要比赛时去一下;医务人员、驾驶员和车辆只需到时间接送一下,其余时间仍可以在校工作。校长,你看,这样安排应该还行吧?

校长(微笑):好吧,我给你签字。

分析

上面这段口语交际活动,就属于请示性口语交际活动和汇报性口语交际活动的混合型。在这类交际活动中,如果教师不注意口语交际技巧,很可能会由此导致一些工作上的障碍。这位教师以尊重的语气请求校长指示工作,事先便准确地预测出校长可能觉得不好解决的一些问题,并撰写了相关的文字材料,提供了妥善的解决方法。这样,教师便巧妙地赢得了校长的支持。

一般说来,请示性口语交际活动,要注意话语中心明确,条理清晰,言辞简洁。弄清需要请示的问题、问题的迫切程度、如何解决等。汇报性口语交际活动,必须注意语言真实准确,不能夸大其词,要注意对领导的态度是尊重而不是谄媚,切忌在领导面前"告状"。配合性口语交际活动,属于领导主动找教师谈话而产生的教师接触领导的交际活动,教师一定要热情相迎,态度谦虚,注意聆听。如果遇到不能解决的问题,应委婉含蓄地进行说明。如果有合理、可行的建议,应及时向领导反映和提出。

(二)接触领导的语言要求

事实证明,上下级之间和谐的口语交际活动,能够有效地化解工作中的许多矛盾,使上下级之间上下一心,认识一致。因此,正确地与领导接触,掌握与领导接触的语言艺术,是教师成功完成口语交际活动必须研究的课题之一。

1. 口齿清楚,语气谦敬

由于领导需要处理的工作很多,时间有限,因此教师在与领导接触时,应当注意口齿清楚,语速适中。如果领导因为教师说话模糊含混、语速不当而失去交流的耐心和兴趣,对于教师及时开展工作、较好地完成工作任务是非常不利的。

说话时,语气谦虚谨慎,表现出对领导的尊重,这是与领导建立良好的口语交际活动的基础。在进行口语交际时,教师应注意上下级之间应有的礼节,多使用表示尊敬的人称代词"您",不要开口闭口就是"你""你们领导""你们这些领导""那些当官的""头儿们"等。谦敬的语气,往往能让交际双方保持良好的心态,创造和谐的口语交际氛围。

案例 5-14

毕业实习之前,学校派一位学生到一个乡教育组联系实习工作。这位学生来到乡教育组办公室,一边拿出介绍信,一边对接介绍信的同志说:"我是学校派来联系实习工作的,请你们安排。"

分析

这位师范生对乡教育组领导说的话没有使用谦敬的语气,态度生硬、冷淡,似乎是在给领导安排工作,而不是请领导安排工作。这样的口语所造成的表达效果可想而知。事实上,这位师范生在见到领导时,可以先进行一些必要的寒暄,然后再诚恳地说明来意,请领导安排实习的工作。

2. 语义明确,表达简洁

教师在同领导谈话时,应站在对工作负责的立场上,中心明确、条理清晰地正面阐述自己的观点,必要时甚至可以坚持己见。但一定要注意不要直接反对领导的意见。教师可以这样说"关于这一点,我是这样看的""对于这件事,我认为这样处理可能更合适""我认为我的看法是正确的,希望领导能够考虑"等。千万不能说,"你说的根本就是错的""你的观点一点用都没有""你们当校长的就是和我们普通教师想不到一块儿"等。

在与领导接触时,教师应本着对领导的工作理解和尊重的态度,开门见山地把要说的问题说出来,不要兜圈子,也不要拖泥带水,做到言简意赅;要避免以"告状"式的口吻向领导汇报工作,在背后评说他人长短。

3. 多用疑问句、陈述句

在与领导进行口语交际时,教师宜多使用疑问句和陈述句。疑问句用于提出问题,含有商量、征求意见的口气,能表现出下级对上级的尊重。例如:

(1) 您开会回来啦?
(2) 您觉得这项工作应该交给谁呢?
(3) 下午的会议在小会议室开,还是在阶梯教室开?
(4) 这项工作,教委已经检查过多次,是不是?
(5) 您想,我能把这件事办砸了吗?

一般来说,陈述句对客观事物或现象加以说明,有利于教师方便、快捷地向领导提供信息。相反,祈使句要求受话人行动或制止受话人行动,带有命令的口吻,容易造成领导不愉快的情绪体验。

4. 把握谈话时机

教师与领导进行谈话的时机是否适宜,是影响口语交际活动的关键性要素之一。时机选择得恰当,有利于教师实现特定的交际目的;时机选择得不合适,会给教师的工作造成一定的困难。例如,当教师对领导的决策、指示持有异议时,教师应该通过正常渠道和恰当的方式,在合适的场合向领导提出,而不是在公开场合或会议上横加指责。这样做,既扰乱了正常的工作秩序或会议秩序,又会造成与领导僵持不下的尴尬后果。

选择合适的口语交际,必须建立在教师对领导基本了解的前提下。所谓基本了解,主要包括思维方式、工作方法、工作习惯、性格爱好、素质的强项和弱项等内容。这种了解主要是为了更好地与领导相互协调、精诚合作,促进工作的开展。它与为了讨好、奉迎领导而进行的"基本了解"具有本质的区别。

5. 摆正自己位置

相对于领导而言,教师处于被领导被指挥的位置,应该以健康的心态,为领导当好帮手、做好助手、打好下手。因此,教师在接触领导时,必须调整好自己的社会角色,摆正位置,一言一行按照上下级的言语行为规范进行。在口语交际活动中,应严格按照领导的分工和实际工作的需要,区分清楚交际对象:该请示谁就请示谁;该向谁汇报就向谁汇报;对所有的领导都应该"一视同仁",积极服从分管不同工作的领导的安排。

需要指出的是,良好的上下级口语交际活动,不是一朝一夕就能实现的。这需要领导和教师和衷共济,在及时解决矛盾、消除障碍中不断发展良好的交际关系。建立上下级之间良好的交际关系,取决于领导和教师双方的素质。

二、同事相处的交际口语

（一）与同事相处的交际口语类型

在现实生活中,每个人都处于各种各样的人际关系之中,这些关系是客观存在的。人际关系的亲疏好坏,会对我们的生活、工作和学习产生不同的影响——或成为进步的一种阻力,或成为发展的一种助力。而同事关系是人际关系中最重要的一种,它直接关系我们工作的效率、事业的成功和心情的舒畅。就教师这个职业而言,它属于一种对群体性、协作性要求较高的工作。教师之间只有建立起和谐、团结、协作的同事关系,才能达到提高自己和共同提高的目的。

良好的同事关系,可以通过很多方法和途径来建立。掌握与同事相处的口语交际技巧,就是其中一种颇为重要的方法和途径。

教师在与同事相处时形成的口语交际活动,从交际对象的年龄上看,可能有老教师、同龄教师和年轻教师等;从交际对象的工作性质上看,可能有相同课程的教师、不同课程的教师、总务部门的职工等;从交际对象的工作单位上来看,可能有同一学校的教师、不同学校的教师等。从交际形式上看,主要有工作性谈话、寒暄性谈话、情感性谈话等。工作性谈话,主要以教育、教学工作中出现的问题为话题;寒暄性谈话,主要是教师在日常生活中相互之间的问候、闲聊;情感性谈话,主要是受话人遇到喜事(如受到表彰、职务晋升、职称晋升、出版专著等)或不幸的事(如事故、生病、亲友去世等)时,为了表示祝贺或安慰、吊唁而进行的口语交际活动。

值得注意的是,按照交际对象划分出来的口语交际活动类型,其本身就可以相互交叉;而这些类型又可以和按照交际形式划分出来的口语交际活动类型相互交叉,从而形成丰富多彩的同事之间的口语交际活动。例如,一位刚从其原学校调入新学校的中年教师,如果是和新学校同一教研室的教师进行闲聊,那就属于寒暄性谈话(其中也可能涉及工作性谈话),交际对象涉及年龄不同的教师、相同课程的教师、同一学校的教师;如果是到学校总务部门办理相关的手续,那就属于工作性谈话(其中也可能有寒暄性谈话的成分),交际对象就是总务部门的职工。

（二）同事相处的语言要求

1. 要相互尊重

身为同事,地位平等,在口语交际中言行就要特别注意礼貌,对同事要做到人格上尊重,工作上支持,生活上关心。

在日常生活寒暄性谈话中,可以主动向同事打个招呼,问一声好:"近来身体好吗?"

"学生学习成绩怎么样?"同事帮了你的忙,要真心诚意地表达你的感谢:"劳驾您啦,谢谢!""给您添麻烦了,谢谢!"下班前,若有事要先走,应该对同事说一声:"对不起,我有事先走一步。"当同事向你咨询问题时,不管它本身对不对,你都不要断然否定,而应耐心、诚恳地表达你的观点。千万不能讥讽挖苦:"太可笑了,你怎么会有这样的想法?"也不能以居高临下、教训的口气说:"你听好了,这件事应该这样去做……""你这样做根本不管用!"更不能不辨真伪、虚情假意地敷衍了事或故意推托:"挺好! 挺好!""我现在没空,再说吧!""哦,是吗!"当然,如果对方提出的问题令人尴尬,你也可以笑而不答,以缓和僵局。当自己遇到需要同事协作才能完成的工作时,不能自作主张地说:"这件事你们都听我的!"或"这件事我说了算!"而应该以建议性、商讨性的口吻说:"这件事,各位教师看怎么办好?""大家看这样处理行不行?"当同事向你提出要求时,如果你能满足对方的要求,可以开诚布公地正面应允;如果做不到时,可以婉言拒绝,不要模棱两可。

同事之间的相互尊重和友善的心态,对构建良好的人际交往环境是很有好处的。俗话说:"礼多人不怪。"同事之间礼尚往来,不但能增加同事之间的亲密感,而且更容易在工作中精诚合作。

2. 要客观公正

在与同事进行寒暄性谈话、情感性谈话时,不可在人前随意议论他人的长短,有意披露同事的隐私,或到领导面前挑拨同事之间的关系、伤害同事之间的感情;在工作性谈话中,一切都应该从"公"字出发,从大局出发,语调平和,言辞有理、有利、有节,不搞人身攻击;面对名利,不能毫无顾忌地争夺或寻找各种冠冕堂皇的理由给自己争名争利。另外,在交谈中,还要注意把握好与同事亲与疏的分寸,不可以亲此疏彼,要团结所有的同事。

案例 5-15

张老师是一位受人尊敬的资深教师,他把数学课上得生动、有趣,又不失深度和难度,非常受学生欢迎。但张老师明年就要退休了。学校为了让张老师承担的教学工作得以平稳过渡,提前半年安排年轻的李老师来接替张老师的数学课,并请张老师随堂指导李老师授课。

李老师上了一段时间的数学课后发现,原来在张老师上课时非常听话的学生开始变得调皮起来,喜欢在课堂上捣乱。张老师显然也注意到了这一变化。于是,李老师和张老师就有了下面这段谈话。

李老师(表情困惑):张老师,我真是不明白,原先您上课时,学生们都非常听话,可怎么一到我上课就变得调皮起来?

张老师(面带微笑):小李啊,我想先问问你,你是怎么讲课的?

李老师:我觉得,讲课时,我在教学内容上还是下了一番功夫的。在听您的数学课时,我注意到您对教学内容归纳处理非常独到。所以,我就模仿您的方法,注意教学内容归纳深入浅出。

张老师(面带微笑):那么,你有没有考虑过教学方法的问题?

李老师:和您一样,我每次上课时都使用了演示教具。而且,为了做好演示,我课前都要求自己要多演练几遍。每次上课,教具的演示也都顺顺当当地完成了。

张老师(诚恳地):小李,处理好教学内容、演示好教具并不意味着就可以上好数学课。你讲课时,有没有注意到学生的感觉和反应?课后,你有没有给学生提供一些典型的、能够帮助他们理解学习内容的例子以及练习题?在学生完成作业的过程中,你有没有给他们以必要的指导和帮助?

李老师(表情释然):张老师,您说得对。我讲课时,很不习惯看全班同学。一看到学生注视着我,我说话就不自在。讲完课后,我一般也就不再给学生提供理解学习内容的有关例子。这是我考虑不周。至于指导学生完成作业,我一般采取单独辅导的方式。但毕竟时间有限,每次只能辅导几个同学。我有点不大习惯面对全班同学进行辅导。

张老师(面带微笑):问题就出在这里。全班有60位同学,你能在有限的课余时间里一个一个地进行辅导吗?

李老师(笑了笑):这一点,我确实没想到。

分析

李老师以敬重的口吻向张老师请教教学中存在的问题,张老师也非常真诚地解答了李老师的疑问。但张老师的回答十分巧妙,他没有摆出资深教师的架子,对李老师横加指责,而是用疑问句的形式,循序渐进地启发和提醒李老师自己总结课堂教学中存在的问题,客观公正,语调亲切、平和,语义切中要害,颇有长者的风度和气质。

3. 要求同存异

与同事相处,不可能行动与思想处处都一致,毫无不同意见。如果在与同事交往的过程中出现了矛盾,不必回避,而应积极设法解决,尤其是对工作中的矛盾更应主动解决。不要固执己见,更不要恶语伤人,冒犯对方;要多听对方的意见,平心静气地讨论问题,或许能得出一致的看法。有些问题的看法不一致是很正常的,可以求大同、存小异。

在日常的口语交际活动中,人们往往会与三种人发生争吵:一是不一起共事的人,二是家人,三是同事。这三种争吵会产生三种不同的结果:与不一起共事的人发生争吵,吵过之后双方走人,一般不会再引发面对面的碰撞;家人之间因为有血缘或亲情关系,一般吵过之后会重归于好;同事之间发生争吵,麻烦就比较大了,因为同事之间争吵之后仍然要在一起共事,甚至要相互竞争,这种特别的关系就使得同事之间争吵后的情感破裂且难弥合,使同事相处的人际环境长时间地蒙上阴影。

当然,如果与同事因意见分歧而发生争吵,也不要把问题看得过于严重,不要把与同事的争吵随便告诉别人,也不必告诉领导,应当冷静地想一想,双方有无共同之处,从此出发,去消除分歧,释去前嫌,求同存异。切不可"得理不饶人",逞一时口舌之利,那样会把对方逼到没有退路的境地。

4. 要看对象谈话

　　同事之间相处，应注意做到平等待人，尤其是在人格上要一视同仁。这是教师在口语交际活动中应遵循的普遍原则。然而，在同事相处而形成的口语交际活动中，毕竟存在着各种类型的交际对象，所以教师在口语交际活动中一定要根据这些交际对象的身份、思想、修养以及心境，巧妙地选择和调整自己的话语表达方式。

　　年轻教师在与资深教师相处时，不能恃才自傲，口出狂言。现在的年轻教师一般都毕业于高等院校，大多有学士、硕士，甚至博士学位，比起多年前参加工作的资深教师来说，学历更高、思想更前卫、方法更灵活。但是，年轻教师在教育教学实践上毕竟还得从头开始。所以，年轻教师应当本着谦虚谨慎的态度，与资深教师进行交往；切忌张狂自负，处处炫耀自己的能耐。尤其是对那些辛勤工作几十年后面临着退休的资深教师，要格外敬重，不要让他们感到"人走茶凉"。但是，年轻教师也要避免为了"讨好"资深教师而刻意改变自己。比如在言语行为上故意附和资深教师，装出一副热情的样子，心里却看不起资深教师。

　　与刚来单位的新同事或从外地、外单位刚刚调来的新教师相处时，不可欺"生"，要像对待别的同事一样尊重他们，不要让他们觉得受到了冷落和排挤。说话时，语气要热情，注意运用语流中的轻重音表达出你对他们的关心，必要时还可以适当运用一些感叹句表达你真挚的感情。例如："见到您，真高兴！""您分到我们教研室真是太好了！""有什么需要我帮助的吗？""有什么困难就跟我说吧，千万别客气！"

　　与个性较强的教师相处时，应注意在不违反原则的前提下灵活谦让。通常，个性较强的人争强好胜，在人面前不服输、爱面子，即使是持不太正确的观点也非要争赢不可。尤其是对那些没有明确评判标准的似是而非的问题，更是争得十分来劲，非要对方赞同他的观点不可。总之，这种个性强的人只能赢不能输，不容易共事。因此，与个性较强的教师进行交往时，当觉察出对方摆出那种非赢不可的架势时，不妨说几句谦让的话，先把紧张的气氛缓和下来，以防无休止地争论下去。至于谁是谁非，事后各自心里都会明白。当然，在任何学校，个性较强的教师毕竟是少数。同事之间相处的时间长了，一旦了解这种人的特点后，很多教师都不太愿意与之接触，这种人很容易被人另眼看待。其实，与个性较强的教师共事，也能学到不少知识。所以，教师应本着与人为善的原则，主动与其交流思想、沟通感情，绝不能将其孤立起来。

　　总之，教师在与同事相处时，应该从正面进行口语交际活动，以积极协作的精神，用宽容去克服狭隘，用成熟去克服幼稚，用冷静去克服冲动，用容人之雅量去克服嫉妒和纷争。

◆ **实　训**

　　一、请与你的同学一起轮流扮演教师和学校领导，模拟请示性口语交际活动、汇报性口语交际活动和配合性口语交际活动。

二、你在班上组织了一场辩论赛,想请学院主管学生工作的副院长参加并讲话,你准备怎样去邀请他?

三、一天早上,校长来到办公室找你谈话,对你工作中取得的成绩大加称赞。此时,你应该怎么说?

四、最近,你的同事晋升了职称,你得知这个好消息后,前去祝贺。你应该怎样对他表达你的祝贺之情?

五、作为一位初到学校工作的新教师,你所在的教研室既有资深教师,又有中年教师,还有和你一起分到这个教研室的新教师,你应该怎样与他们交谈?

第四节 座谈调研的交际口语

知识目标
1. 了解座谈调研中口语交际活动的意义。
2. 掌握座谈调研时口语表达的原则。

能力目标
运用座谈调研的语言要求进行口语交际活动。

一、座谈调研中口语交际活动的意义

为了提高教育、教学工作的水平,教师要经常参加一些各级教育部门、学校组织的,以交流教学经验、通报教学信息、提高教学水平为目的,以座谈调研为主要形式的会议或活动。成功的座谈调研活动,可以从中直接了解教师的思想动态、表现状况,了解学校管理工作的情况,从而通过这些第一手资料,增强今后工作的目的性和实效性。

座谈调研活动能否取得成功,关键在于召集人能否合理驾驭会场、与会者的投入是否积极。从这个意义上说,由座谈调研而形成的口语交际活动,需要涉及两种话语角色:召集人和与会者。这两种话语角色各有特点,相互作用。召集人掌握话语主动权,负责把话题引向深入,集中与会者的正确意见,作出正确的结论;与会者服从召集人的安排,配合召集人把话题拓展向深层次,逐渐形成大同小异的观点和意见,完成整个座谈调研活动。

但是,教师无论是作为召集人还是与会者,在座谈调研中的发言和讲话,都将成为

对教师口语表达能力和水平的一种检验,成为对教师学识水平、逻辑思维和临场发挥等多种能力的综合评价。任何一位教师,经过一段时间的教育、教学工作实践,都会形成自己一些独特的体验和经验。如果把这些教育、教学的体验和经验提升到理论思考的层次,就会形成学术研究活动。

从座谈调研的正式程度上看,由此形成的口语交际活动大致可以分为两种:内部交流和外部交流。所谓内部交流,是指同一学校的教师经组织和安排,在校内进行教育、教学经验的交流和调研活动;所谓外部交流,是指不同学校的教师经上级主管部门的组织和安排,在特定的场合召开教育、教学经验交流和调研活动。外部交流的规模要比内部交流大得多,正式程度也要比内部交流相对高一些。

无论是作为召集人还是与会者,无论采用的是内部交流还是外部交流的形式,教师在参加座谈调研时,都要经过一定的准备——包括从内容到形式上的准备。从内容上看,教师的话语必须具有创新性、独特性和实践性;从交际形式上看,既可以是独白式的,如宣读论文、讲述观点等,也可以是对话式的,如交替发言和交流;从交际对象的范围上看,教师面对的可能是同事关系的其他教师,也可能是有关领导,还可能是教育部门以外的相关人员。至于教师在参加座谈调研活动之前应该做好哪些具体的准备工作,需要根据会议主办方的安排来进行。

二、座谈调研时语言表达的原则

教师在进行座谈调研活动时在话语表达上应注意遵循以下几条原则。

(一)观点独特

任何一次座谈调研会的目的都是为了获得新信息、新观点、新经验,所以每一位发言者的发言应当有独到的见解、不同寻常的想法、别具一格的角度,这样的发言才能启迪人们的深思。从召集者的角度来看,立论的新颖,首先要求其做到座谈调研内容的新颖、实用;其次是注意发言的启发性、诱导性,以富有技巧的语言激发与会者各抒己见的欲望。对于与会者来说,立论的新颖主要是指根据会场的发言情况,或者选择一个独特的角度,另辟蹊径,发表自己独到的观点和见解;或者根据其他教师的发言,进行必要的、具有新意的补充;或者在其他教师发言的基础上,对观点进行深化、拓展。

案例 5-16

一次座谈调研会的主题是"中学语文教学现状及改革",许多教师都认为:现今,虽不能说中学语文教育已经彻底从应试教育的束缚下解放出来,但经过众多教育者多年的努力,目前中学语文教育已大有改观,特别是提出根据社会需要和学生实际进行素质教育的教育理念后,中学语文教育正朝着科学的目标迈进。

这时,一位教师发言了:"我想请各位教师注意这样一个问题,虽然素质教育已经在中学语文教学中得到了全面的推行,但据我观察,在实际的语文课堂教学中,'讲授—接受'的传承式教学方式仍然是主流,'重知识讲授,轻能力培养'的教学倾向仍占主导地位。我曾经在我市各所中学做过一次广泛的问卷调查,在回答'课堂上,同学们有无发表与教师不同意见和想法的机会'时,有57%的中学生回答'没有'或'很少有'。50%以上的学生对课堂上没有把握答对的题目选择'想答,但担心出错'或'根本不想答'。"

分析

这位教师作为与会者,并没有附和大家的发言,继续说"中学语文教学在素质教育方面已经取得了重大进展",而且在此基础之上,根据自己的观察、体会和经验,适时提出了目前中学语文教学中实际存在的问题。这不但突出了整个会议的主题之一"现状",而且还为下面讨论"改革"的措施做了铺垫。这些话很好地起到了"抛砖引玉"的作用,为召集人引导与会者转入下一个话题做好了铺垫。

(二) 言简意赅

立论的新颖,离不开表述准确、言简意赅。座谈调研活动是有时间限制的,这就导致召集人和与会者之间出现了矛盾:一方面,召集人总是希望在规定的时间内让尽可能多的与会者发言,以获得更多的新信息或收集到更多具有普遍性的问题;另一方面,与会者则希望有足够的时间来充分发表自己的思想和观点。要想解决这一矛盾,召集人就得注意言辞简练,引导与会者不要偏离会议主题;与会者也要密切配合召集人,在召集人安排的时间内,言简意赅地阐述自己的思想和观点。

由于受到时间的限制,无论是召集人还是与会者,在讲话时都不可能仔仔细细地斟酌、推敲每一个字、每一个短语、每一个句子,所以,有的时候会出现言语不慎、用语模糊、偏离话题等情况。因此,教师在说话时,要努力把握好语义的轻重缓急,保证词语使用的严谨性和规范性,以达到话语表述恰如其分、精确妥当的目的。

(三) 语言灵活生动

座谈调研会上的交际活动,语言风格介于书面语和口语之间。一方面,为了体现出交际内容的严肃性和认真性,教师在交流教学经验、通报教学信息时,难免会使用一些具有严密性、系统性和规范性的语词,而学科术语的使用则进一步强化了这种语言风格;另一方面,从交际渠道和交际形式上看,座谈调研会始终属于一种面对面的口语交际活动,这就使教师的口语同时兼有书面语体的逻辑性和口头语体的生动性。

具体来说,座谈调研语言风格的基本特点是:具有一定的语调和轻重音变化;多使用学科术语,强调话语的概括性和准确性;句子结构灵活多变,既有口语化的小短句,又有语义清晰、逻辑严密的长句;话语结构紧密,层次分明,说理清楚。因此,教师在发言时,应注意保持声音的洪亮、清晰,语调的自然变化,语言的衔接和连贯;不要随心所欲地讲讲停停、停停讲讲;处理好书面语言和口头语言之间的转换。

（四）态度谦和

在座谈调研活动中，教师应明确座谈调研并不等于"辩论赛"。发言时，要注意摆正自己的话语角色。作为召集人，教师要注意语气谦和，既不要随意附和与会者，人云亦云，也不要对与会者的思想和观点妄加指责，要做到语调平稳、举止冷静；作为与会者，教师既不要过度"谦虚"，对自己的思想和观点丧失信心，沉默不语，也不能狂妄自负，把召集人晾在一边，抢嘴插话，更不要"墙头草，两边倒"，毫无主见。需要指出的是，这两种话语角色都要注意不要把自己的观点强加于人；听到不同意见时，不可流露出鄙夷、不屑的神情，也不可用反话挖苦、嘲讽对方，而应该用商讨的语气，提出自己的看法，以便于让他人接受。

座谈调研最直接的目的，就是把教师个人在教育、教学工作领域中的探索、感受和体会等变成大家共同分享的宝贵财富。这些探索、感受和体会，无一不凝聚着教师工作实践中的酸甜苦辣。如果教师在讲话时，能够大胆敞开心扉，坦率诉说心声，那就会给听众留下真实可信、亲切感人的良好印象。有的教师出于种种原因，不愿意把自己的真实体验说出来，常常对讲话内容进行"人为加工"，而不是实事求是，有一说一，有二说二。结果，与会者听了以后，兴致勃勃地在教育、教学工作中进行实践，效果却十分不理想，甚至非常糟糕。

得体的表述，也是教师在座谈调研会上应该重视的问题。就整个话语结构来看，无论是召集人还是与会者，都要注意把握好话语的开头和结尾。开头，要亲切自然，开门见山，不要绕弯子，说些不着边际的废话，如"今天的这个会开得很及时"，"这次会议很重要"，"我本来不准备发言的，但召集人坚持要我说几句，我也就恭敬不如从命，随便说说吧"等。发言结束时，不要草草了事，也不要用套话来敷衍听众，如"我的话讲完了，准备不充分，请大家多多原谅"，"我水平不高，讲得也不好，请大家多多批评"等。这些不恰当的结束语，不但让听众觉得"虚情假意""冠冕堂皇"，而且有的时候还会起到反作用，把成功的发言理解成一塌糊涂的废话。

◆ 实 训

一、以小组为单位，以"关于中（小）学××课程改革"为话题，轮流模仿座谈调研会的召集人和与会者，进行口语交际活动的训练。

二、以小组为单位，模拟"中考××课程研讨会"会场，并轮流扮演召集人和与会者，进行口语交际活动的训练。

第五节　教育工作中的即兴演讲

> **知识目标**
> 1. 了解即兴演讲的概念、特点、主题等。
> 2. 掌握即兴演讲的技巧。
>
> **能力目标**
> 运用即兴演讲的技巧进行口语交际活动。

一、即兴演讲概述

即兴演讲,由于表情达意快捷、真实,适应快节奏、高效率的现代生活需要,因此很受群众欢迎。在事先未准备的情况下,能面对听众,才思敏捷,侃侃而谈,出口成章,也是社会生活发展的需要。要做一名合格的教师,必须具备较强的即兴演讲能力。

即兴演讲与命题演讲虽然没有本质的区别,没有优劣之分,但即兴演讲使用的范围更广,频率更高,难度更大。

(一) 即兴演讲的概念

即兴演讲是相对于命题演讲而言的,是指演讲主体在特定的时间、环境和主题的诱发下,主动或被动要求立即进行的当众演讲,是一种不凭借文稿来表情达意的口语交际活动。因此,即兴演讲被人称为"脱口而出的艺术"。杨炳乾曾说:"即时演说者,演说家事先无为演说之意,而忽遇演说之时机,不能不仓促构思,以及时陈述也。"各种即兴演讲的发生,不外乎两种情况:一种情况是演讲者身临其境,有所见,有所感,有所想,产生强烈的兴致而"不吐不快",这就是主动的即兴演讲;另一种情况是演讲者受到邀请,遇到突然"袭击"而被迫发表演讲,这就是被动的即兴演讲。

(二) 即兴演讲的特点

即兴演讲是即兴成篇,出口成章,因而与其他类型的演讲比较,有其自身的特殊性。

1. 短小精悍

不管哪类演讲,均以简短为主,并以亲切生动的表述给听众留下深刻的印象,即兴演讲的这一特征更为明显。在坚持短小精悍的同时,要言之有物,信息密度大,应当实现思想性、知识性和趣味性的统一。

案例 5-17

1936年10月,在鲁迅先生的安葬仪式上,沈钧儒发表了极为简短但有力的即兴演讲:

像鲁迅先生那样的人,应该有一个"国葬",无论在哪个国家都应该这样。比如在苏联,高尔基死的时候,是由斯大林亲自抬棺的。而今天这许多人里面,就没有一个代表政府的人,中国的政府哪里去了?

分析

沈钧儒的这篇即兴演讲不足百字,字字千钧,掷地有声,尤其最后一句"中国的政府哪里去了",表现了演讲者的愤慨情感,对听众产生了强烈的震撼力和感染力。

2. 时空短暂

即兴演讲是"兴之所至,有感而发",有很强的暂时性,是特定的时间空间的产物,受特定环境的限制。特定的时空和情境是暂时的、转瞬即逝的,因而即兴演讲也具有暂时性、不可复制性。即使通过录音、录像而使之能够长久保存下来,但没有当时的特定情境,其效果也就大打折扣了。

案例 5-18

姐姐、姐夫、我的小外甥:

今天是外甥10周岁生日,俗话说:到生日吃面。当舅舅的我首先奉上三个蛋一碗面。

这第一个蛋叫"德"。思想好,像个石头蛋,扎扎实实的。在学校里,尊敬教师,团结同学;在家里孝敬父母,热爱劳动,艰苦朴素,举止文明;在公共场合,遵守规则,遵守秩序,不要做一个人人讨厌的小坏蛋。

这第二个蛋叫"智"。学习好,像个五彩蛋,兢兢业业的。在学习上要谦虚谨慎,要争当第一名,要像钉子一样发扬"挤"和"钻"的精神,切忌马马虎虎,草草了事,做一天和尚撞一天钟,更不要考几个"大鸭蛋"给大家下酒。

这第三个蛋叫"体"。身体好,像个铁蛋蛋,壮壮实实的身体是革命的本钱,头疼脚痒不是真正男子汉,要经常锻炼身体,像运动员那样具有强壮的体魄,不要做一个经不起风吹浪打的软蛋。

至于这一碗面么,大家看看,这面长长的,像理顺的头绪,这象征着一切事情都有个开头,这就是说,要吃到这三个蛋就要从现在开始,从现在努力!外甥,你说呢?

分析

外甥的10周岁生日只有一次,此情此景,舅舅借生日宴会之机,向外甥提出了自己的期望与要求。演讲内容具有思想性、趣味性,语言风趣活泼,亲切感人。

3. 形式灵活

即兴演讲不可能像拟稿演讲那样,对演讲进行精心设计和构思,从而形成稳定的内容和表达形式,因此,它的内容和表现形式灵活多样。即兴演讲者往往就地取材,就地发挥,所以,演讲者思维要敏捷,要"眼观六路,耳听八方",善于把握时机,做到随机应变。

案例 5-19

闻一多先生在发表《最后一次演讲》时,看到阳光照射到礼堂的树枝上,面对此情此景,抓住这一时机,意味深长地继续说道:"我们的光明就要出现了。看,光明就在我们眼前。正像李先生临终时说的,天快亮了!现在正是黎明前那个最黑暗的时候,我们有力量打破这个黑暗,争到光明!我们的光明,就是反动派的末日!"

分析

闻一多先生将现场情景与演讲内容灵活地联系在一起,给听众以生动而深刻的印象,收到了很好的演讲效果。

(三)即兴演讲的主题

主题是即兴演讲最重要、最关键的内容,是整个表达的根本依据,演讲时每一层次、每一段落、每一句子、每一个词都反映着一个意思,这些意思都要统帅于主题之下,因此,即兴演讲要寻找触点,临场发挥,及时提炼新颖而典型的主题。下面介绍几种提炼主题的方法。

(1)临场发挥。着眼于临场某一客观事物的特点和本质,进行主观联想,立即闪现出一种思想,然后把它言表于外。

(2)内心孕育。当开展调研或检查工作时,从别人演讲中得到启发,萌发一个新的观点,这时就成了孕育主题的素材。

(3)设问凝练。问题是形成主题的摇篮,当你参加会议,大家都说了话,你自己正襟危坐,此时不说也不行,于是你就向自己提出了一串串问题:怎么办?说什么?怎么说?有价值的主题往往就形成于有价值的问题之中。

(4)转换角度。对同一个问题从不同角度进行表达,使之更加新颖,表达出众。如以小草为题,有人说"小草默默无闻,造福人类",有人却说"小草逆来顺受,软弱无能,不思反抗"。

(四)即兴演讲的布局

即兴演讲要注意结构的整体布局。整体布局主要有纵式、横式、总分式、递进式。整体布局时要考虑如何开头,如何过渡,如何结尾,主体材料应放在何处,次要材料应放在哪里,需要讲几个部分,是按时间顺序还是按空间顺序,是递进式还是并列式。

即兴演讲的标准是临场之作,不宜过长,切忌繁杂,防止啰嗦。即兴演讲应符合以下标准:

(1)思维敏捷,反应迅速。

(2)立意明确,内容集中。

(3) 条理分明，逻辑严密。

(4) 语势连贯，跌宕起伏。

(5) 用语规范，贴切易懂。

(6) 适合语境，话语得体。

(7) 生动优美，诙谐幽默。

(8) 把握时机，灵活善变。

（五）即兴演讲的思维

口语表达是思维的外化和工具。思维是语言的内容，没有思维就没有语言。语言表达的过程实际上就是把思维结果表达出来的过程，说话的过程就是从内部语言向外部语言转化的过程。考虑话该怎么讲，是一种思维活动，尤其是即兴演讲，是一个激烈的思维过程，需要经过思想—句子—词汇—语音的快捷转换。这个过程是完整的，如果任何一个环节出了问题，都会影响语言表达能力。思维训练一般有三种方法。

(1) 定向思维法。这是按常规恒定思维的训练方法。这种思维可以培养我们深入思考的能力，有助于养成深入分析问题、透过现象看本质的良好习惯。

(2) 逆向思维法。这是反过来想一想，变肯定为否定、变否定为肯定、变正面为反面，变反面为正面的训练方法，这种思维方式具有独立发表见解的特点。

(3) 联想思维法。这是由一事物想到其他事物的训练方法。其特点是闻一知十，触类旁通，使即兴演讲具有流畅性与变通性。

（六）即兴演讲的能力

即兴演讲是一种综合能力的表现，涉及一个人能力的方方面面，加强基本技能训练，可以全面提高表达能力。即兴演讲重点要注重以下能力的训练：观察能力、记忆能力、分析能力、推理能力、机敏能力。

（七）即兴演讲的障碍

即兴演讲最大的障碍不是听众，而是自己。缺乏自信心是即兴演讲的最大障碍。为此，要从以下三个方面做好"清障"工作。

(1) 积累知识，提高文化素养。"知识就是力量"，只有用知识武装自己，讲起话来才能镇定自如，侃侃而谈。

(2) 大胆交往，学习他人语言。要大胆地与周围人、社会人、各阶层人接触，并主动地进行对话，从中汲取口才营养，学习演讲技巧。

(3) 自我调节，增强自信心。凡是有发言的机会，首先要调节好心理，要敢于说话，不要怕，不要躲躲闪闪，更不要说一些"我不会说，说得不好"等"丧气"话，越是这样，越不敢说话,就容易给人留下哼哼唧唧、唯唯诺诺的印象。

(八) 即兴演讲的禁忌

演讲时,变调失真打官腔,是人们普遍厌烦的事情。只有使用自然的声音演讲,才能真正打动人。同时语言表达要简单清晰,切忌啰嗦,否则会失去听众。生活中有哪些演讲容易引起人的反感呢?心理学家归纳为12种。

(1) 抱怨自己的命运,或夸耀个人的成就。
(2) 喜欢扮演心理分析家,对任何人的言行都要评头论足。
(3) 自我膨胀,夸夸其谈。
(4) 拒绝尝试新事物,不肯听取别人意见。
(5) 言谈冷淡,缺乏真诚热情。
(6) 过分取悦或阿谀奉承别人。
(7) 毫无主见,人云亦云。
(8) 视自己为焦点人物,一副"舍我其谁"的狂妄姿态。
(9) 言谈时态度暧昧,模棱两可。
(10) 言词逞强,喜欢咬文嚼字。
(11) 经常打断别人话题,影响他人说话兴趣。
(12) 过度谦虚,恭维别人。

(九) 即兴演讲的要求

在口语交际中,一般听众处于被动地位,要使表达者与听众两极合璧,就要消除听众的被动、消极情绪。听众对演讲者的要求是:厌繁杂、喜精短;厌粗俗、喜新颖;厌空洞、喜形象。

(十) 即兴演讲的技巧

即兴演讲就要像白居易《琵琶行》中所说:"大弦嘈嘈如急雨,小弦切切如私语,嘈嘈切切错杂弹,大珠小珠落玉盘。"演讲时,要抑扬顿挫,错落有致,发音响亮,平仄相间,轻重得体,高低有度。下面分话前、话中、话后三个阶段例证。

1. 演讲前的准备

(1) 克服紧张情绪

对不常演讲的人来说,演讲前紧张是自然的,应该正视这种紧张感,权当是丢一次丑,再紧张也得讲。那么,如何消除紧张情绪,有几种方法大家可以试一下。

① 深深呼吸——眼睛微闭,全身放松,心里默默地数数,这样可以使血液循环减慢,心神就会安定下来,全身有一种轻松感。

② 临场活动——由于紧张会使体内产生大量的热能,如果在演讲前稍加活动,双手握紧然后放松,让肌肉缩紧再放松,就会促使热量散发。

③ 闭目养神——闭目用舌尖顶上腭,用鼻吸气,可以达到安定神绪,怡然自得的目的。

④ 凝视物体——确定某一物体,专注凝视,并去分析它的形状,观察其颜色与远近。

⑤ 摄入饮料——演讲前准备一杯开水,这样可以增加唾液,保证喉部湿润,也可以稳定情绪。

⑥ 情绪转移——情绪转移也可以缓解紧张症状。英国有个企业家叫詹姆斯,因演讲屡次失败,每次演讲时那种紧张的场面就浮现在眼前。有次演讲前,他狠狠地拧了自己大腿一把,突然感到出奇的平静,结果讲得非常成功。

(2) 认真构思腹稿

在稳定情绪的同时要理清演讲思路,做到胸有成竹,构思腹稿要防止下列话题:对于不知道的事情不要冒充内行;不要在公共场所谈论别人的缺陷;不要谈容易引起争论的话题;不要到处诉苦发牢骚。

(3) 了解掌握听众

可以从以下几个方面了解听众:文化、职业、年龄、性别等。

2. 演讲时的技巧

(1) 开头的技巧

即兴演讲是一种随行就市,临场发挥的行为,所以不要把开头看得过分重要,也不要规定得过于死板,这样会限制演讲的临场发挥。但"万事开头难",拥有良好的开头也是成功了一半。美国著名口才大师洛克伍德说过:"在整个演讲过程中做到轻松地、巧妙地和大家交流思想是困难的。然而,做到这一点的关键是演讲开头的语言表达。"下面引用几个演讲开头的案例。

① 直入式。

案例 5-20

闻一多先生的《最后一次演讲》:

这几天,大家晓得,在昆明出现了历史上最卑劣最无耻的事情!李先生究竟犯了什么罪,竟遭此毒手?他只不过是用笔写写文章,用嘴说说话,而他所写的,所说的,都无非是一个没有失掉良心的中国人的话!大家都有一支笔,有一张嘴,有什么理由不拿出来讲啊!有事实拿出来说啊!为什么要打要杀,而且又不敢光明正大地来打来杀,而偷偷摸摸地来暗杀,这成什么话?

分析

《最后一次演讲》的开头语,闻一多几乎没有做任何铺垫,一开始就用一连串激昂的感叹句把演讲直接引入正题,给听众一种畅快淋漓的印象。

② 引用式。

案例 5-21

吕元礼的《祖国——母亲》：

人们常说，第一次把美人比作花的是天才；第二次把美人比作花的是庸才；第三次把美人比作花的，是蠢材。不错，如果人云亦云，鹦鹉学舌，那么，就是再美妙的比喻也会失去光彩。但是在生活中却有这样一个比喻，即使你用它一百次、一千次、一万次，也同样具有强大的感染力。同志们或许会问，这是个什么样的比喻呢？那就是，当你怀着赤子之心，想到我们祖国的时候，你一定会把祖国比作母亲。

分析

吕元礼的演讲引用了一句话，说明了对重复比喻的厌烦，然后话锋一转，强调另一种比喻可以不厌其烦地运用，引出了演讲的主题《祖国——母亲》。这样的开头方式，既由于谚语铺垫显得水到渠成，又由于谚语的使用而显得贴近生活。

③ 提问式。

案例 5-22

蔡畅的《一个女人能干什么》：

今天，我讲一个问题，一个女人能干什么？一个女人能干什么呢？我的回答是：能干，什么也能干；不干，什么也不能干。能干又不能干，不能干又能干。为什么这样说呢？要确定女人能干不能干，有两个条件，一个是要看环境，另一个是要看个人的努力，如果环境好，自己不去努力，只靠人家那就什么也不能干。如果自己努力干下去，就可以得到好的结果。如果努力干，就是从那些小的具体工作到国家大事都能够干，如果不干，就会变成社会的寄生虫。

分析

蔡畅通过提问来引发听众的兴趣，再用自问自答的形式来阐发自己的观点，这样会给听众留下清晰的印象。

开头的方式很多，还有故事式、悬念式、自我介绍式等。

(2) 演讲中的技巧

在演讲的过程中，演讲者可根据演讲内容，采用增强自信心、增强号召力、吸引听众、拉近听众距离、消除对抗心理、激发听众同情心、增强说服力、巧用数字等技巧。

① 如何表现自信心。

案例 5-23

法国第 18 任总统戴高乐的《谁说败局已定》：

那些身居军界要职的将领们已经组成了一个政府，这个政府以我们的军队吃了败仗为由，同敌人接触，意在谋取停战。毫无疑问，我们确实吃了败仗，我们陷于包围之中。我们之所以受挫，不仅是因为德军人数众多，更重要的是他们的飞机、坦克和战略。正是这些，使我们的军队不知所措。但是难道已经一锤定音、胜利无望、败局已定吗？不，绝不如此！请相信我，因为我对自己说话胸有成竹。我告诉你们，法兰西并没有失败。我们完全可以以其人之道,还治其人之身,并有朝一日扭转乾坤,取得胜利。

分析

戴高乐在分析了敌我双方的形势后,他以一位领袖所具有的宏大气魄,断然否定了暂时的失败,表现出了对困难的极大蔑视和对胜利的坚定信心。

② 如何增强号召力。

案例 5-24

电影艺术家卓别林的《要为自由而战斗》:

战士们,你们别去为那些野兽们卖命啊!他们鄙视你们,限定你们的伙食,拿你们当炮灰。你们别去受这些丧失理性的人的摆布,他们都是机器人,长的机器脑袋,机器心肝!可你们不是机器人,你们是人,你们有着人爱。

分析

卓别林的演讲,对于盲目状态下被人利用的士兵具有强大的号召力,他以战士的立场,分析了大独裁者带给他们多方面的伤害,号召大家不要去卖命当炮灰。

③ 如何吸引听众。

案例 5-25

有位不知姓名的演说家的演讲:

关于抽烟,我想了很久,为什么吸烟的害处那么多,而人们还是要吸呢?我又仔细想了想,可能抽烟有三个好处:一是不会被狗咬;二是家里永远安全;三是永远年轻。大家要问,那为什么呢?因为:一是抽烟人多为驼背,狗一看见他弯腰驼背的样子,以为要捡石头打它呢;二是抽烟的人爱咳嗽,小偷以为人还没有睡觉,不敢行窃;三是抽烟有害健康,减少寿命,所以永远年轻。

分析

这段笑话一开始讲了所谓的"三个好处",一下子就吸引住了听众。后来将吸烟的三个好处一一说明,使听众很快恍然大悟。

④ 如何拉近听众距离。

案例 5-26

刘少奇的《对华北记者团的演讲》:

很久以前,就想和你们做新闻工作的同志们谈一谈,我过去只和新华社的同志谈过,和多数同志没有谈。谈到办报,我是个外行,没有办过报,也没有写过通讯,只是看过报。因此,你们工作中的甘苦我了解得不多。但是作为一个读者,我可以向你们提点要求,你们写东西是为了给人家看,你们是为读者服务的,看报的人说好,你们的工作就做好了。看报的人从你那得到材料、得到经验、得到教训、得到指导,你们的工作就做好了。

分析

刘少奇作为国家主席,在演讲中没有摆官架子,也没有打官腔,说自己是门外汉,是一个普通读者,以这种身份提出意见,一下子拉近了领导人与群众之间的距离,听众自然会认真地听他演讲。

⑤ 如何消除对抗心理。

案例5-27

敬爱的周恩来总理出访印度时,一天晚上召开演讲会,有一帮印度记者扬言要发难总理,当工作人员得知后,将这个情况报告了总理。总理说,你们放心吧,新德里的子弹打不倒我。总理毫无顾忌地走进了会场。总理一上讲台,有位记者喊"中国佬,滚出去!"这时总理双目扫视了一下会场,然后语音沉稳,却极富魅力的开始演讲。台下记者"刷刷"地记录着。总理重申了中国的立场后说,中国,印度,都有着5000年的古老文明,印度的佛教经典,曾给中华民族的成长注入过丰厚的营养,中国的四大发明,也为印度的经济、文化繁荣做过贡献。几千年来,我们一直和平相处,在历史的长河中,中印之间从未发生过真正的战争。我希望,两国即使遇到再大的问题,也应坐下来通过协商解决,切不可对上辜负列祖列宗,对下害了后代子孙。

分析

演讲结束后,会场爆起了掌声。周总理利用赞美的方法消除了听众的对抗心理,使听众产生了民族自豪感和心理认同感。

⑥ 如何激发听众同情心。

案例5-28

一篇名为《继承中华传统美德,弘扬尊老爱幼新风》的演讲稿:

不少同学都知道,今天是农历九月初九,它是我们中华民族又一个传统佳节——重阳节。农历九月九日,为什么叫重阳?因为古老的《易经》中把"六"定为阴数,把"九"定为阳数,九月九日,日月并阳,两九相重,故而叫重阳,也叫重九。又因为"九九"与"久久"同音,九在数字中又是最大数,有长久长寿的含义,秋季还是一年收获的黄金季节,因此重阳佳节,寓意深远,所以古人认为这是个值得庆贺的吉利日子。

今天的重阳节,又被赋予了新的含义。我国把每年农历九月九日定为老人节,传统与现代巧妙地结合,成为尊老、敬老、爱老、助老的老年人节日。尊老爱幼,自古以来就是中华民族的传统美德,老一辈为了我们国家的强盛,为了下一代能过上富裕安康的生活,他们艰苦创业、辛勤劳动了几十年,创造了大量的物质财富和精神财富,精心哺育和照料我们,使我们茁壮成长。如今他们老了,理应受到全社会的尊敬和照顾,所以我们应当继承和发扬中华民族尊老敬老的优良传统。尊老敬老绝不是重阳节一天的事,应该是在日常生活中,帮助老人解决生活的困难,多给老人一些心理慰藉。因此,我提议,每一位学生都要用实际行动向老人们献上我们的一份心意,为自己的爷爷奶奶或者邻居老人做些力所能及的事,比如帮他们洗衣、洗碗、扫地、叠被,多为他们着想,少让他们做那些本来应该是我们自己做的事,把好吃分享给他们,把有趣的事告诉他们,对邻居长辈有礼貌,外出礼让老人。愿所有老人都过上幸福的生活!

分析

通过这样的演讲与听众达到共鸣,并号召同学们一起为"尊老爱幼"的美德一起成为日常习惯传承下去。

⑦ 如何增强说服力。

案例 5-29

有一位不知姓名的演讲者:

"嘴上无毛"就一定"办事不牢"吗?古今中外有许多军事家,恰恰都是在风华正茂的时候,建立了不朽的功勋。民族英雄岳飞,20多岁带兵抗金,任节度使时才31岁,其儿子12岁从军,14岁打隋州时率先登城,20岁就当上了将军;率大军席卷欧洲的拿破仑,24岁就是上将。周恩来26岁就任黄埔军校政治部主任,叶挺17岁当了军长,刘志丹24岁任红十五军团政委。由此可见,"嘴上无毛"与"办事不牢"并无关系。关键是有才无才,俗话说,有才不在年高,无才空活百岁。

分析

这位演讲者用充分的事实,论证了"嘴上无毛"未必"办事不牢"这样一个观点,说明了年龄与才能之间没有必然的联系,以增强对听众的说服力。

⑧ 如何巧用数字。

案例 5-30

下面是一次演讲中设计的八字歌,读来朗朗上口,听众也易记易懂。

日行八千步,夜眠八小时,三餐八分饱,一天八杯水,养生八珍汤,健体八段锦,米寿八十八,茶龄百零八。

分析

这里巧妙地运用了一个概指的"八"字连缀,组成一首八字歌,凝练地概括了锻炼、休息、休养、补益等中老年人保健需要注意的多项内容,易懂易记,还易操作,妙不可言。

3. 结尾的技巧

演讲的结束语用好了能起到预想不到的效果。结尾的方式有总结式、升华式、启发式、号召式等。总之,掌握即兴演讲的技巧非常重要,口才与交际、事业都有着密切的关系。

言为心声,口才使你表情达意。能说会道,口才使你交际畅达。

谈笑风生,口才使你处世安乐。一鸣惊人,口才使你谋职顺心。

巧舌如簧,口才使你经商亨通。神思妙语,口才使你事业成功。

下面以三个与演讲口才有关的故事作为这一部分内容的"结束语":

故事一:一位作家给出版社投了一篇小说,过了一段时间稿子退回来了。这位作家非常气愤,去信质问编辑:"你没有看我的小说为什么就否定了,我寄稿时将18、19页粘在一起,退回的稿子仍然粘在一起,这不是应付差事吗?"几天后,这位作家收到编辑的回信:"尊敬的作家,我吃鸡蛋时,咬第一口时发现是个坏蛋,难道我非要吃完才说是坏蛋吗?"

故事二:一次智力竞赛,主持人问"三纲"是什么,一位参赛者抢答道:"臣为君纲、子为父纲、妻为夫纲。"因他完全答反了,所以惹得大家哄堂大笑。这位参赛者却巧辩道:"笑什么,我说的是新'三纲',现在是人民当家作主,领导是公仆,岂不是臣为君纲吗?一对夫妇只生一个孩子,成了小皇帝,岂不是子为父纲吗?如今许多家庭妻子掌权,岂不是妻为夫纲吗?"大家听后掌声四起。

故事三:有人问:"你有什么好办法对付那些讨厌的人来串门吗?"回答者说:"当然有,当门铃一响,我迅速穿衣戴帽去开门,如果遇上不喜欢的人,就说实在对不起,我有急事要出去。如果是喜欢的人,就说太巧了,我刚下班回家。这不就进退自如了吗!"

二、毕业典礼上的即兴演讲

毕业典礼上的即兴演讲,跟其他场合的即兴演讲有很多相同之处,这里介绍一种"扩句成篇"式的即兴演讲技巧。

"扩句成篇"式,所"扩"之"句",乃是通篇演讲的中心意思,或者说是核心句(可将"核心句"称作"意核")。运用"扩句成篇"式进行演讲时,先要开门见山,展现"意核",然后加以扩展,对"意核"进行阐发,引用适当的事例或名言加以论证。

案例 5-31

某大学邀请一位老教授作关于演讲技巧的报告,当时校园里正同时举行青年歌手大奖赛。老教授走上讲台,发现台下虽有空位,但走廊上却站着不少学生,可见这是心中犹豫不决的听众,他决定要争取这部分人。老教授放弃了原来的开场白,这样讲道:

同学们,今天首先是你们鼓舞了我,你们放弃了青年歌手大奖赛,来这里听我演讲,这说明你们严肃地作了选择,在说的与唱的之间,一般人选择唱的,而你们却选择了说的;在年轻小伙子、姑娘和老头子之间,一般人选择小伙子和姑娘,而你们却选择了我这半老头子。这说明你们认定说的比唱的好听,老头子比年轻人更有魅力,这使我产生了一种返老还童之感。

开场白后,报告厅响起了热烈的掌声,走廊里的人坐到了空位上,后面再来的人又挤进了走廊。老教授先把说与唱、年轻人与老头子对比,再把一般人与听众在二者之间的选择作对比,既褒扬了听众,又巧妙地展示了自己的睿智,引起了听众的重视,使双方心理相容,产生共鸣。

案例 5-32

在林肯当选美国总统的那一刻,整个参议院的议员们都感到尴尬,因为林肯的父亲是个鞋匠。当时美国的参议员大部分出身于名门望族,自认为是上流社会优越的人,从未料到要面对的总统是一个卑微的鞋匠的儿子。于是,林肯首次在参议院演说之时,就有参议员想要羞辱他。

当林肯站在演讲台上的时候,一位态度傲慢的参议员站起来说:"林肯先生,在你开始演讲之前,我希望你记住,你是一个鞋匠的儿子。"

所有的参议员都大笑起来,为自己虽然不能打败林肯但能羞辱他而开怀不已。等到大家的笑声止歇,林肯说:"我非常感激你使我想起我的父亲。他已经过世了,我一定会记住你的忠告,我永远是鞋匠的儿子。我知道,我做总统永远无法像我父亲做鞋匠那样做得那么好。"

参议院陷入一片静默。林肯转过头来对那个傲慢的参议员说:"就我所知,我父亲以前也为你的家人做过鞋子,如果你的鞋子不合脚,我可以帮你改正它,虽然我不是伟大的鞋匠,但我从小就跟父亲学到了做鞋的技术。"

然后他对所有的参议员说:"参议院里的任何人,如果你们穿的那双鞋是我父亲做的,而它们需要修理,我一定尽可能帮忙。但是有一件事是可以确定的,我无法像他那么伟大,他的手艺是无人能比的。"说到这里,林肯流下了眼泪,所有的嘲笑声都化成了赞叹的掌声。

批评、讪笑、诽谤的石头,有时正是通向自信、潇洒、自由的台阶。

分析

这里对话的"意核"就是开头的问话,后边的话全是前边"意核"的扩展。用典型例子回答问题,并反击对方。写作上讲究"立片言以居要"。这"片言"就是"意核",就是论点,在"扩句成篇"式演讲中,把"意核"放在开头就是"居要"。因为这样既能引起听众的注意,又给演讲者树立起一个可作依据的"中心支柱"。接下来,分解"意核",扩展出来的每句话都站在这个主旨上。一些复杂的演讲,可以有几个"意核"。只要在构思上排好这几个"意核"的先后顺序,分别"扩句成篇"就行了。"扩句成篇"式演讲,能使听众觉得有理有据,有说服力。

三、联欢会上的即兴演讲

(一)联欢会上即兴演讲的要求

1. 构思要快速

在即兴演讲前,演讲者必须在现场快速构思。构思的重点是确定演讲的议题。演讲者可根据集会的主旨、环境、听众、会场布置以及自己的知识与生活积累,选择恰当的议题,找准切入点,借题发挥,引申开来。例如,某高校领导参加一次学生座谈会,他走进会场时看到学生正坐在台下等他上台演讲。他灵机一动,略加思索,由会场的座位安排作切入点,说道:"同学们,我想最好把今天的座位调整一下,摆成一个圆圈。这样,我就成了这个圆圈上的一点,大家都有了共同的圆心和相等的半径,我们就心心相印了。"这番话以座位为议题,将自己放在与学生平等、亲近的位置上,使会场气氛顿时活跃起来。

即兴演讲的论题涵盖面不可太宽。几分钟的演讲,能讲清一个问题就相当不错了,没有必要也没有可能长篇大论。

案例 5-33

曾任湖南师范大学党委副校长的戴海同志,在一次大学生晚会上即兴演讲了《矮子的风采》。

……这话题之二嘛,是"矮子问题"。(哄笑)由我当众提出这个问题,岂不惹火烧身?(鼓掌)这也要点勇气呢!老实说,在我年轻的时候我并不觉得"矮"有什么问题,直到80年代,在舆论压力之下,才感觉成了问题。(哄笑)其实,白鹤腿长,鸭子腿短,都是生来如此,何必自寻烦恼!现在要问,矮子能有风采吗?答曰:"高个儿不见得都有风采,矮个儿不见得都没风采。"(鼓掌)那么,矮个儿怎样才能也具有风采呢?我有几点心得可供参考:

第一,是要有自信。论个子,我比他低一头,而论觉悟、学识、才能,可能比他更胜一筹!这也叫"以长补短"吧?(鼓掌)

第二,不要犯忌讳,但凡麻子怕说麻子,秃子甚至怕说电灯泡,其实越犯忌讳越尴尬,不如自己说白了反而没事。我常有机会跟北方汉子们在一起开会或聊天,我跟他们开玩笑:我不如你高,你可别怪我,怨只怨我们那山上的猴子就个子小些!(鼓掌、哄笑)

第三,把胸脯挺起来,但也用不着踮脚尖,衣着讲究适当,比方不穿横条、方格的衣服,但也用不着老穿高跟鞋,我主张矮要矮得有骨气,还是脚踏实的好!

第四,最重要的还是本人的德学才识,有修养,有风度,对社会有贡献,自然受人爱戴。

趁着晚会的高兴劲儿,解开这个"矮子问题",不知台下的某些同学心里是否踏实些?(长时间热烈鼓掌)

分析

该演讲条理清晰,中心突出,语言风趣幽默,适合晚会场合。

2. 自我介绍要幽默

面对第一次见面的听众时,演讲者在演讲前进行一番自我介绍是必要的。而幽默地介绍自己,一开始就利用自己的幽默感,打破沉闷的局面,这样能迅速地吸引听众,集中听众的注意力,为演讲的顺利进行做好铺垫。

案例 5-34

著名艺人凌峰在一次电视台春节联欢晚会上,发表了一段精彩的即兴演讲,其中幽默的自我介绍堪称经典:

在下凌峰……这两年,我们大江南北走了一遭,男观众对我的印象特别好,因为他们见到我有点优越感,本人这个样子对他们没有构成威胁,他们很放心。(大笑)他们认为本人长得很中国。(笑声)中国五千年的沧桑和苦难都写在我的脸上了。(笑声,掌声)一般说来,女观众对我的印象不太良好,有的女观众对我的长相已经到了忍无可忍的地步。(笑声)她们认为我是人比黄花瘦,脸比煤球黑。(笑声)但是我要特别声明,这不是本人的过错,实在是父母的错误,当初并没有征得我的同意就把我生成这个样子。(笑声,掌声)但是,时代在变,潮流在变,现在的男人基本上可以分为三种:第一种,你看上去很漂亮,看久了也就那么一回事,这一种就像我的好朋友刘文正这种;第二种你看上去很难看,看久了以后是越看越难看,这种就像我的好朋友陈佩斯这种;(笑声)第三种,你看上去很难看,看久了以后你会发现,他有另一种男人的味道,这种就是在下这种了。(笑声,掌声)鼓掌的都表示同意了!鼓掌的都是一些长得和我差不多的,(笑声)真是物以类聚啊!(笑声,掌声)

分析

这段话看似自我贬损,但效果正相反,不但表现了讲话人的坦率幽默、机智随和,而且备受听众的欢迎。

3. 演讲话题要集中

一般是对近期或眼前情况有感而发的,因此话题内容选取角度较小,说明议论求准、求精、求新。

案例 5-35

各位同行,学员同志们:

你们好!"教师节"是我们在座每一位师生自己的良辰吉日,可喜可贺!现在不正是如此吗?师生汇聚一堂,欢迎她,情真意切;你我竞相赞美,祝贺她,激情满怀!此时此刻,我感触良多。

自古至今,教师是社会文明的传播者,教师以人梯的精神培育了数以亿计的人才,推动着人类的进步、历史的前进,教师的事业是伟大的、光荣而高尚的。那么多年来的教书生涯,我们一直情系教坛,真诚执教,无论什么挫折和诱惑,都动摇不了我们"教书育人"的天职,改变不了我们"终身从教"的执着追求。

然而,当今社会的改革开放需要我们教师在思想上不断升华,业务上不断进取。没有改革开放的意识,焉能致力于教育的深入改革?不懂得科学教育的人,教育不出科学的人!今天,尽管我们众多的教师,人已到中年,双鬓渐白,承受着事业、家庭的重负,甚至还可能会经历工作、生活中的诸多坎坷磨难,但我们没有怨天尤人,没有心灰意冷,更没有"改弦易辙",而代之以执着的信念投身于大改革、大开放、大建设的热潮,无愧于这"太阳底下最光辉的职业"。

同学们,趁着你们还年轻,充分发挥你们的青春优势,学习进取,不断地充实自己,用今朝的热血,去成就明天的成功!

最后,值此隆重庆祝教师节之际赠送给同学们"十六个字"和"六种心",以求共勉:

坚定信仰,执着追求,来日方长,好自为之。

忠心献给国家,孝心献给父母,爱心献给社会,痴心献给事业,诚心献给朋友,信心留给自己。

（二）联欢会上即兴演讲的注意事项

（1）受到主持人邀请时应快速站立起来，面带微笑，点头后，离开座位。

（2）上讲台前以较为有力的步伐迈向讲台。临讲前应将目光环视听众一圈后定位于听众中央并点头致意。

（3）挥手手势应以双手，切忌单指指向听众，以四指并拢为佳，特别提示需用单指导向时，不得超过垂直线。

（4）开头的第一句话声音一定要洪亮，吸引大家的注意力。有的演讲人声音很小或声音很平，在开场时就已经处于劣势。

（5）开场的前一分钟很重要。在这一分钟里要用你慷慨激昂的声音和生动丰富的内容吸引观众，否则观众失去了兴趣，就会弄得最后没人听懂你在说些什么，变成了自言自语。

（6）语言要流畅，声音要响亮，语气激昂，抑扬顿挫，饱含感情地讲述，保持放松的心态，以微笑面对观众，用适当的手势。用真诚和热情的心去演讲，这些都是取得成功的不二法则。

四、家长会上的即兴演讲

（一）家长会及家长会上的口语交际活动

家长会是教师根据教育、教学工作的需要，定期或不定期地召集学生家长，对某些具有普遍性的问题进行交流的一种活动。由于把家长视为教育学生的主要合作者，教师在会上的讲话便成为直接影响教育效果的不可忽视的一环。

虽然家长会的内容不拘一格，既可以是总结阶段性测验、期中考试、期末考试，也可以是为期末考试、升学考试做好准备工作，还可以就学生中某种带有普遍性的思想问题、学风问题、生活习惯问题进行说明，但就总体情况而言，教师在家长会上的语言必须遵循精当、精彩的原则。精当是指恰当的事例、精确的分析、明确的主题；精彩是指真挚的情感、丰富的词汇、严密的逻辑。成功的家长会，大都体现了这一原则。

通常，教师在家长会上的交际任务，一是说明家长会的目的和议题，引导家长注意与教育其子女相关的一系列问题；二是完整陈述家长会的主要内容；三是对家长会进行总结，提出概括性的、指导性的意见。

家长会上的口语交际与家庭访问中的口语交际，具有大同小异的特点。"大同"主要是指：两者所面对的交际对象都是学生家长，都是为了让交际双方更好地了解和掌握学生的各种基本情况，从而以学校教育和家庭教育合力作用的方式，不断提高学校和家庭的教育水平,促进学生的健康成长。"小异"主要是指:前者所面对的交际对象是群体,后者面对的则是个体,因此在交际任务的针对性、特殊性方面,后者要比前者明显;在交际内容和口语表达技巧方面,前者的专业性、概括性和普遍性更强一些,后者的日常性、说明性和个别性更强一些。

案例 5-36

一次家长会上,教师从不同的角度表扬了全班每一名同学的优点,每位家长都用满意的目光看着教师,差生的家长更是激动。接着,教师又把班上存在的问题不点名地归纳了一下,并提出了今后的要求。家长会后,不少家长主动找教师说明自己孩子的缺点,探讨共同教育的良方。

分析

教师为了维护每一位家长的自尊心,采用欲抑先扬的表达技巧,从普遍性的角度,把"差生的问题"归纳总结为"班上存在的问题",让所有的家长,尤其是差生的家长,感觉到"很有面子"。这样,教师既赢得了所有家长的敬重,又争取到了所有家长的主动合作。如果教师当着所有的家长,点名批评差生,甚至讽刺、挖苦差生的家长,那只会导致交际的失败。

(二)家长会的语言要求

开好家长会是一门艺术,语言的运用是很重要的一个环节。由于家长会上的口语交际与家庭访问的口语交际大同小异,所以这里只是从口语交际禁忌的角度,讨论教师在家长会上要注意的一些细节性问题。

1. 忌针对某位家长发言

家长会是面向所有家长的口语交际活动,具有相当数量的交际者。这就要求教师在讲话时,要平等地对待每一位家长,让每一位家长都受到应有的尊重;充分考虑到所有受话人的心智神态,顾及每一位受话人的心理感受;既不能表现对某位家长特别感兴趣、特别热情的样子,也不能表现出故意忽视或冷落某位家长的样子。同时,还要注意不要在家长面前公开比较其子女的学习成绩或在校表现,这样,很容易造成家长的自卑心理,使其在别的家长面前抬不起头来。

在家长会上,面对社会地位较高的家长,教师要不卑不亢;面对经济困难的家长,教师不能不屑一顾;面对优生的家长,教师不能喜形于色;面对中等生的家长,教师不能敷衍应付;面对差生的家长,教师不能挖苦数落。否则,家长就会觉得教师趋炎附势,格调不高,这就不利于教师形象的塑造。

2. 忌用讽刺性语言

教师应该学会在家长会上,把个别学生的突出问题巧妙地说出来,既要符合事实,又要含而不露,点而不破,既要做到让家长心中有数,又要做到不扫家长的面子。

3. 忌用强制性语言

从话语角色上来看,家长与教师的地位是平等的。教师一定要记住:家长是学校教育工作的支持者和配合者,不是教师的教育对象。因此,在家长会上,教师要注意摆事实、讲道理,对每一位家长保持应有的尊重;不能把家长作为学生过失的根源,更不能把家长作为训斥的对象。

案例 5-37

邓峰(化名)在一所重点小学读书。一天课间休息时,他和同学打闹,一不小心将手里的铅笔碰到了同学的脸,弄伤了同学。当天晚上正好开家长会,班主任教师一看到邓峰的母亲就非常生气,当着所有的家长训斥道:"你知道邓峰今天干了什么好事?简直无法无天!我们学校还从来没有发生过这种事情。你们做家长的是怎么教育儿子的?你给我写份保证书,保证你儿子今后不再犯错误。不然的话,你就把他领回去,不要再到学校来了!"邓峰的母亲听了班主任教师的话,非常难过和尴尬,一时间不知道说什么才好。

分析

在这个案例中,由于班主任没能平等、友好地与邓峰的母亲进行交流,在家长会上把邓峰所犯错误全转嫁到家长的头上,还要让家长写保证书,否则就以勒令退学来进行要挟,这就让邓峰的母亲在所有的家长面前失去了尊严。

4. 忌用挑拨性语言

在家长会上,教师不能故意把某个同学的问题进行扩大,更不能使用挑拨性的语言,在家长与家长之间制造矛盾和冲突。例如,班主任在家长会上说:"就是因为张乾拖了我们班的后腿,要不然我们班就可以争取到更多名额——让我们的同学免试进入重点中学。你们说这能不怪他吗?"诸如此类的话语,会造成其他家长对某个学生的不满,进而影响到对这位学生家长的态度,从而导致家长和家长之间的矛盾和冲突。

◆ **实 训**

一、即兴演讲有什么特点?怎样才能够提高即兴演讲的水平?

二、即兴演讲有哪些准备技巧?结合自己的日常生活实践说一说。

三、即兴演讲有哪些特点?结合自己的日常实践和同学交流一下。

四、仔细阅读欣赏下面的演讲词,尝试在课堂上当众演讲。

人格是最高的学位

白岩松

很多很多年前,有一位学大提琴的年轻人去向20世纪最伟大的大提琴家卡萨尔斯讨教:我怎样才能成为一名优秀的大提琴家?卡萨尔斯面对雄心勃勃的年轻人,意味深长地回答:先成为优秀而大写的人,然后成为一名优秀和大写的音乐人,再然后就会成为一名优秀的大提琴家。

听到这个故事的时候,我还年少,对老人回答中所透露出的含义理解不多,然而,在以后的工作生涯中,随着采访接触的人越来越多,这个回答在我脑海中便越印越深。

在采访北大教授季羡林的时候,我听到一个关于他的真实故事。有一年秋天,北大新学期学,一个外地来的学子背着大包小包走进了校园,实在太累了,就把包放在路边。这时正好一位老人走来,年轻学子就拜托老人替自己看一下包,而自己则轻装去办理手续。老人爽快地答应了。近一个小时过去了,学子归来,老人还在尽职尽责地看守着。学子谢过老人,两人分别。几日后北大举行开学典礼,这位年轻的学子惊讶地发现,主席台上就座的北大副校长季羡林,正是那一天替自己看守行李的老人。

我不知道这位学子当时是一种怎样的心情,但我听过这个故事之后却强烈地感觉到:人格才是最高的学位。

后来我又在医院采访了世纪老人冰心。我问她:您现在最关心的是什么?老人的回答简单而感人:是年老病人的状况。

当时的冰心已接近自己人生的终点,而这位在五四运动走上文学之路的老人,对芸芸众生的关爱之情历经80年的岁月而仍然未老。这又该是怎样的一种传统!

冰心的身躯并不强壮,即使年轻时也少有飒爽英姿的模样,然而她这一生却用自己当笔,拿岁月当稿纸,写下了一篇关于爱是一种力量的文章,然后在离去之后给我留下了一个伟大的背影。

今天我们纪念"五四",80年前那场运动中的呐喊、呼号、血泪都已变成一种文字停留在典籍中,每当我们这些后人翻阅的时候,历史都是平静地看着我们,这个时候,我们觉得80年前的事已经距今太久了。

然而,当你有机会和经过"五四"或受过"五四"影响的老人接触后,你就知道,历史和传统其实一直离我们很近。

世纪老人在陆续地离去,他们留下的爱国心和高深的学问却一直在我们心中不老。但在今天,我还想加上一条,这些世纪老人独具的人格魅力是不是也该作为一种传统被我们向后延续?

前几天我在北大听到一个新故事,清新而感人。一批刚刚走进校园的年轻人,相约去看季羡林先生,走到门口,却开始犹豫,他们怕冒失打扰了先生。最后决定,每人用竹子在季老家门口的地面上留下问候的话语,然后才满意地离去。

这该是怎样美丽的一幅画面!在季老家不远,是北大的伯雅塔在未名湖中留下的投影,而在季老家门口的问候语中,是不是也有先生的人格魅力在学子心中留下的投影呢?只是在生活中,这样的人格投影在我们心中还是太少了。

听多了这样的故事,便常常觉得自己是只气球,仿佛飞得很高,仔细一看却被浮云托着;外表看上去也还爆满,但肚子里却是空空的。这样想着就有些担心啦,怎么能走更长的路呢?

于是,"渴望年老"四个字对于我就不再是幻想中的白发苍苍或身份证上改成60岁,而是如何在自己还年轻的时候,便能汲取老人身上所具有的种种优秀品质。于是,我也更加知道了卡萨尔斯回答中所具有的深义。怎样才能成为一个优秀的主持人呢？心中有个声音在回答：先成为一个优秀的人，然后成为一个优秀的新闻人，再然后是自然得成为一名优秀的主持人。

我知道，这条路很长，但我将执着地前行。

人类必须了解宇宙

[美国]尼尔·阿姆斯特朗①

我们在月球的静海着陆，当时正是月球凉爽的清晨，顾长的影子有助于我们观察。

太阳只升到地平线上10度，在我们停留期间，地球自转了将近一圈，静海基地上的太阳仅仅上升了11度，这只是月球上长达一个月的太阳日的一小段。这令人有一种双重时间的奇特感觉，一种是人间争分夺秒的紧迫感，另一种是宇宙变迁的冗长步伐。

两种时间感都很明显。第一种可用日常飞行来说明，其计划和措施细微到以瞬息来计算；后一种可用我们周围的岩石来说明，自从人类有史以来它们一直没变。

它们30亿年的奥秘，正是我们所要寻找的宝藏。

登月舱"鹰"的饰板上有这一句话，凝练地表达了我们的愿望：1969年7月，来自地球的人首次在这里登上了月球。

我们是为了全人类的和平而来的。人类的一千九百六十九个年头构成了春分点留在双鱼座两千年的大部分，而这只是黄道带的1/12。它是根据地球轴的岁差计算出来的，春分点在黄道带中移动一周需要一千代人的时间。

未来的两千年是春分点逗留在水瓶座的时期，我们的青年们会在这时期满怀希望，人类也许能开始了解最令人迷惑不解的奥秘：我们向何处去？事实上地球正以每小时几千英里的速度朝武仙座方向宇宙中的未知目的地运行。人类必须了解宇宙，以便了解自己的命运。

但是，奥秘是我们生活中必不可少的。

奥秘引起惊奇，而惊奇则是人们求知欲的基础。谁能知道，在我们这一生能解答什么样的奥秘，新的一代又将面临什么新的奥秘的挑战？科学还不能准确预言。

我们对下一年的预测过多，而对今后10年的预测却太少。对挑战作出反应正体现了民主的伟大力量。我们在太空方面取得的成就，使我们有希望把这种力量用来解决今后10年地球上的许多问题。

几个星期之前，我思考"阿波罗"精神的真正含义，不由得心潮澎湃。

我站在这个国家靠近大陆分水岭的高地上，向我的几个儿子介绍大自然的奇观和寻找麋鹿的欢乐。

他们热切地想观看，但是却常常绊倒在岩石小道上。然而当他们只顾注意自己的

---

① 尼尔·阿姆斯特朗(1930—2012)，美国宇航员，世界登月第一人。1969年7月20日，和巴兹·奥尔德林乘"阿波罗"11号飞船首次登月。

脚步时,却看不到麋鹿了。对你们当中那些主张高瞻远瞩的人,我们表示衷心感谢,因为你们使我们有机会看到造物主所创造的一些最壮丽的景色。

对你们当中那些诚恳的批评者,我们也表示感谢,因为有了你们的提醒,我们不敢无视眼前的小道。我们的"阿波罗11号"带了飘扬在国会大厦上空的两面合众国国旗,一面原挂在众议院顶上,另一面则在参议院顶上。

现在我们荣幸地在大厦里奉还国旗。国会大厅象征着人类最崇高的目标:为自己的同胞服务。

我们代表"阿波罗"号全体人员谢谢你们,谢谢你们给予我们机会,荣幸地同你们一起为全人类服务。

美丽的微笑与爱

[印度]特雷莎修女①

穷人是非常好的人。一天晚上,我们外出,在街上带回了四个人,其中一个奄奄一息——我告诉修女们说:你们照料其他三位,我照顾这个濒危的人。这样,我为她做了我的爱所能做的一切事情。我将她放在床上,她的脸上露出如此美丽的微笑。她握住我的手,只是说"谢谢您",随后就死了。

我情不自禁地在她的面前审视我的良心,我自问:如果我处在她的位置上,会说些什么呢?我的回答很简单。我会试图引起别人对我的一点关注,我会说:我饥寒交迫,奄奄一息,痛苦不堪,等等。但是,她给我的要多得多——她将其感激之爱给了我。然后她死了,脸上还带着微笑。我们从排水沟里带回来的那个男人也是这样。他快要被虫子吃掉了才被我们带回了家。"在街上我活的像动物,但我将像天使一样死去,因为我得到了爱和照料。"真是太好了,我看到了那个男人的伟大,他能说出那样的话,能够那样地死去:不责备任何人,不辱骂任何人,与世无争。像一位天使——这便是我们的人民的伟大之处。因此我们相信耶稣所说的话——我饥肠辘辘——我无衣裹身——我无家可归——我不为人要,不为人爱,不为人管——而你却对我做了这一切。

我认为,我们并不是真正的社会工作者。在人们的眼中,我们或许是在从事社会工作。但是,我们实际上是在世界的中心沉思冥想的人。因为我们一天24小时都在触摸基督的圣体……我想,在我们的家庭里,我们不需要枪炮弹药来进行破坏或是带来和平——我们只需要团结起来,彼此相爱,将和平、喜悦和活力带回家庭。这样,我们将能够战胜世界上现存的一切邪恶。

我准备以获得的诺贝尔和平奖金,努力为很多无家可归的人建立家庭。因为我相信,爱开始于家庭。如果我们可以为穷人建立家庭,我想越来越多的爱将会传播开来,而且我们将能够通过这种体谅他人的爱带来和平,给穷人带来福音。这些穷人首先是我

---

① 特雷莎修女(1910—1997),印度著名慈善家,印度天主教仁爱传教会创始人。1979年被授予诺贝尔和平奖。

们自己家里的穷人,其次是我们国家和世界上的穷人。为了做到这一点,我们的修女,我们的生命就必须同祈祷紧密相连。他们必须同基督结合在一起,这样才能够相互谅解和共同分享。因为同基督结合在一起就意味着谅解与分享。因为在今天的世界上有如此之多的痛苦……当我从大街上带回一个饥肠辘辘的人时,给他一盘米饭,一片面包,我就心满意足了,因为我已经驱除了那个人的饥饿。但是,如果一个人露宿街头,他感到不为人要,不为人爱,恐惧不安,被我们的社会所抛弃——这样的贫困充满伤害,令人无法忍受,我发现这是极其艰难的……因此,让我们经常以微笑相见,因为微笑是爱的开端。一旦我们开始彼此自然地相爱,我们就想做点事情了。

五、试用下面题目进行即兴演讲训练。

(1) 难忘的一次春游

(2) 我的大学生活

(3) 我喜欢的职业

(4) 最喜欢的传统节日

(5) 印象最深的一本书或影视作品

(6) 最喜欢的公众人物或明星

(7) 最喜欢的一个电视栏目

(8) 最喜欢的一项体育运动

(9) 对高三学生的一次激励演讲

(10) 对环境保护的认识

(11) 介绍一次求职经历及感想

(12) 社会焦点、热点问题点评

(13) 对沉溺迷恋网络游戏学生的一次教育演讲

(14) 如果我是青年志愿者,我最想做的事

(15) 校园文化活动中的一次主题班会演讲

六、技能训练。

1. 假如你是一位班主任,此时学校期末考试已经结束,即将放暑假。请模拟学校放假前的一段家长会讲话。

2. 学校就要进行期中考试了,可是你所教班级的学生根本就没把考试放在心上。为此,班主任组织所有的科任教师参加了考前家长会。请你模拟其中一位科任教师,在家长会上对所有的家长讲一段话。

参 考 文 献

[1] 曹莉萍,张金钟.教师口语艺术训练教程[M].长春:吉林人民出版社,2005.
[2] 长辰子.说话办事86条技巧[M].北京:中国致公出版社,2003.
[3] 陈传万.教师口语艺术[M].武汉:华中科技大学出版社,2022.
[4] 陈钧,张楚廷,胡淑珍.教师口语技能[M].长沙:湖南师范大学出版社,2000.
[5] 陈秋敏.教师口语[M].重庆:西南师范大学出版社,2001.
[6] 程培元.教师口语教程[M].北京:高等教育出版社,2004.
[7] 程培元.教师口语教程[M].3版.北京:高等教育出版社,2019.
[8] 傅惠钧.教师口语艺术[M].杭州:浙江教育出版社,1999.
[9] 郭启明,赵林森.教师语言艺术[M].2版.北京:语文出版社,1998.
[10] 国家教育委员会师范教育司.教师口语:试用本[M].北京:语文出版社,1996.
[11] 国家教育委员会师范教育司.教师口语训练手册:试用本[M].北京:首都师范大学出版社,1994.
[12] 国家教育委员会师范教育司.教师口语训练手册:修订本[M].2版.北京:首都师范大学出版社,2003.
[13] 胡达仁,刘志宏,邓萌.小学教师口语[M].长沙:湖南大学出版社,2022.
[14] 蒋红梅.演讲与口才实训教程[M].北京:清华大学出版社,2009.
[15] 康青.教师口语训练教程[M].南昌:江西高校出版社,2008.
[16] 赖华强,杨国强.教师口才艺术[M].广州:暨南大学出版社,2005.
[17] 李莉.教师口语训练教程[M].郑州:郑州大学出版社,2007.
[18] 刘伯奎.教师口语:表述与训练[M].上海:华东师范大学出版社,1994.
[19] 刘伯奎,王燕.教师口语训练教程[M].北京:中国人民大学出版社,2000.
[20] 人民教育出版社中学语文室.听话和说话[M].北京:人民教育出版社,2001.
[21] 王光华.口才训练教程[M].北京:机械工业出版社,2008.
[22] 吴雪青.小学教师口语[M].2版.上海:华东师范大学出版社,2016.
[23] 翟雅丽.教师口语技巧[M].广州:暨南大学出版社,2001.
[24] 张波.口才训练教程[M].北京:机械工业出版社,2008.
[25] 张丽珍,袁蕾,何文征.教师口语[M].北京:中国书籍出版社,1997.
[26] 张颂.朗读美学[M].北京:北京广播学院出版社,2002.
[27] 张颂.朗读学[M].北京:北京广播学院出版社,2002.
[28] 周彬琳.实用演讲与口才[M].大连:东北财经大学出版社,2000.
[29] 周芸,朱腾,邱昊,等.教师口语表达与实践[M].北京:北京大学出版社,2023.